本书的写作和出版得到全国教育科学"十二五"规划2014年度教育部重点课题"董仲舒教化思想对青少年思想道德教育影响研究"（DEA140267）资金资助

杨丽 著

董仲舒教化思想对青少年道德教育影响研究

中国社会科学出版社

图书在版编目（CIP）数据

董仲舒教化思想对青少年道德教育影响研究/杨丽著. —北京：中国社会科学出版社，2017.9
ISBN 978-7-5203-0985-1

Ⅰ.①董… Ⅱ.①杨… Ⅲ.①董仲舒（前179—前104）—教育思想—影响—青少年—品德教育—中国 Ⅳ.①G40-092.34②D432.62

中国版本图书馆 CIP 数据核字（2017）第223041号

出 版 人	赵剑英
责任编辑	陈雅慧
责任校对	王新乐
责任印制	戴　宽

出　　版	中国社会科学出版社
社　　址	北京鼓楼西大街甲158号
邮　　编	100720
网　　址	http://www.csspw.cn
发 行 部	010-84083685
门 市 部	010-84029450
经　　销	新华书店及其他书店
印　　刷	北京明恒达印务有限公司
装　　订	廊坊市广阳区广增装订厂
版　　次	2017年9月第1版
印　　次	2017年9月第1次印刷
开　　本	710×1000　1/16
印　　张	19.75
插　　页	2
字　　数	301千字
定　　价	79.00元

凡购买中国社会科学出版社图书，如有质量问题请与本社营销中心联系调换
电话：010-84083683
版权所有　侵权必究

目 录

绪论 …………………………………………………………（1）
 一 选题背景和研究目的 ………………………………（1）
 二 选题理论依据 ………………………………………（4）
 三 相关概念的界定 ……………………………………（7）
 四 相关学术史的回顾与梳理 …………………………（11）

第一章 董仲舒教化思想的形成 ………………………（16）
 一 董仲舒教化思想产生的时代背景 …………………（16）
 二 董仲舒教化思想形成的理论基础 …………………（31）
 三 董仲舒教化思想形成的起点 ………………………（51）

第二章 董仲舒教化思想的内涵 ………………………（63）
 一 教化的目标 …………………………………………（63）
 二 教化的对象 …………………………………………（72）
 三 教化的核心内涵 ……………………………………（125）
 四 董仲舒教化思想的实现路径 ………………………（146）

第三章 董仲舒教化思想评析 …………………………（155）
 一 董仲舒教化思想的特点 ……………………………（156）
 二 董仲舒教化思想的历史贡献 ………………………（167）
 三 董仲舒教化思想的历史局限性 ……………………（175）

第四章 当代青少年思想道德教育现状分析 ……………（184）
一 当前青少年思想道德教育现状 …………………（184）
二 当前青少年思想道德问题的成因分析 …………（201）
三 借鉴董仲舒教化思想,加强青少年思想道德教育的
可能性和必要性 …………………………………（210）

第五章 董仲舒教化思想对青少年思想道德教育的启示 ………（235）
一 对青少年思想道德教育理论层面的启示 ………（235）
二 对青少年思想道德教育实践层面的启示 ………（246）
三 对青少年思想道德教育功能的启示 ……………（264）

第六章 借鉴董仲舒教化思想,加强青少年思想道德教育
对策 ……………………………………………………（271）
一 加强青少年思想道德教育应树立的教育观念 …（271）
二 提升青少年思想道德教育应坚持的教育原则 …（274）
三 董仲舒教化思想现代转换的路径 ………………（279）
四 加强青少年思想道德教育对策及建议 …………（282）

参考文献 ……………………………………………………（305）

绪　　论

一　选题背景和研究目的

（一）选题背景

青少年是祖国未来的栋梁，肩负着社会主义现代化建设的历史重任。青少年的思想道德状况关系着自身能力的发展，也影响着中华民族的整体素质水平。党和国家历来对青少年的思想道德建设十分重视。2004年2月，中共中央、国务院印发了《关于进一步加强和改进未成年人思想道德建设的若干意见》，首次从战略的高度对加强和改进未成年人思想道德建设提出了要求，2008年党的十七大报告明确提出要"动员社会各方面共同做好青少年思想道德教育工作，为青少年健康成长创造良好社会环境"，以制度的方式扩充青少年思想道德建设的主体力量。2013年的五四青年节，习近平总书记指出：青少年"要加强思想道德修养，自觉弘扬爱国主义、集体主义、社会主义思想，积极倡导社会公德、职业道德、家庭美德"[1]，从微观的角度对青少年思想道德建设的内容加以充实。2013年10月1日，在中央民族大学附属中学百年华诞之际，习近平总书记亲切地给全校学生回信："希望同学们珍惜美好时光，砥砺品德，陶冶情操，刻苦学习，全面发展，掌握真才实学，努力成为建设伟大祖国、建设美丽家乡的有用之才、栋梁之材，为促进民族团结进步、实现共同繁荣发展做出

---

[1] 习近平：《在同各界优秀青年代表座谈时的讲话》（http://news.xinhuanet.com/2013-05/04/c_115639203.htm，2013年5月4日）。

应有贡献。"① 从习近平总书记对学生和青年的谆谆教诲中，我们不难看出"砥砺品德，陶冶情操，一定要从小做起"是非常必要的。我们当前的重点是用实现中华民族伟大复兴的中国梦，来教育和帮助广大青少年打牢共同思想基础、激发历史责任感、树立正确的世界观、人生观、价值观。

由于受到中西方不同文化的交流与碰撞，各种信息充斥其中，加速了发达国家强势文化、奢靡腐朽的生活方式、个人主义、利己主义等类似的价值观和人生观对我国当代青少年群体思想的侵蚀和渗透；互联网对人类社会产生全方位的影响，网络的开放性、自由性和"信息一体化"、"地球村"的诞生，为信息的交流与传播大开"方便之门"，也为各种有害信息的制作与扩散，以及其他各种网络违法犯罪行为提供了平台，一些迷信、色情、暴力，各种思想文化糟粕和自由化言论在网上泛滥，使得一些正面价值观的影响被负面信息所抵消。随着改革开放的深入和社会主义市场经济的发展，我国社会正经历着深刻的变革。社会经济成分多样化、利益关系和分配方式多样化、人员构成阶层复杂化、社会问题夸大化等。在经济体制转型、转轨的过程中，社会不公正、不公平现象不时出现，贫富差距逐渐拉大、思想道德滑坡，自私利己观念加重，腐败和丑恶现象滋生蔓延，种种社会问题直接冲击和影响着青少年群体的道德品质、价值观念和行为方式。如何提高青少年的思想道德素质教育，是事关国家前途和民族命运的希望工程，是关系到亿万家庭切身利益的民心工程，是社会主义精神文明建设的基础工程，是培养社会主义现代化建设接班人的奠基工程。

董仲舒是中国儒学史、中国教化思想史上里程碑式的人物。"汉代思想的特性，是由董仲舒所塑造的"②，董仲舒不仅是汉代儒学的奠基人，而且是中国儒学教化系统的真正创立者。董仲舒构建的以"德性"教化（德教）为核心的儒学理论和实践，使儒学由思想成为

---

① 《中央民族大学附属中学迎来百年华诞　习近平给全校学生回信表示祝贺、李克强作出批示》，《人民日报》2013年10月7日。
② 徐复观：《两汉思想史》（第二卷），华东师范大学出版社2001年版，第182—183页。

制度,从乡野走上殿堂,深刻影响着汉代及整个中国社会的发展,融入中国传统文化的思想主流;同时构架起了汉代教化的基本脉络,使教化成为汉代文化的重要特征,儒学教化开始成为中国教化传统的主体基调。

青少年思想道德教育欲汲取传统思想文化之精华,契合中华民族之文化心理,符合中国实际,表述中国精神,实现青少年思想道德教育的创新发展,则必须重视和关注董仲舒的教化思想。冯友兰曾指出"中华民族的古老文化虽然已经过去了,但它也是将来中国新文化的一个来源,这不仅是过去的终点,也是将来的起点。"① 因此,加强当代青少年思想道德教育发展的文化动力,首先是在批判继承传统文化基础上的再创造。

(二) 研究意义

本课题以研究董仲舒教化思想为切入点,从而为当代青少年思想道德教育提供教育资源、历史参照和方法借鉴,以期推动当代的思想道德教育创新发展,为思想道德教育在优秀传统思想文化之研究与教育中发挥更大作用提供理论支撑和经验借鉴,以其推动中华民族优秀传统文化之繁荣昌盛,进而推动中华民族伟大复兴中国梦的实现。由是观之,研究意义如下:

有利于加快马克思主义思想道德教育的中国化进程。中华优秀传统文化为马克思主义思想道德教育中国化提供了深厚的文化底蕴,是马克思主义思想道德教育中国化的文化根基。只有加强中国传统教化思想研究,深刻理解中国传统教化思想,积极吸收中国传统教化思想的精髓,马克思主义思想道德教育才能更加符合中国人民的民族心理和行为习惯,从而实现思想道德教育的广泛传播和高度接受。马克思主义思想道德教育与中国传统、中国实际有效结合,才能使马克思主义思想道德教育更具中国作风、中国气派,从而在中国土壤中焕发出更为耀眼光芒。

有利于推动当代思想道德教育研究尤其是青少年思想道德教育研

---

① 冯友兰:《阐旧邦以辅新命》,上海远东出版社1994年版,第230页。

究。研究传统就是研究当代,"一切历史都是当代史"①,历史正是以当前的现实生活作为其参照系,考察其与当代视阈的重合,探究其现代适用性;"一切历史都是思想史"②,我们可以采用思想史的研究方法、从思想道德教育角度来研究董仲舒教化思想及其实践,考察其教化思想的发展演变,分析其教化思想的现代启示,总结出符合当代发展的有益成分,为我国当前社会转型时期青少年思想道德教育的创新与发展提供参考和借鉴。

有利于推进董仲舒及其汉代教化研究。通过董仲舒及其思想的研究,把握董仲舒思想之教化内核,重新评定董仲舒之历史功过,厘清董仲舒与汉代教化之关系,理清汉代教化之大致脉络,把握教化与汉代政治、经济、文化、社会之关系,掌握董仲舒在汉代政治和社会生活之地位,可以从一个崭新的角度探讨汉代的思想流变和制度更迭诸问题,对我们深入推进董学研究、把握汉代社会、审视中华民族均具有重大理论和现实意义。

有利于实现中华民族精神之重塑。每一个民族都有其独特的民族精神,是在长期的历史文化演进中逐渐形成并定型的。我们今天中华民族精神的重塑,必须追本溯源于传统,必须依托历史、立足现实、面向未来,以自豪、虔诚之态度对待包括董仲舒在内的先贤圣哲留给我们的优秀思想文化传统,通过挖掘整理和科学扬弃,深入挖掘和弘扬传统教化思想的有益价值,延续并稳固中华民族之精神血脉,始终保持和发扬中华文化之独立品格和独特魅力,重塑、复兴和张扬中华民族之精神。

二 选题理论依据

(一)马克思关于人的全面发展理论

马克思关于人的全面发展理论主要包括:人的类特性的发展。主

---

① [意]贝奈戴托·克罗齐:《历史学的理论和实际》,傅任敢译,商务印书馆1982年版,第3—54页。
② [英]柯林武德:《历史的观念》,何兆武、张文杰译,商务印书馆1997年版,第1页。

要表现为人的劳动能力的全面发展，活动内容和劳动形式的丰富性，有利于人的能力的全面发展；人的社会的全面发展。人是社会关系的产物，人的生存发展离不开社会关系；人的素质的全面提高和个性的自由发展。马克思强调人的个性的自由发展是人的全面发展的最高目标，只有确保实现每个人的"自由个性"的全面发展，才能实现人的全部才能的自由发展；人的需要的全面发展。人的需要既包括生理需要、精神需要，也包括社会需要。恩格斯把劳动产品划分为"生活资料、享受资料、发展和表现一切体力和智力所需的资料"。① 他认为人的需要最终得到满足是人的全面发展的重要标志。

青少年思想道德教育实质是人的全面素质发展教育，是马克思关于人的全面发展理论的具体化。在我国市场经济飞速发展、依法治国建设法治社会的进程中，更加需要人的全面发展。因此，对马克思主义关于人的全面发展理论的深入研究，有助于青少年健全人格培养和各项素质全面发展，具有重要的理论指导意义。

（二）班杜拉的社会学习理论

社会学习理论是20世纪60年代在行为主义影响下兴起的一个心理学派，其代表人物是班杜拉。该理论主要从外在行为的获得和改变的角度研究儿童的人格与道德发展。强调外部环境对品德形成的作用，更侧重于环境、社会文化、榜样等在道德行为发展中的作用。班杜拉指出，儿童的大部分道德发展不是一个内部成长和自我发现的过程，而是通过观察学习获得和改变的，是通过社会榜样的示范和实践而形成的。

社会学习理论揭示了人类观察学习的一般规律，为本文研究青少年思想道德教育提供了理论依据与实验参照。青少年在社会环境中通常也是直接通过"观察"、"模仿"获得新知识和技能，因此，在对其进行思想道德教育过程中，家长、教师等必须注意为其提供好的榜样示范，惩罚不良行为，进而帮助青少年形成良好的思想品德和遵纪守法的品行。

---

① 《马克思恩格斯选集》（第1卷），人民出版社1995年版，第330页。

(三) 道德认知发展理论

道德认知发展理论是品德发展研究中影响最大、成果最为丰富的心理学理论，其代表人物是皮亚杰和科尔伯格。他们认为道德发展是连续的统一体，有固定不变的发展顺序，是在个体与社会相互作用中实现的，道德判断必须以一般的认识发展为前提和基础。皮亚杰的道德认知发展理论焦点主要是关于儿童道德判断的发展研究，揭示出儿童道德判断的性质，指出不同年龄阶段的儿童分别把"他律"和"自律"作为道德判断的不同依据，并且随着年龄的增长，不断从"他律"走向"自律"。在皮亚杰研究的基础上，科尔伯格运用两难故事法，以不同年龄阶段儿童进行道德判断的思维结构为依据，把皮亚杰的儿童道德发展阶段扩充为三种水平（前习俗水平、习俗水平和后习俗水平）六个阶段，并将道德发展研究的理论应用到道德教育的实践。

道德认知发展理论在一定意义上为青少年思想道德教育提供了心理学依据，青少年对思想道德的认识和对法律知识的掌握需要一个心理的发生发展过程，是一个不断解决认知冲突的过程，并不断在心理矛盾的过程中，做出正确的道德判断和行为选择。因此，对青少年思想道德的培养，需要遵循客观的发展规律，根据不同年龄阶段所表现出来的特点，主动分析和调整教育目标、内容以及实施方法，使之适应青少年现有认知发展水平。

(四) 庞德的社会控制理论

美国著名法学家罗斯科·庞德在《通过法律的社会控制》（1942年）一书中，提出了"法律的社会控制"，即把法律看成是社会控制的手段，社会控制理论是庞德法律思想的核心内容。[①] 他认为道德、宗教和法律是人类历史上重要的社会控制手段，尤其强调在近代社会，将法律作为社会控制的主要手段，是发达政治组织化社会里高度

---

① 许伟华：《法律与社会控制——庞德的社会控制理论解读》，《法制与社会》2008年第4期。

专门化的社会控制形式。同时他也承认法律有其自身的局限性和弱点，因此，他主张法律作为主要社会控制手段的同时，也强调道德、宗教等其他控制手段的辅助作用。庞德的社会控制理论，强调了法律控制手段的重要性，肯定道德（宗教）对法律运行各个环节的作用，这种开放性的理论研究模式，对于我国建设法治国家、构建和谐社会具有借鉴意义，对于本文研究青少年思想品德教育与法律教育的融合提供了重要理论依据。

三　相关概念的界定

（一）教化

所谓"教化"，《说文》云："教，上所施下所效也"，"化，教行也"，"教行于上，则化成天下"[①]，就是通过"上"之"教"，达到"下"之"化"，实现"教"、"化"之互动，达到教化之效果。

中国自古即重视教化，不同学者从不同角度并根据自身研究的需要，阐述了教化的含义。第一种观点认为，教化又称德教，起源于原始社会晚期，所谓"教化"，就是古人所说的"以教道民"、"以教化民"，即通过道德教育来感化人民，转移世间的人心风俗。[②] 第二种观点认为，教化即"政教风化、教育感化"之义。社会教化就是统治者通过行政的或教育的各种手段对全社会实施的普遍的道德训练与情感陶冶，以便使全社会形成统一的道德认识和道德实践。[③] 第三种观点认为，教化就是伦理德行的化成，类似于现代思想道德教育中的隐性教育，指创设教育情境使受教化之人潜移默化地受其影响。[④] 汉代董仲舒将教化作为一种政治统治的手段或方式，他在《对贤良策》中指出："教化不立而万民不正"，"性非教化不成"，将教化作为国君治国理政的"大本"之一。

---

① 许慎：《说文解字注》，段玉裁注，上海古籍出版社1981年版，第122（下）、384（下）页。
② 张锡勤：《试论儒家的"教化"思想》，《齐鲁学刊》1988年第2期。
③ 全红：《中国古代社会教化问题探讨》，《中国青年政治学院学报》1994年第1期。
④ 李景林：《教化观念与儒学的未来发展》，《人文杂志》2009年第1期。

中国古人所以高度重视教化，是出于德善并非天生的正确认识。古人在主张"人人皆可以为尧舜"的同时，又明确指出，世间没有天生的圣贤，圣贤是后天磨炼的结果。这后天的磨炼，一方面要靠自觉修养，一方面则需教化。对个人而言，要重修养；而对国家、朝廷来说，则应重视对人民的教化。二者相互配合，缺一不可。所以，自古以来，历代先哲既重修身又重教化。

笔者认为，教化是对社会成员所施加的有组织的、系统的道德影响活动。社会的道德教化目的是培养德性，磨砺人格，导人向善。儒家教化不是以一种外在强制力使人合乎某种善的目标，而是尊重人的情感和本然之性的特点，并一种人文性的、体现人伦情理的文化样式对人们实行熏陶、归融，从而力图使社会生活秩序合乎人情义理，使人们在共同生活中形成一种合乎礼义的精神价值态度，形成温文淳厚、和睦安定的风俗。①

古代教化与当代思想道德教育在价值与功能方面是一致的，不同者是指导思想和教育内容，这在古代教化理论及其实践考察中亦可印证。

教化的目的：从社会的角度来看，教化是社会治理的重要手段，通过化民成俗，使社会由秩序而和谐。从个人的角度来看，教化是德性养成、人格培养的重要途径。通过道德教化，主要实现移风易俗、培养德性、实现秩序与和谐三个目的。

(二) 青少年

学术界一般是通过年龄对青少年的概念进行界定的，一般认为，青少年有狭义和广义之分。狭义的"青少年"是指个体由儿童向成人的过渡期，特指12—17年龄段的未成年人，其中12—14年龄段称为少年期，也就是青春期；15—17年龄段称为青年初期。广义的"青少年"包括儿童（6—11岁）、狭义的"青少年"（12—17岁）

---

① 詹世友、栗玉柱：《论中国古代教化的实践智慧》，《南昌大学学报》（人社版）2000年第1期。

和青年（18—40岁）三个年龄段。①

根据学术界的研究成果，结合当前青少年的生理、心理的新变化如发育时间提前，还有学术界比较关注的孩童成人化、成人儿童化等现象，同时也为了方便研究，不与成年人的思想道德教育混淆，增强文章的针对性，本文对青少年的年龄界定做了一个弹性处理，将青少年的年龄界定为8—22岁，基本涵盖了公民受教育的小学、初中、高中和大学阶段。文中对改进当前青少年思想道德教育实效的建议，主要要求契合青少年的具体特点，其中尤其要注意结合青少年的思想和心理特点，这关系到青少年思想道德教育活动的成败。

（三）思想道德教育

关于思想道德教育的内涵学术界争论较小，本文沿用的是中山大学郑永廷教授的观点：思想道德教育包括思想教育和道德教育两个方面。思想教育主要是马克思主义科学世界观和方法论的理论教育，特别是邓小平理论教育；社会主义和共产主义的理想教育；党的路线、方针政策教育以及社会主义、集体主义、爱国主义教育等。道德教育主要是以为人民服务为核心，以集体主义为原则，以爱祖国、爱人民、爱劳动、爱科学、爱社会主义为基本要求，开展社会公德、职业道德、家庭美德的教育。②

青少年思想教育主要指专门针对青少年群体的思想意识形态、理论观点、政治观点、心理健康等方面有目的的引导和教育，它居于青少年教育的主导地位，是塑造青少年健全人格、正确思想观念的最重要手段，青少年思想道德教育是青少年思想教育的核心内容。

儒家传统思想道德教育：在古代，就有"天下明德自尧舜始"之说，尧舜时代使契为司徒布五教，即以父义、母慈、兄友、弟恭、子孝为内容施教于民。先秦时期，以孔子为创始人的儒家学派，在前人的道德认识基础上，推出一整套包括仁、义、礼、智、忠、信、孝等

---

① 莫晓春：《关于"青少年"年龄界定问题的思考》，《青少年导刊》2009年第8期。
② 郑永廷：《现代思想道德教育理论与方法》，广东高等教育出版社2000年版，第6—7页。

内容的完整的思想道德教育学说，经过董仲舒"教而后善"论、班固"三教教化论"、王符"化变民心"论、王充"性在教化"论以及宋明程朱理学、王守仁、王夫之等人的发展，中国古代的儒家思想道德教育成为世界思想道德教育的重要组成部分之一，也是我们继往开来，迎接新世纪诸多挑战，解决价值与教育问题可资借鉴的一个重要宝库。中国儒家传统思想道德教育的宗旨是塑造"至善"的道德人格，培养具有理想品德的"君子"，在多年的教育实践中积累了丰富的思想道德教育经验，提出了一套切实可行的思想道德教育思想，奠定了中国古代思想道德教育的基础，对提高全民族的道德文化水平，维护国家的安定，提升民族的凝聚力做出了不可磨灭的贡献。

（四）中国传统文化

中国传统文化就是中华民族在古代社会形成和发展起来、体现于物质、精神、制度、行为等方面的活动及其成果。从创造主体来说，包括了以汉族为主的中国所有民族，特别是秦汉以后，以长城一线为界，农耕民族和游牧民族之间通过战争、迁徙、和亲、互市等形式实现经济互补和文化融合[①]。从产生时期来说，这种文化产生于中国古代，也就是鸦片战争爆发之前，虽然肇始于过去，却贯通现在，还必然要影响未来。从包含内容来说，是以儒家思想为主，同时融会汲取了百家思想和外来文化，从而形成的体现中华民族历史特点的文化体系，主要体现为"凝聚之学""兼容之学"和"经世致用之学"[②]。

优秀传统文化则主要是指，中华传统文化中体现民族精神和特色部分，"包括充满智慧的哲学宗教，完备深刻的道德伦理，异彩纷呈的文学艺术，独具特色的语言文字，经世致用的传统史学，嘉惠世界的科技工艺等。这些共同构成了中国传统文化的基本内容"[③] 它不仅推动着中国社会的历史发展，也在一定程度上影响着整个世界文化的传承，而且是对现阶段中国特色社会主义文化事业的建设有着重大借

---

① 姬汝茂主编：《中国传统文化思想研究》，线装书局2009年版，第63页。
② 曹德本：《中国传统文化学方法论》，《学术界》2001年第2期。
③ 龚贤：《中国传统文化概论》，中国出版集团2001年版，第7页。

鉴意义的文化。

四 相关学术史的回顾与梳理

（一）董仲舒教化思想的研究

国外对董仲舒道德教化思想研究的现状及趋势是：美国东方学会（American Oriental Society）研究者 Gary Arbuckle 在论文 "Restoring Dong Zhongshu（BCE195 – 115）: an experiment in historical and philosophical reconstruction" 中对董仲舒的生平及其著作《春秋繁露》的真实性进行了考证，他认为董仲舒思想的产生是适应集中的帝国主义国家的要求，并且董仲舒使用现代宇宙学的框架来解释自然灾害和奇怪的事件，这引起了他的兴趣。他对董仲舒时代的郊祀习俗以及董仲舒去世之后 50 年内公羊学的发展情况进行了论述。Gary Arbuckle 在 1993 年 4 月发表于 *Journal of the American Oriental Society* 的论文 "Five Divine Lords or One (Human) Emperor? A Problematic Passage in the Material on Dong Zhongshu" 中对日本学者 Keimatsu Mitsuō 与中国台湾学者戴君仁认为董仲舒并没有采用五行概念的假设进行了讨论，他从《后汉书》中找到相关文字记载，认为董仲舒与五行宇宙观有密切联系，同时进一步讨论了董仲舒思想在其去世之后的影响。日本学者的研究通常将伦理思想与社会政治、法律等相结合，为研究董仲舒的社会伦理思想提供了研究的视野。其中，重泽俊郎在《周秦思想史的研究》中将董仲舒的思想分为革命思想、政治思想、伦理思想以及阴阳论和五行论等分别阐述，首开日本学界研究董仲舒思想的先河。佐川修的《春秋学论考》以春秋公羊学为基础，论述了董仲舒的改制说、王道说和阴阳说。此外，日本学术界在董仲舒的相关研究中，非常重视对其作品真伪的考证，如庆松光雄在《春秋繁露五行诸篇伪作考》中通过研究指出，其实董仲舒只讲阴阳而不讲五行，所以《春秋繁露》中关于五行的篇章都是伪作。田中麻纱则在《对春秋繁露五行诸篇的考察》中对五行诸篇进行了具体的分析，指出《春秋繁露》中谈五行的有九篇，其中四篇以五行相生言五行，是属于董仲舒的，另外五篇以五行相胜言五行，才是伪作。与之相对，东京大学的池田知久教授则在《中国古代的天人相关论》中认为日本学术界应当相信《春秋繁露》大体上的真实性。总之，日本学者对董仲舒思想的研究非常注重资料的可信度，这也是大陆学者在进行历史研究时应当重视的。

大陆关于董仲舒思想的研究，主要有华友根的《董仲舒思想研究》，余治平的《唯天为大》，王永祥的《董仲舒评传》，周桂钿的《董学探微》，周辅成的《论董仲舒思想》，张实龙的《董仲舒学说内在理路探析》等，这些专门研究董仲舒思想的著作，对其教化思想的研究虽然不够深入，但往往是具有开拓性和指导性的，多数观点也较为权威，对专著或单篇论文具有重要的指导意义；侯外庐的《中国思想通史》，任继愈的《中国哲学发展史》，冯友兰的《中国哲学史新编》，刘泽华的《中国政治思想史》，李泽厚的《中国古代思想史论》，金春峰的《汉代思想史》等，这些著作中专设章节对董仲舒教化思想进行研究，但都篇幅短小且不够深入；其次是关于董仲舒教化思想的研究，主要有张鸣岐的《董仲舒教育思想研究》，但该书在理论基础方面只谈及人性论一个方面，在内容上仅强调三纲五常，对于具体的教化内容涉及甚少，偏重于论述教化的方法与途径，不够全面。周春兰的《董仲舒教化哲学思想——儒家教化体系的确立及其在大一统社会的实践开端》（2009年）和王赛艳的《董仲舒教化思想研究》（2007年），两篇学位论文都对构建董仲舒教化思想体系进行了尝试，其中周春兰在思想渊源方面，只看到了周公及孔子、孟子、荀子的思想，在理论基础方面也不够全面，教化内容方面比较准确，但论述不够深入，总体来看，其内容虽相对完整但缺乏新意，在一些具体问题上也不够深入，王赛艳在理论基础局限于哲学观和人性论两个方面，内容局限于三纲五常的展开。

台湾学术界始终对董仲舒的思想较为关注，先后有多部重量级的作品问世。徐复观在《两汉思想史》中，将董仲舒思想分为"春秋公羊学"和"天的哲学"两部分，其研究视角独特而深邃，加之其饱受政治学术忧患的心灵，使得徐先生能够深刻把握董仲舒思想的本质特征，在一系列具体问题上也能提出独到的看法。但不可否认，该作品在对董仲舒思想研究的广度上还有待扩展。此外，韦政通的《董仲舒》一书，该书构建了研究董仲舒思想的体系，该书还对西汉时期肇始于董仲舒的"独尊儒术"运动提出了自己的看法，具有较高的学术价值。李威雄也著有《董仲舒与西汉学术》一书，其中专章论述了董仲舒的思想体系并加以评述，但其中"论述"与"评述"的内容多有重复。总体而言，台湾学者的文章质量较高，论述简洁有力，值得大陆学者借鉴。

综之，学术界在对董仲舒教化思想的研究方面已经取得了较为丰硕的成果，研究视野较为宽广，包括教化的依据、目标、原则、功能、内容等，基本涵盖了董仲舒教化思想的基本范畴，特别是在董仲舒的人性学说以及教化的具体内容方面，学术界成果颇丰；在研究视角、研究方法以及研究内容上也具有一定的深度和广度。这都为本研究提供了大量的参考和借鉴，启发并开拓了笔者的思路。但若局限于此，在董仲舒教化思想的研究方面不做进一步的深入分析，那么一方面将很难有所创新，另一方面也难以发现董仲舒教化思想对现实社会的重要意义和借鉴价值。

（二）青少年思想道德教育的研究

在国外，学者们对道德的研究相对中国来说，起步的要早。虽说道德是在国家的产生、发展上所形成的一种规范。但是国外关于道德的研究在很早的时代就出现了，并在理论界具有深远的影响。早期西方社会关于道德及青年道德方面的研究。苏格拉底的道德思想中提到知识和德行是同一个东西，他认为认识善就是行善，知识就是德行，他的道德思想是一个比较特殊的概念定义。柏拉图在《理想国》中对人们的道德给出了初步的设想，认为只要是为不同阶级服务的正确的、能确保当时城邦公共利益，确保和谐的社会秩序的行为规范和准则就是道德。亚里士多德的"遵照道德准则生活就是幸福的生活"，他最为进步的一点就是对青少年进行了年龄的分期，这为后人在青少年道德思想的发展和现状方面提供了充分的理论依据。

近现代国外关于道德和青少年道德方面的研究。美国学者劳伦斯·科尔伯格（Lawrence Kohlberg，October 25，1927 January 19，1987）在他的《儿童的道德判断》中说道德是一种源于人内心的判断善恶是非的本性，儿童有先天的善，道德教育就是创造适宜的条件，让儿童自己发现和发展自己的本性。那些来自成人和社会的文化只会压抑他们的发展。德国教育家鲍勒夫提出"朴素道德观",主张重视人格教育,提倡负责任、坦诚、正直、同情他人、乐于助人、举止端正等个人品格方面的教育。他们都十分重视对青少年道德的研究。

到了20世纪,西方许多学者都把对道德的研究放在了社会学、心理学、伦理学、历史学等学科综合研究上,其代表著作有美国齐格勒等著的《社会化与个性发展》、美国迈克尔·布雷的《越轨青年文化比较》、罗马尼亚马赫列尔的《青年问题和青年学》,在这些研究领域中,学者更加注重的是对青少年道德形成的手段和方式进行突破研究,但对道德在某一时期存在的现状及其影响的因素没有做出非常系统化的研究。

国内针对青少年思想道德教育状况的研究,主要有以下研究:一是中国科学院青少年研究室为代表的社会学取向的研究,主要针对青少年价值观的现状与发展变迁进行了系统的追踪研究,并提出了一些加强和改进青少年思想道德建设的观点和主张;二是共青团系统包括团中央直接领导的中国青少年研究中心和各个省、市团委组织的研究,主要从青少年成长和发展的角度,对其成长和发展状况进行系统专题研究;三是国内学者开展的较有影响的研究,例如安国启在《和谐社会与青少年思想道德建设研究报告》中,集合了中国青少年研究会优秀论文集,以和谐社会与青少年思想道德建设相结合,推进服务和谐社会建设,培养青少年良好的思想道德素质。例如余双好的《青少年思想道德现状及健全措施研究》中,对青少年的思想观念、道德观念、身心健康、政治观等做了分析及界定,并在调查统计的基础上对青少年思想道德出现的问题提出了解决措施。

还有学者对古代传统文化资源进行借鉴,并对当代青少年思想道德教育工作提供启迪意见。如李亮在《"德智一体化"辨析》中指出,"中国文化传统强调了德智统一的一面,但也毫不否认德智之间某种程度的分离",德智关系表述应该是"德智统一化"[①];刘惠在《传统节日:青少年德育的重要载体》中提出,"传统节日积淀着民

---

① 李亮:《"德智一体化"辨析》,《思想理论教育》2011年第4期。

族的情感、信仰和伦理,能够为青少年提供精神给养,是不可多得的德育资源"①;宋伟在《儒家德育思想对当代青少年德育工作的价值研究》中,通过对儒家道德教育思想的地位、目标、内容、过程和方法进行综述,倡导结合现实情况,在青少年德育中充分利用儒家德育思想的价值②;崔金贵在《优秀传统文化与现代青少年德育教育》中,强调重视对传统文化的尊重和传承③。

总体来说,学术界对青少年的思想道德教育给予了极大的关注,在许多关键领域业已取得了重大突破,为后人的继续深入研究奠定了良好的基础。但是目前的研究仍然有一些不尽如人意的地方,存在不少研究的薄弱环节:首先,对青少年重视不足,主要表现在教育对策的提出上,仍然没有跳出家庭、学校、社会三大教育主体的模式,忽略了青少年的主体性作用的发挥。其次,学术界对青少年思想道德教育的研究越来越精细化,这一方面表明了理论界对青少年思想道德教育工作的重视和关注,但是这在另一方面又导致了青少年思想道德教育的理论和实践相脱节,理论研究成为一种形而上的东西,对实践失去了应有的指导作用。最后,学术界对青少年思想道德教育的许多研究没有从根上找准问题,当前青少年思想道德教育工作之所以实效性不强,是因为改革开放以来我国物质文明建设和精神文明建设一手硬一手软的问题没有得到根本解决。

---

① 刘惠:《传统节日:青少年德育的重要载体》,《教育导刊》2010年第11期。

② 宋伟:《儒家德育思想对当代青少年德育工作的价值研究》,东北师范大学,2007年。

③ 崔金贵:《优秀传统文化与现代青少年德育教育》,《江苏大学学报教》(研究版)2005年第4期。

第一章 董仲舒教化思想的形成

董仲舒教化思想形成于西汉初年，这一时期在经济、政治及文化上均表现出一定的特点。思想的形成与思想家所处的时代密不可分，时代的变迁促成思想的形成，思想家的思想与活动随着时代的变革而产生律动。虽然思想家最伟大之处就在于他的思想具有对其生存时代的超越性，但这种超越不是无限度的，而必定是以他的时代为背景的。正如黑格尔所言："没有人能够真正地超出他的时代，正如没有人能够超出他的皮肤。"① 除此之外，任何一个思想家当他着力从学理上建立一种制度构想时，必然是为了解决现实中的问题，这也决定了时代背景是研究董仲舒教化思想不可回避的前提。董仲舒作为一名有着强烈救世情怀的儒家士人，其从理论到实践的努力都是为了使自己的思想主张得到实施，结束长期以来的混乱局面，建立一个和谐有序的理想社会，其教化思想的形成和发展都是汉初社会大背景下的产物，当然这种思想的产生还需要充分的理论基础作为支撑。在西汉"独尊儒术"的政策下，董仲舒的教化思想在西汉王朝得以全面展开，本部分将对这些内容分别进行考察。

一 董仲舒教化思想产生的时代背景

思想家的理论和思想虽然离不开其主观思辨，但仍有其产生的现实基础，其直接来源必定是社会现实，是对其生活时代的独立思考与反思应对，也正是因为这样，理论才具有生命力，这样的理论也才会

---

① ［德］黑格尔：《哲学史讲演录》（第 1 卷），商务印书馆 1959 年版，第 57 页。

随着时代背景的变迁而不断调整和发展自己。当然,董仲舒教化思想的提出,并非基于对汉代现实状况素描式的记叙,而是针对现实中存在的社会问题,结合既有知识,进行研究反思而得出的治理对策,是伴随着汉初经济、政治、文化的发展而出现的一套系统理论;另一方面,正是西汉初年社会发展中出现的种种曲折与坎坷,促使董仲舒从教化的角度进行思索,进而提出其教化理论。因此,对汉初经济、政治及文化环境的把握有助于更好地理解董仲舒的教化思想。

(一) 经济背景

西汉王朝在建立初期,社会混乱残破之状无以复加,秦朝的一系列暴政以及楚汉战争的消极后果在社会中持续蔓延。面对这种凋敝的社会形势,以刘邦为代表的汉初统治集团确立了道家"无为而治"的治理思路,采取休养生息、与民休息的政策,试图以简化繁,化解复杂的社会局面。从实际效果来看,基本达到了统治者的预期,不仅社会经济呈现出复苏和发展的趋势,而且使人民由于长期战乱而造成的心灵创伤得到平复,从而稳固了政权,这都为教化的施行打下了坚实的基础。

1. 经济初步发展为董仲舒德育目标思想的形成提供了经济基础

在汉初"无为而治"思想的统领下,社会经济取得了较大的发展,这首先表现在农业领域的恢复。"在一切社会形式中都有一种一定的生产决定着其他一切生产的地位和影响,因而它的关系也决定着其他一切关系的地位和影响"①。在中国古代,无论是原始社会、奴隶制社会还是封建社会,土地都是人民赖以生存的基本物质资料,而农业与土地之间天然的联系,又使农业生产成为中国古代国家经济的命脉。甚至纵观整个世界文明的发展,农业在古代社会经济体系中都是占有绝对支配地位的,"农业是整个古代世界的决定性的生产部门"②,特别是以土地私有制为基础的封建经济建立之后,农业对国

---

① 马克思、恩格斯:《马克思恩格斯选集》(第2卷),人民出版社1995年版,第24页。
② 恩格斯:《家庭、私有制和国家的起源》,中共中央马克思恩格斯列宁斯大林著作编译局译,人民出版社2003年版,第155页。

家政权的稳固更是具有举足轻重的作用。汉初统治者在农业领域进行了一系列卓有成效的调整，包括采取轻徭薄赋的赋税政策和重农抑商的措施、提供充足的农业人口以及大量的可耕作土地、通过改进农业生产工具以提高生产效率和生产水平等。在此基础之上，受到战争破坏的农业生产得到极大的恢复，以土地私有制为基础的封建经济形式得到巩固和发展。

汉初"无为而治"的统治思想在农业领域首先表现为赋税政策的调整。汉初的赋税征收采取中央与地方分别征收的原则，上至中央朝廷，下至地方诸侯，都可以征收税赋，"高祖时诸侯皆赋"[1]。但地方诸侯征税须按照中央规定的税目和税率征收，税赋的征收标准是"量吏禄，度官用，以赋于民"[2]。首先是针对成年人征收的人头税——算赋，在汉高祖刘邦时初定为一百二十钱，到汉文帝时，已经降为四十钱，减少了三分之二，这极大地促进了劳动人口的增加，适应了农业发展的要求。其次，是关于汉代的主要税赋——田租。在汉初七十年里相继经历了汉高祖的"轻田租，什五而税一"[3]到汉文帝时期免除田租，再到汉景帝时期回复田租，并定为"三十税一"，在经历了这些变化之后，"三十税一"逐渐成为田租定率。

汉初在税赋政策上的轻徭薄赋不仅促进了封建农业经济的恢复与发展，而且缓和了阶级间的矛盾，使人民大众安居乐业。在调整税收政策，从而直接促进农业发展的同时，汉初统治者还采取重农抑商的策略间接鼓励农业生产。高祖刘邦最早认识到商业的过度发展对社会经济的不利影响，因而"令贾人不得衣丝乘车，重租税以困辱之"[4]。汉惠帝坚持这一政策，并且规定商人家族的后代子孙不得入仕从政，从而进一步抑制商业行为的发展。尽管如此，商业活动的高额利润仍然吸引着人们投身于此，到汉文帝即位之时，商业活动日益兴盛，汉文帝相继采纳了晁错、贾谊等人的重农抑商之道，鼓励以农业致富为

---

[1] 《史记·五宗世家》。
[2] 《史记·平准书》。
[3] 《汉书·食货志》。
[4] 《史记·平准书》。

本，以从商致富为末，"与时俯仰，其赢利，以末致财，用本守之"①。

汉初统治者在社会经济领域的上述诸项政策从外部促进了农业生产的恢复和发展，而在经济领域内部，汉初的统治集团同样不遗余力地进行着变革与调整。由于当时生产力的发展还处在一个比较低的水平，所以汉代农业以精耕细作为特点，这种精耕细作的农业生产又以充足的农业人口以及大量耕地的存在为前提，但经历了秦朝暴政与楚汉战争的汉初社会建立在一片废墟之上，"汉兴，接秦之敝，诸侯并起，民失作业而大饥馑。凡米石五千，人相食，死者过半。高祖乃令民得卖子，就食蜀、汉。天下既定，民亡盖臧，自天子不能具醇驷，而将相或乘牛车。"② 战争造成的人口数量减少以及耕地的大量荒芜给农业生产的恢复带来极大的困难。针对此种现实状况，汉初统治者采取了多种措施鼓励农业人口的增长以及可耕作土地的增加。

在增加农业人口方面，汉高祖刘邦在汉政权建立后，诏令"兵皆罢归家"③，这就通过使军队复员回家的方式，向农业领域释放了大量的劳动力。此外，"民前或相聚保山泽，不书名数，今天下已定，令各归其县，复故爵田宅，吏以文法教训辨告，勿笞辱。民以饥饿自卖为人奴婢者，皆免为庶人。"④ 这就是说，允许原本为躲避战乱而逃离家乡的民众回归故里，并且恢复其原有的土地和身份，沦落为奴隶者都重新赦免为平民，而大量的无主土地也分给平民耕种，这极大地补充了农业领域所需的劳动力，特别是回归故里的士兵，从事农业生产的积极性普遍较高。这些政策也逐步显示出实际效果，"天下初定，故大城名都散亡，户口可得而数者十二三。是以大侯不过万家，小侯五六百户。后数世，民咸归乡里，户益息，萧、曹、绛、灌之属或至四万，小侯自倍。"⑤ 可见，汉初人口数量出现了成倍的快速增加，从而为农业领域的充足劳动力提供了保障。

---

① 《汉书·货殖志》。
② 《汉书·食货志》。
③ 《史记·高祖本纪》。
④ 《汉书·高帝纪》。
⑤ 《史记·高祖功臣侯者年表》。

在增加可耕作土地方面,汉初统治者一方面对原有的耕地资源充分利用,一方面注重开垦新的可耕作土地以从事农业生产。如汉文帝时期,不仅多次颁布诏令,要求社会经济要以农事为本,而且其常常"率群臣农以劝之"并"亲耕籍田"①,通过开垦籍田来增加可耕作的农业土地。

汉初统治集团通过上述措施解决了农业人口以及可耕作土地的问题,为农业的发展打下了基础。在增加人口与耕地数量的同时,汉代也注重改进生产工具,从而提高生产效率。在汉初,"文帝之时,纵民得铸钱、冶铁、煮盐"②官方宽松的政策促进了冶铁技术在汉初的发展,铁制工具得到改良并普及到农业生产领域,铁制工具在农业生产领域的广泛应用,"使更大面积的田野耕作,广阔的森林地区的开垦,成为可能;它给手工业提供了一种其坚硬和锐利非石头或当时所知道的其他金属所能抵挡的工具"③。所以在汉初的农业生产当中,铁制农具成为"民之大用也"④,"铁器者,农夫之死士也。死士用,则仇雠灭,仇雠灭,则田野辟,田野辟则五谷熟。"⑤ 总之,以铁犁为代表的铁制农具的改良,伴随着牛耕方式的普遍使用,极大地提高了农业生产的效率,从而促进了汉代农业生产的发展。

在汉初统治集团内外兼顾地调整了农业领域的各项政策之后,生产力得到极大的恢复和提高,以农业为基础的汉初经济在几十年间不断向前发展,成功地改变了建国初期萧条残破、国库空虚的破败景象,民众安居乐业,社会经济稳步前进,出现"文景之治"的盛世图景,⑥ 在经济繁荣基础上的封建统治得到有效巩固。这种局面延续到汉武帝时期,"国家无事,非遇水旱,民则人给家足,都鄙廪庾皆满,而府库馀货财;京师之钱累巨万,贯朽而不可校。太仓之粟陈陈相因,充溢露积於外,腐败不可食。众庶街巷有马,阡陌之间成群,

---

① 《汉书·文帝纪》。
② 《盐铁论·错币》。
③ 恩格斯:《家庭、私有制和国家的起源》,中共中央马克思恩格斯列宁斯大林著作编译局译,人民出版社 2003 年版,第 169 页。
④ 《盐铁论·水旱》。
⑤ 《盐铁论·禁耕》。
⑥ 《新书·时变》。

乘牸牝者傧而不得聚会。守闾阎者食梁肉，为吏者长孙，居官者以为姓号。故人人自爱而重犯法，先行义而后绌耻辱焉"①。经济日趋繁荣，人民生活开始富裕。这种经济的变化与发展，使思想家从事教化活动成为可能，这些都为董仲舒教化思想的产生提供了经济基础。

2. 经济政策失误所引发的弊端为董仲舒教化目标思想指明方向

在汉初社会经济恢复与发展的同时也存在着一些问题。首先，汉文帝虽被赞节俭，"然未央前殿至奢，雕文五采，尽华橑璧珰，轩槛皆饰以黄金，其势不可以书囊为帷。奢俭好丑，不相副侔"②。皇帝如此，官员民众也纷纷效仿，富豪商贾更是奢华无度。汉初虽然重农抑商，但随着社会经济的恢复，商业在文帝时有了很大的发展，这也造成当时社会中交朋结友或婚姻嫁娶都喜攀富贵的不良风气，"取富嫁子，非有权势，吾不与婚姻；非有贵戚，不与兄弟；非富大家，不与出入。因何也？今俗侈靡，以出相骄，出伦逾等，以富过其事相竞。今世贵空爵而贱良，俗靡而尊奸富，民不为奸而贫，为里骂，廉吏释官，而归为邑笑；居官敢行奸而富，为贤吏；家处者犯法为利，为材士。故兄劝其弟，父劝其子，则俗之邪至于此矣"。

其次，随着社会财富的增加，贫富差距也进一步拉大。汉文帝时，晁错曾上书认为，以农民为代表的弱势群体在土地兼并的背景下，承受着来自地主和富商的双重剥削，加之时有发生的自然灾害，个体小农的生活日益窘迫，这是关系到国计民生的重大问题。另外，文帝时期的贾谊针对一些富商家族的衣食排场超过皇室规格的现象，也痛切陈词。这都表现出由于商人财富的膨胀所造成的贫富差距不断拉大等问题，富商阶层往往与地方诸侯相互勾结，逐渐演化为与统一政权相对抗的分离势力。《史记·平准书》中记载了汉武帝前期的盛况，但也记载了同时存在的一些社会问题，"网疏而民富，役财骄溢，或至兼并豪党之徒，以武断於乡曲。宗室有士公卿大夫以下，争于奢侈，室庐舆服僭于上，无限度。物盛而衰，固其变也"③。连年对匈

---

① 《史记·平准书》。
② 《风俗通义·孝文帝》。
③ 《史记·平准书》。

奴的战争，又筑朔方城，使得武帝时期"费数十百巨万，府库益虚"①。

总体而言，董仲舒所处的经济大背景便是：汉王朝到了文景、汉武帝之时，统治者采取各项措施恢复经济，社会经济初步繁华，为董仲舒教化思想的产生、推行提供了经济的根基；但一些不当的经济政策也致使社会不安因素暗流涌动：通货膨胀，经济局势混乱，极易造成社会动乱；诸侯国富可敌国，严重威胁中央政权的稳定；贫富差距拉大、骄奢淫逸之风弥漫；社会矛盾激化、礼义悖乱、利欲当行，弊端发展到后来，使得现实的情况、形势的变化对西汉伦理道德上提出了更多的要求：纲纪有序、尊卑分明、正义反利、教化节欲。这样的情况下黄老清静无为、休养生息的思想已不适应此时社会的需要，而董仲舒直面此社会流弊，扎根现实，依据社会中存在的各种问题提出了自己的德育目标思想，适时而生，取而代之。

（二）政治背景

马克思主义唯物史观认为，经济的发展必然要求建立一套与之相适应的上层建筑，人类历史的发展也证明了这一点。通过汉初在经济领域的恢复与发展不难发现，这种经济领域的改革是在统治阶级的主导下，由上而下展开的，这就必然涉及中央的各项举措能否在全国范围内顺利落实的问题，也就是政令是否通畅的问题。基于农业经济领域的生产大发展，政治上必然要求有一套与之相适应的上令下行的统一政治模式，这也正是汉初几代统治者在政治领域的不懈追求。

1. 君权至上的政治制度对道德规范提出了新要求

关于封建集权专制体制在汉代的发展，不得不提及秦王朝的政治状况。公元前221年，秦国征服六国，建立了统一的封建王朝，从而结束了自春秋以来在政治上的混乱局面。自此，在政治体制层面，封建集权制的专制制度也开始活跃在中国历史之中。秦帝国所采取的这样一种统一集权体制，向世人展示了自身强大的威力，在幅员辽阔的帝国版图之中，封建政治家的野心得到了极大的满足，"普天之下，

---

① 《史记·平准书》。

莫非王土"①的政治理想也得到了实现。从政治体制内部来看，以"郡县制"和"三公九卿"为基础的一系列政治制度将国家权力系于封建帝王一身，既强化了君主权力，又加强了政治权力对整个社会的控制力，可以使秦王朝在短时期内迅速聚集起强大的社会力量，完成诸如长城、秦始皇陵等一系列令后人都惊叹不已的巨大工程。这种新出现的强大政治形态是以往历史中所不曾见的，李斯等人说道："昔者五帝地方千里，其外侯服夷服诸侯或朝或否，天子不能制。今陛下兴义兵，诛残贼，平定天下。海内为郡县，法令由一统，自上古以来未尝有，五帝所不及。"②这种专制主义政治制度的强大，以及集国家大权于一身的集权特点，使中国历代封建王朝的统治者都乐于采取这种制度。

从西汉初年的政治局面来看，这种形成于秦帝国的中央集权专制主义政治形态遭受到很大的挑战，从统治的领地来看，汉高祖时中央直接统治的地区不过十五郡，仅占全国土地的三分之一，边患时起，加上各诸侯国的挤压，中央所统治的领地经常受到威胁。更为严重的是君主政治权力的控制力在这一时期严重地弱化了，汉初以黄老之学为治国指导思想，所谓"黄老之学"，是借黄帝之名，取老子之学，兼采各家的一种综合性学术思想，其术主守道任法，无为而治。黄老之学之所以成为汉初的统治思想，因为清静无为的治国之道适应了当时社会经济发展的需要，但清静无为的黄老之学实际上弱化了君权和中央的政治干预能力，致使统一的中央政权和政治格局时刻面临着来自羽翼逐渐丰满的地方势力的挑战。这种混乱的政治局面与当时统治者渴求加强集权的政治愿望显然背道而驰。高祖大封同姓王的本意是打击异己，巩固自己的权力，但这种做法的结果却是给以后的几代统治者留下了更多需要解决的问题。汉文帝就曾为了加强中央的权力而设法打击对自己造成威胁的诸侯王，文帝六年，淮南王刘长被诬以谋反，后绝食而死；文帝十六年，又分齐为六国，分淮南为三国，以分散诸侯大国的力量。景帝即位后，因"削藩"政策遭到多个诸侯国

---

① 《诗·小雅·北山》。
② 《史记·秦始皇本纪》。

的反叛，终于在景帝三年时爆发了以吴王刘濞为首的七国之乱，这次叛乱最终被镇压，"诸将破七国，斩首十余万级。追斩吴王濞于丹徒。胶西王卬、楚王戊、赵王遂、济南王辟光、菑川王贤、胶东王雄渠皆自杀"①。景帝也借此机会痛击了地方分离势力，此外他还将地方诸侯国的行政权及官吏任免权收归中央，赢得军事和政治上的双重胜利。

经过几代统治者的努力，地方诸侯国的力量受到了相当大的削弱，但仍然对中央政权具有一定威胁。汉武帝时，地方分离势力受到极大打击，但仍留有祸患，地方诸侯"缓则骄奢易为淫乱，急则阻其强而合从以逆京师。"② 为了进一步削弱诸侯力量，主父偃向汉武帝进言："愿陛下令诸侯得推恩分子弟，以地侯之。彼人人喜得所愿，上以德施，实分其国，不削而稍弱矣。"③ 主父偃"推恩令"的建议被汉武帝采纳，这一做法也取得了良好的政治效果。除此之外，武帝还连续除去几个势力比较大的诸侯王，"十一月，淮南王安、衡山王赐谋反，诛。党羽死者数万人。"④ 地方诸侯的力量受到严重削弱，对中央政权难以构成大的威胁，大一统的中央集权专制政治在武帝时得到巩固和加强。

董仲舒面对这样的政治现实，也相应地提出"强干弱枝，以明大小之职"的论说，以求让诸侯王各安其位，不生异心。既然政治体制向君权至上的中央集权回归，那么也就是君王独断国家大权，在这样的政治体制中，在下位的官吏、民众都是君王的附属，都要顺服于、忠诚于君王。在这样的政治形势下说教化，也必然是统治阶级希望的德育目标，那么对臣之德、民之德最先的要求必然是君王所希望的顺从、接受统治、忠诚于君。但是君王权力专断，是一国之本，君王的道德素质高低从根本上决定了国家是否能长治久安，所以从国定邦宁层面来看，君王并不是可以为所欲为的，必然也要遵循君之德，甚至君之德的要求比臣之德、民之德更高，因为本身君王就是天下的

---

① 《汉书·景帝纪》。
② 《汉书·主父偃传》。
③ 《史记·平津侯主父列传》。
④ 《汉书·武帝纪》。

表率。

总而言之，在西汉由分封、郡县并存向中央集权、君权至上的政治制度的转变中，对不同对象在道德规范上提出的要求可概括为君圣、臣忠、民顺。

2. 不当的政治举措给社会道德的规范埋下了隐患

伴随着经济繁荣和政治大一统局面的出现，汉代社会也出现了一些新的问题。首先是刑罚过于严酷。在汉初虽然有高祖的"约法三章"及文景时的废除肉刑、改革刑制等个别举措，但在刑罚领域大体上还是沿袭了秦代的做法，即汉承秦制，"作为大一统专制统治的重大工具，在董仲舒时代，几乎也可以说是唯一的工具，是继承秦代的刑法。此种刑法之酷，臣民受害之烈，只要一读《汉书·刑法志》及《酷吏传》，……无不触目惊心。"[1] 班固在《汉书》中也对此状况进行了总结性的叙述："今郡、国被刑而死者岁以万数，天下狱二千余所，其冤死者多少相覆，狱不减一人，此和气所以未洽者也。"[2]

其次，官吏素质有待提高。汉定天下以后，承袭了秦代"以吏为师"的做法，"吏以文法教训辨告，勿笞辱"[3]，"夫吏者，民之师也"[4]，可见"教训"民众是官吏的重要职责之一，因此官吏素质的高低对于社会风气的好坏就显得尤为重要。汉初官吏的主要来源是军事将领，文帝时又允许"入粟拜爵"，使得大量商贾入仕，至武帝时，因为对匈奴的战争导致国库空虚，所以决定可以用钱买官。这样的官吏来源不仅难以担负起民众教化的重任，而且还造成了"吏道益杂，不选，而多贾人矣……吏道杂而多端，则官职耗废"[5] 的现实局面。

再次，关于人才与教化。在汉高祖时期，虽然已经对知识分子在治国当中的重要性有所认识，但由于当时政权尚未巩固，战事频繁，所以不得不重用武将，尚顾不得教化之事，通过兴教化来培养执政人

---

[1] 徐复观：《两汉思想史》（第 2 卷），华东师范大学出版社 2001 年版，第 183 页。
[2] 《汉书·刑法志》。
[3] 《汉书·高帝纪》。
[4] 《汉书·景帝纪》。
[5] 《史记·平准书》。

才还不现实;到惠帝时仍然延续着"公卿皆武力有功之臣"①的局面;到了汉文帝时期,由于其本身对黄老的无为之学极为推崇,所以儒家学者并未得到足够的重视;景帝时"不任儒者,窦太后又好黄老之术,故诸博士具官待问,未有进者"②。在这一阶段,由于全社会处于休养生息的状态,所以治国理政人才的缺失表现得并不明显。但到了武帝时期,在社会财富的积累之后,必然要求有为政治的施行,这导致对治国人才的需求大增,人才与教化的问题就显得尤为迫切。在汉武帝执政初期,正面临着社会转型,上述问题集中爆发,情势较为严峻,在与诸侯国的关系方面,虽然依靠武力镇压可以打击猖獗的分离势力,但这也非根本之策,加之日益严重的贫富分化现象所带来的各种社会矛盾,都使得政权形势面临着难以预见的动荡;在人才和教化问题上,武帝即位后条件发生了变化,汉初的军功官吏大多已因年老而退出政治舞台,但大一统国家的治理又迫切需要大批文官的辅助,汉武帝的有为政治更是需要大量的才能之士加以辅佐,因此人才问题显得极为迫切。

上述所有问题都指向了一个原因,那就是统治思想出现了问题。现实状况促使汉武帝反思黄老无为而治的统治思想是否还适合当时的社会状况。"一般而论,汉初以黄老'无为而治'思想为指导,这明显是当时历史条件和社会背景下的选择,如果历史条件与背景变了,国家的指导思想也需要发生变化。"③武帝即位后,面临着指导思想和文化政策是沿是革的问题,时代为统治者和思想界提出了新的命题:即何种学说可以成为新的指导思想?对时代命题的解答,还需要考察汉初的思想文化环境。

(三) 文化背景

1. 多样发展又融合统一的文化背景为董仲舒教化思想奠基

就在汉初社会经济政治发展的同时,汉初思想文化领域也出现了

---

① 《史记·儒林列传》。
② 同上。
③ 杨生民:《汉武帝传》,人民出版社2000年版,第17页。

学术思想的复兴与发展。董仲舒在《天人三策》中认为,汉初的思想界呈现出"百家殊方,指意不同"①的局面,这一现象在《史记》中也可以得到证实,司马迁说:"于是汉兴,萧何次律令,韩信申军法,张苍为章程,叔孙通定礼仪,则文学彬彬稍进,诗书往往间出矣。自曹参荐盖公言黄老,而贾生、晁错明申、商,公孙弘以儒显。"②这表明在汉初黄老思想统治的几十年里,先秦一些重要学说都不同程度地得到复兴和发展,这是先秦时期"百家争鸣"在汉初的延续,造成这种学术现象的原因有以下三点。

其一,汉初文化氛围较为宽松,汉初实行"无为而治"的治国思想,在学术界也较少管制,诸子学说得以自由发展;其二,汉初统治者吸取秦朝对思想界过于压制的教训,不仅在无为思想指导下任由各派思想的发展,而且采取积极措施促进思想的传播,如汉惠帝四年(公元前191年)除挟书律;高后元年(公元前187年)除三族诛、妖言令;孝文帝时(公元前178年)除诽谤法等等。上述政策改变了秦朝对思想学术的打压做法,营造了一个相对宽松的思想文化氛围,正是在这种环境下,先秦诸子的思想逐步得到恢复发展,并进一步传播;其三,由于汉初地方诸侯国的大量存在与相互竞争,使得在中央之外出现了一批地域性的学术中心,这些学术中心的出现又在一定程度上促进了先秦诸子的复兴与传播。当时一些诸侯王或出于政治野心,或出于个人学术兴趣,往往喜欢招募有影响的思想家,如梁孝王刘武、淮南王刘安、河间献王刘德等人的周围都聚集了一批学者,这都为知识分子的自由流动与思想学说的自由传播提供了良好的社会环境。但复兴并不意味着完全复制先秦时期的学说,伴随着政治环境的转变,这一时期的诸子学说也呈现出与时俱进的特点,主要体现在以下两个方面。

首先,伴随着汉初政治上的统一,思想文化领域也趋于统一,各学说之间呈现出相互融合的特点。在先秦诸子百家复兴繁荣的背后,各家各派也呈现出不同的发展结果,除去如儒家、道家等个别学派是

---

① 《汉书·董仲舒传》。
② 《史记·太史公自序》。

作为一个整体在汉初得到恢复之外,更多的是各个学派当中的某一思想或某些思想得以延续,往往以融合于其他学派之中的形式得以传承,而其原本所属的学派却已难寻踪迹,这以阴阳家和法家为代表。事实上,早在战国末年,许多学派就强烈要求结束百家争鸣的局面,用自己的学说来统一思想,比如《荀子》中的《非十二子》篇和《韩非子》中的《显学》篇等,其中最为成功的尝试当属《吕氏春秋》。《吕氏春秋》是战国末期秦相国吕不韦组织门客编写的著作,全书分为"八览"、"六论"和"十二纪"三部分,共计二十余万言,博采各家学说,在汉代被认为是杂家的代表作。《吕氏春秋》成书的目的是企图超出学派门户成见,综合诸子学说之长,给未来的秦帝国制定政治法典,这也是一种统一思想的方案。但是在诸侯割据称雄的时代,这些统一思想的要求只是具有先见之明的思想家对未来局面的憧憬,由于统一的形势尚未具体化,他们的设想也只能停留在设计的阶段。只有在统一帝国已经建立的情况下,思想文化上的统一才作为一个紧迫的现实问题提到议事日程上来。秦第一次实现了大一统的格局,但秦的统一大体上是政治和军事上的,而在思想文化方面,秦帝国的尝试并不成功。汉承秦制,建立了大一统的中央帝国,政治上和思想上的双重需求共同铸造出时代的理论取向,追求思想界的统一也就成了时代的发展趋势,与这种趋势相一致的就是不同学派相互融合的趋向,于是"分久必合,这也成了思想发展的一种必然趋势"①。

  始于战国末期并成为汉初治国指导思想的黄老之学就表现出这种合流的趋向,司马谈在《论六家要旨》中谈到道家时说:"其为术也,因阴阳之大顺,采儒、墨之善,撮名、法之要。"司马谈所说的道家就是汉初的黄老之学,可见汉初的黄老之学兼容并包了儒、墨、法、阴阳等各家思想,成为汇集各家观点的集合体。《淮南子》正是以道家思想为主干,在内容上大量包含儒、法、阴阳等诸家思想,形成庞大的理论体系,也被认为是汉代杂家的代表。《淮南子》所采取的以一家思想为主干,兼收并蓄其他学派合理成分的做法,对董仲舒建构兼容阴阳、法、道的新儒学体系提供了极好的参照,事实上在董

---

① 周桂钿:《董学探微》,北京师范大学出版社1989年版,第325页。

仲舒之前，儒学在汉初的发展已经表现出较强的兼容性。以汉高祖刘邦为代表的汉初统治集团不太重视儒家学说，但叔孙通改变了这种局面，他提出"夫儒者难与进取，可与守成"①。道出了儒生在巩固政权方面所能起到的作用。在刘邦的支持下，叔孙通制订了一整套朝廷礼仪，在实施的过程中刘邦感受到皇帝的尊贵，并逐步认识到儒生的作用。叔孙通所制订的这套朝廷礼仪已经不同于传统儒家所推崇的周礼，而是根据时代的进步，主动融合了秦仪的部分内容和形式，这已经体现出儒学在汉初关注现实，注重实用性的新趋势。陆贾、贾谊等儒家学者也注重借鉴道、法、阴阳等诸子的合理成分改造传统儒学过于理想主义的缺陷，使儒学越来越关注现实，与政治生活的关系也愈益密切。

总之，汉初儒生在复兴儒学方面所进行的不懈努力不仅为董仲舒实现儒学转型奠定了基础，而且他们博采众家之长以改造儒学的方法也为董仲舒构建新儒学范式提供了思考路径。显然，儒学在汉武帝时获得独尊的地位决不仅仅是凭借董仲舒的一己之力，相反，董仲舒所做的只是顺应汉初思想界相互融合的发展趋势，正如郭沫若所说："所有先秦以前的诸子百家，差不多全部都汇合到秦以后的所谓儒家里面去了。"②

其次，如何"安治天下"成为思想家共同思考的时代课题。春秋战国时期，周天子是名义上的天下共主，因此这一时期思想家所关注的焦点是如何建立一个稳定统一的国家，而汉初中央集权的封建专制制度已经确立，这时思想家所关注的重心自然就转移到如何更好地治理国家上来。对此，司马迁总结到："《易大传》：'天下一致而百虑，同归而殊途。'夫阴阳、儒、墨、名、法、道德，此务为治者也，直所从言之异路，有省不省耳。"③ 各学派的传承者都努力把自己的学说与如何"安治天下"联系起来，这不仅是思想家关注的问题，统治者对这个问题的关注更为迫切。在经历了文景之治后，尽管大一统

---

① 《史记·叔孙通传》。
② 郭沫若：《青铜时代》，中国人民大学出版社2005年版，第295页。
③ 《史记·太史公自序》。

的中央集权制度已经趋于稳定，但是武帝仍然没有停止对"帝王之道"的思考，他通过"策问"的形式来征集天下"贤良文学之士"的治国良策，并在第二问中提出："盖闻虞舜之时，游于岩廊之上，垂拱无为而天下太平。周文王至于日昃不暇食，而宇内亦治。夫帝王之道，岂不同条共贯与？何逸劳之殊也？"武帝在这里提出两种迥然不同的治国之道，即无为和有为，究竟哪一种才能使"万世之统"传之无穷呢？这表明在武帝即位之时，由于黄老之学已经不适应现实的需要，治国为政之路该往何处去已经成为一个迫切需要解决的问题。董仲舒生逢其时，目睹了上述经济、政治及文化上的新变化，也察觉到其中存在的问题，这就为董仲舒重构儒学体系，实现治国之道从"无为而治"到"有为教化"的转变提供了契机。作为有志于发扬儒家传统治国学说的一代大儒，董仲舒选择顺应时代潮流，发展儒家学说以解决社会问题，从而为封建大一统王朝的巩固做出贡献。

2. 要求臣服民顺的统治者思想成为董仲舒德育目标思想的参考

汉承秦制，专制政权中皇帝的地位至高无上，在专制政治之下，国家的一切由皇帝一人专断，对于帝王来说，他把国家看作是其一人的产业，天下归其一人所有。如高祖就曾说："始大人常以臣无赖，不能治产业。今某之业所就，孰与仲多？"① 既然皇帝认为国家是他一个人的产业，那么有夺其产业之心的人或有能力夺其产业之人都是不可饶恕之人，"卧榻之侧岂容他人鼾睡"！这是专制统治者最基本的心理状态。既然这样，那对于有能力夺其产业的人必削其力，剪灭之，如诸侯王等保有独立乃至反抗性的社会势力的人首当其冲；对于有夺其产业之心的人，或会萌生夺其产业之心的人必灭其心，教化之，如掌有或大或小权力的国家官员以及可能爆发农民起义的普通百姓。这不正是列宁所说："统治者一般都使用两种社会职能去巩固国家的统治：一是刽子手的职能，刽子手用武力压制被统治者的抗争与动乱；二是牧师的职能，牧师安抚被统治者。"② 所以，在政治上，西汉几代帝王都致力于剪灭或异姓、或同姓诸侯王，充分发挥了"刽

---

① 《史记·高祖本纪》。
② 列宁：《列宁全集》，人民出版社1988年版，第507页。

子手"的职能;在思想上,必然不能允许有反对的声音、自由的意志,也需要民众相信皇帝的独权是先天的、必然的,这就需要发挥"牧师"的职能,所以在这样的时代背景之下,整个社会道德教化的目标也指向培养顺民,国家所强调的教化也必然是王教之化、天赋皇权以教化百姓。

总而言之,汉初社会在黄老清静无为思想的指导之下,经济环境逐渐恢复、政治环境逐步稳固、文化上多元发展;但是初步繁荣的背后也危机四伏:诸侯国富可敌国,异心四起,严重威胁中央统治;贫富差距拉大,社会矛盾激化、礼义悖乱、利欲当行;官员素质有待加强、官场风气有待肃清……在这样的历史转折点上,清静无为的黄老之学已不再适应统治的需要。此时,如何有为地安治天下,有效地解决上述问题,使得中央集权的专制制度稳定统一成为时代转折的课题。而董仲舒生在此时,目睹了现实局面,深察其弊病所在,选择了与中央大一统最契合的思想——儒学,并重构了儒学体系,提出自己的道德教化之思,指引着西汉伦理道德的转变。

二 董仲舒教化思想形成的理论基础

历史唯物主义观点认为一套思想理论的产生除了需要具备特定的经济政治环境外,作为理论来源的"思想资料的前后继承性"也是必不可少的。董仲舒的教化思想也不例外,它首先体现为对传统儒学的一种继承与发展,也正是由于站在先秦及汉初儒家所构建的良好平台之上,董仲舒才可能在教化理论方面有所建树。所以对董仲舒教化思想的把握,首先应当从源头上探究。

据史籍记载,董仲舒出身于汉代广川的一个白衣地主阶级家庭,家资充盈、田地广袤,"及去位归居,终不问家产业"[①]。汉孝景帝当政时,他在朝出任博士,到汉武帝执政时,被汉武帝先后任命为江都相、中大夫、胶西王等要职。所以,从董仲舒的家庭出身,抑或是其先后的从政经历,都表明董仲舒是地主阶级代表的政治家。而所谓政

---

① 《汉书·董仲舒传》。

治，列宁如此解说，是各阶级之间的斗争，为政治权力而斗争。所以从董仲舒个人层面来说，其德育思想的出发点和落脚点往往总是以地主阶级的利益为重，指向汉代现实的政治、为地主阶级谋求最高的统治权力是董仲舒最主要的，也是最终的目的；再从董仲舒所处西汉现实政治层面来说，西汉中期中央集权的专制统治逐渐回归，呼吁在亲亲尊尊之下重建纲常伦理的秩序，要求皇权至尊，而与这两个层面最契合的统治思想就是强调亲亲尊尊、纲常有序的儒家学说。所以董仲舒无论是从个人所处阶级角度，还是从西汉现实背景角度出发，儒家学说就是那恰到好处的选择！

但是因为先秦儒学并不完全符合西汉统治者和政治现实的需要，所以董仲舒与时俱进，又恰当地结合社会现实改造了传统的儒学，将道家学派、法家学派中他需要的精髓思想抽离出填入了儒学之中，形成了更具有西汉中期现实针对性的、与时俱进的"新儒学"。

（一）法家思想是董仲舒教化思想的骨架

西汉中期的政治体制向中央集权的专制政体回归，而这种皇帝专制集权的政体模式，其实就是法家尊君思想的主观形态在政治制度层面的物质构架，这种政体是法家思想的实体状态，或者说"硬件"铸造。所以说，法家思想本身就是中央集权专制政体的骨架，这不正是汉宣帝所说的"汉家自有制度，本以霸王道杂之"①。董仲舒在这样的政治制度背景之下，要立足于制度的法家根基，吸取法家思想，否则谈伦理道德建设就是空中建楼阁，缘木而求鱼。

1. 主张君权至高无上

法家学派倡导绝对尊君的思想，帝王可以不受约束，帝王的意志决定一切，权力至尊，即使"人主虽不肖，臣不敢侵也②"，甚至可说是不能侵也。这样的观念下，法家思想对伦理道德建设的要求必然是"君本"思想为主。

而先秦儒家强调的是"民本"，他们几乎不讲君权的至高无上，

---

① 《汉书·元帝纪》。
② 《韩非子·忠孝篇》。

甚至都有意识地去限制君王的权利。因为先秦时期施行宗法分封制，天子分封诸侯。到了春秋战国，王权衰微，诸侯崛起，纷争不断。在大动荡、大变革的战乱时代，诸侯国只有不断总结历史的经验教训才能屹立于政权不灭的地位，有远见卓识之人都意识到政权的更迭与得失民心息息相关，如"民弃其上，不亡何待"①。清醒的政治统治者领悟到必须仁德爱民才能保有政权，否则只会成为孤家寡人，所以"民为贵，社稷次之，君为轻"②的民本思想在春秋战国时期占主流地位，此时社会政治上要求重民、爱民、利民，民的地位被提升到了一定的高度。而在中央集权的专制制度中，君主权利是绝对的、至高无上的，这也决定了除君王之外的臣、民都处于从属地位、需要绝对服从，与这种政体相对应的时代道德伦理价值也必然是专制的。所以秦汉时期，"民"的地位已不复当初，成为被压迫的对象，社会变成"杀民多者为忠，厉民悉者为能"③。在先秦时期分封建国、权力分散的政治体制向秦汉时期中央集权、高度专制的政治制度逐步转变的过程中，社会的伦理规范也由"民本"思想向"君本"思想过渡。董仲舒身处于西汉现实的中央高度集权的专制政体，面对西汉与先秦不一样的社会形势，他顺应了政体的特点，把法家思想作为其德育目标思想的骨架，首先吸收了"君本"的思想，提出了"屈民而伸君"之说："君人者，国之本也……君之所好，民必从之"④。

2. 承继贵贱绝对有等

司马谈在《论六家要旨》时指出"法家严而少恩；然其正君臣上下之分，不可改矣"⑤

所谓上下之分，就是在封建社会的专制体系中的尊卑、贵贱等级是不可僭越的，法家思想中这样的等级关系是绝对化的，韩非子指出："臣事君，子事父，妻事夫，三者顺则天下治，三者逆则天下

---

① 《左传·昭公二十三年》。
② 《孟子·尽心》。
③ 《盐铁论·诏圣》。
④ 《春秋繁露·为人者天》。
⑤ 《史记·太史公自序》。

乱。"① 此三者的关系，在董仲舒之前的思想家、政治家多有论述。但在法家思想中，君、父、夫是在上的尊贵地位，臣、子、妻是在下位的卑贱之身，在下位者必须绝对服从，不得有丝毫僭越，否则天下大乱。

先秦儒家也有针对这三者等级关系的阐述，但是先秦儒家并不是像法家那样强调绝对性的服从，而是主张相对性的关系。如孔子主张"君君、臣臣、父父、子子"②，即每人所处角色的不同，都要接受不同的规范的约束，为君有为君之道，为臣有臣子之风，要以道为本、依礼而行，臣是"以道事君，不可则止"③。在孔子的论述中，他虽主张上下等级有序，但他倡导的等级名分是相互的，要受到"礼"的约束，要遵循"道"而行事，在上者要尊贤下士、恩泽于民；在下者要安分守己，礼仪有序，他们之间不是绝对化的等级关系。反而，孔子更反对君臣关系绝对化，反对君主独断专横，他曾对鲁定公指出如果君王并不贤圣，而在下之人"莫之违"，盲目地服从于上，就会有"一言丧邦"的危害。孟子继承孔子的思想，在上下等级关系中持相对性的看法，反对绝对化等级关系，他的论述尤为激进，"欲为君，尽君道"，"君之视臣如手足，则臣视君如腹心；君之视臣如土芥，则臣视君如寇仇"④。而荀子更主张"从道不从君，从义不从父"⑤。从以上可以看出，先秦儒家强调在等级上是"有序"，这个"序"是需要双方共同遵守的"礼"、"道"等规范，他们对君臣、父子、夫妇关系的论述都是持相对性的观点，对绝对化的人伦关系持反对的态度。

董仲舒在社会的人伦关系上也是强调等级有差、尊卑有别，如"未有贵贱无差，能全其位者也。"⑥ 但是董仲舒倡导的等级与先秦儒家有所不同，重点不在等级"有序"，而在"有分"，他继承的是法

---

① 《韩非子·忠孝》。
② 《论语·颜渊》。
③ 《论语·先进》。
④ 《孟子·离娄下》。
⑤ 《荀子·子道》。
⑥ 《春秋繁露·王道》。

家的等级不可僭越的思想。董仲舒在人伦关系上提出"三纲"之论,"君为臣纲,父为子纲,夫为妻纲",他借阴阳天道阐释了这三者相互的关系:"君臣父子夫妇之义皆取诸阴阳之道。君为阳,臣为阴;父为阳,子为阴;夫为阳,妻为阴。阳贵而阴贱,天之制也天人合一"①,一反先秦儒家相对性的人伦关系,而是强调上下等级式的绝对臣服性的关系。所以说,董仲舒对上下、亲缘关系的约束——"三纲"之论已经是对先秦儒学的根本性的改变,真正继承了应该是法家韩非子的"三顺"之说。

董仲舒伦理道德的核心:君权至上、帝王之威、贵差等级的不可僭越性等的提出都立足于西汉与先秦完全不一样的现实政治制度——君主专制的中央集权制度,所以董仲舒为了建立适应西汉中央集权需要的伦理思想,他选择了法家作为其德育目标思想的暗核、内质。这也是顺应时代的要求、顺应制度的变化、顺应统治者的需要。

(二) 儒家思想是董仲舒教化思想的血肉

法家虽然完成了中央集权专制政体的"硬件"打造,是封建专权制度的内里"骨架",但是法家思想不区分亲疏远近,一断于法,严苛而寡恩,过于偏激;再加上秦朝政治实践中血淋淋的教训,所以西汉王朝虽然欣然接受了有着超然政治地位的中央集权专制体制,但是对符合这一体制的"软件"设计和"血肉"填充上,也就是在治国思想的选择上,慎之又慎。法家思想过刚,需要柔和的思想配合、融合,这一点上,儒家思想最为适合,在法家内核的中央专制统治中饰以儒家的仁义德化,在刚劲的法家思想中掺入柔和的儒学学说,刚柔并济,正所谓"文武并用,长久之术也"②。所以董仲舒虽然顺应时代、政体的需要,选择了法家作为其伦理思想的暗核、内质,但是为了国家的长治久安,更适应统治的需要,他仍以儒生的面目出现,继承了传统儒家柔和的仁德思想,来中和法家的严苛。

1. 继承先秦儒家教化学说

董仲舒的儒学思想首先离不开对先秦儒学之根的继承。先秦儒学

---

① 《春秋繁露·天辨在人》。
② 《史记·陆贾列传》。

自周公始，历经孔子、孟子、荀子等人，儒学思想得以逐步形成与发展，其核心要义便为明德、仁善。如周公提倡敬德保民，开教化之端；孔子"从周"，继承周公教化传统，主张道之以德、仁者爱人；孟子继承发挥孔子思想，认为"善政不如善教"，主张仁德教民；荀子认为用德来安治天下可以"成乎安强"，使国家安定强盛，相反，"狂妄之威成乎灭亡"①，这些内容构成了先秦儒家以"仁德"为内核的道德教化体系。

（1）周公的教化思想。周人在对商朝灭亡的反思中逐步认识到教化的重要性，文王"克明德慎罚……闻于上帝……天乃大命文王"②。正是由于文王的明德慎罚，使周朝得以兴起，这可以看作是君权神授的最早形式，这里所谓的明德慎罚，就是要求重视德教而慎用刑罚，行德政、践德行，而德教又以君王的以身作则为前提，所以周公很重视对统治阶级的教化，尤其重视对王室的教化，主张敬德保民。《尚书》周书部分的《康诰》、《酒诰》、《召诰》、《无逸》等篇都记载了周公的谆谆教导。例如：强调要施爱于百姓和鳏寡孤独，"怀保小民，惠鲜鳏寡"③；告诫统治者勿荒于享乐，"继自今嗣王，则其无淫于观、于逸、于游、于田"④，而在告诫中，又以酗酒问题最为重要，殷纣王"惟荒腆于酒，不惟自息乃逸"，"故天将丧于殷"⑤。

除了对君王的教导，王族其他成员的教导也非常重要。对王室继承人，首先是胎教，文王母亲怀孕期间"目不视恶色，耳不听淫声，口不出敖言"，所以"文王生而明圣"⑥，出生之后，有专门的"孺子室"进行教养，设有三公——师、保、傅对其进行教导，又设少师、少傅、少保为副职，陪伴太子，所以"成王生，仁者养之，孝者褓之，四贤傍之"。⑦ 由于关系到王室继承人，王室妇人也须教导。内宰"以阴礼教六宫，以阴礼教九嫔，以妇职之法教九御"，"九嫔掌

---

① 《荀子·强国》。
② 《尚书·康诰》。
③ 《尚书·无逸》。
④ 同上。
⑤ 《尚书·酒诰》。
⑥ 《列女传·母仪传·周室三母》。
⑦ 同上。

妇学之法，以教九御妇德、妇言、妇容、妇功"①。至于其他贵族子弟，西周时，"在王城和诸侯国都是设有学校的"，但都是"专门为奴隶主贵族子弟设立的，只有极少数平民中的上层分子经过挑选偶尔有机会能跟贵族子弟一道学习"②。

对于普通民众的教化，周代也有所认识，认为教导不好民众，就要遭受上天的责罚。"重民五教"，才能"垂拱而天下治"③。"五教"指什么，没有进一步的说明。但看《周礼》，就知道教的内容非常庞大：农耕、战事、人伦、道德、律法、音乐、舞蹈甚至是自然资源开发和保护等，其中最主要的是"孝"的教导，这对后世影响很大。还值得注意的地方是，很多官员的职责都规定了"教"民的内容，如大司徒就"施十有二教"，官员承担"教"的职责。但《周礼》大致成书于战国时代，其反映的内容综合了西周至战国的情况，并有理想化的成分，所以其教民的内容和当时社会落实的情况还是难以证实的。不过我们可以肯定的是，周公认识到了王德的重要并要求对王室贵族进行教导，但他虽制礼作乐，却"礼不下庶人"，德教只是在王室贵族中有限的施行。

（2）孔孟的教化理论。孔子自称"吾从周"，继续周公开创的德教传统，重视为政者的德政和德行。但其作为私学的老师，教的对象已不局限在王室贵族，主张"有教无类"、"先富后教"，更多出身贫寒的子弟进入到受教范围，教导的对象出现"下移"。这首先归因于他更清楚地看到了教民的重要性。他说，"道之以政，齐之以刑，民免而无耻；道之以德，齐之以礼，有耻且格。"④ "道之以德"即"教之以德"⑤，德是教民的内容。在这里，孔子将德教与刑罚进行了对比，"不教而杀谓之虐"⑥，得出了德教对社会更具有长远深刻意义的结论，比"明德慎罚"前进了一大步。孟子继承发挥了孔子的思想，

---

① 《周礼·天官冢宰》。
② 张瑞璠：《中国教育史研究（先秦卷）》，华东师范大学出版社1991年版，第19页。
③ 《尚书·武成》。
④ 《论语·为政》。
⑤ 《礼记·缁衣》。
⑥ 《论语·尧曰》。

提出"善政不如善教"的观点,他说,"善政,民畏之;善教,民爱之。善政得民财,善教得民心。"① 善教才是上策,只有以德服人,才能让人心悦诚服。

孔孟作为私学的教师,他们所教的内容不像《周礼》罗列了从思想到生活、从生产到战事等各个方面,孔子讲精通"六艺",也不过是"礼、乐、射、御、书、数"。事实上,他们的目标很明确,就是通过教化使人成就美德,使人最终拥有温、良、恭、俭、让、仁、义、礼、智、信、宽、敏、惠等美德,教育的侧重点放在德教,明人伦是其出发点。孔孟所处的时代已经是"礼崩乐坏"了,如何重建君臣父子有序的社会,他们的主张是"德治"、"仁政",希望通过教民而使其"明人伦",进而自觉地遵守礼,从而实现社会有序。

具体说来,首先是教以"孝悌","孝悌"观念再向社会、政治生活作进一步的延伸,就有了"五教"。"五教"指什么?孟子作了阐发:"圣人……使契为司徒,教以人伦:父子有亲,君臣有义,夫妇有别,长幼有叙,朋友有信。"② "五教"即转化为"五伦"之教,这些方面经过思想家们的反复提倡,成为中国古代社会伦理的基本内容,也成为为政者教化民众的核心内容。与德教联系在一起的是礼教与乐教。在孔子看来,人们都要按照礼的要求来行事,如"约之于礼"、"齐之以礼"③。孔子的教学秩序就是:"兴于诗,立于礼,成于乐"④,礼是立足社会的依据,"不学礼,无以立"⑤。乐教是孔子立教的最后一道程序,也是他的立教宗旨,乐有终结的意味,是一个人格完成的最后阶段,"他将音乐上升到唯士以上阶层才能达到的理想人格的境界","音乐的欣赏或占有应当是精英的事情"⑥。于是,德教、礼教与乐教在受教个体的最终实现,即:使德、礼、乐内化为受教个体的内在品质与修养,并不是每个人都能做到的。孔子说:"为仁由

---

① 《孟子·尽心上》。
② 《孟子·滕文公上》。
③ 《论语·雍也》。
④ 《论语·泰伯》。
⑤ 《论语·季氏》。
⑥ 吾淳:《孔子论乐:精英的理想与趣味》,《孔子研究》2006年第6期。

己,而由人乎哉?"① 孟子更是以为,以四端为基础,存养扩充,就能成善。这是一种高度的自觉自律,教的最终实现需要高度的自觉自律:慎独,在闲居独处时亦能恪守道德准则;求己,"君子求诸己,小人求诸人"、"躬自厚而薄责于人"②、"不怨胜己者,反求诸己而已"③;内省,"吾日三省吾身"、"见贤思齐焉,见不贤而内自省也"④、"反身而诚"⑤;改过,"过,则勿惮改"⑥、"过而不改,是谓过矣"⑦;克己,"克己复礼为仁"、"非礼勿视,非礼勿听,非礼勿言,非礼勿动"⑧。显然,在孔孟看来,通过教导成就美德的最终办法还是要靠自觉自律的自我修养。"无疑,自觉或自律原则属于德性修养中的最高境界,它主要是通过内心中的道义、理想、完美诸原则时时地召唤自己。但是,这样一种自律和自觉的道德实践显然缺乏普遍性的基础"⑨。尽管他们强调教民,但是,多少人才能受到这种教育并自觉地加以实践?儒墨为当时的显学,或许影响很大,但同时我们也知道:孔子周游列国致力于"有道之世",却"累累若丧家之狗"⑩;孟子喋喋不休地陈述王道,王却"顾左右而言他"⑪。他们的德教主张并不受当时为政者的青睐,更别说应用或保障实施。没有外在的制度或他律的保障,孔孟即向内寻求,提倡一种自觉自律。可是,这种自律原则在广大的民众之间是难以实现的,它所召唤的永远只是少数的精英分子,不具有大众的广泛性,他们的德教实践,还只是在局限在"君子"层面。

(3) 荀子的礼乐教化思想。周公孔孟的教化思想虽然内涵丰富,但却并未明确提出"教化"一词,荀子首次将"教"、"化"连用,

---

① 《论语·颜渊》。
② 《论语·卫灵公》。
③ 《孟子·公孙丑上》。
④ 《论语·里仁》。
⑤ 《孟子·尽心上》。
⑥ 《论语·学而》。
⑦ 《论语·卫灵公》。
⑧ 《论语·颜渊》。
⑨ 吾淳:《中国社会的伦理生活》,中华书局2007年版,第87页。
⑩ 《史记·孔子世家》。
⑪ 《孟子·梁惠王下》。

使用"教化"一词,这在儒家教化史上具有划时代的意义,这既是历史发展的必然,也是荀子创造性思考的结果。

首先,"教""化"的连用,具有其历史必然性。"化"不仅是指个人内化所授内容并使自己发生思想行为的改变,对于一统的社会国家而言,化更具有化成天下的意思,它与天下一统有关,与一统天下的社会风气有关。而荀子所处的时代,正是天下一统的前夜,他最早敏感地意识到了这一点。其次,荀子不限于从教育的传统来谈"教",而是从国家政治的角度来看这一问题,这也涉及更大范围的"化"。他的"教"相比于周公孔孟只适合部分贵族精英更具有普遍的适用性,所有的人都是教化的对象。这与他人性论也有关,荀子认为"人之性恶"、"其善者伪"①。"性"就是人的天性(恶),"伪"就是人为,后天的改造、教化。人生来就有好利、嫉妒、喜声色的天性,但这些天性都可以改造,即圣人用礼义法度教化人们徙恶迁善,成就美德。人性既然为恶,成善怎能靠自觉自律呢?这就要借助外在他律的约束甚至是制度上的保障。徐复观先生曾说"师在荀子的教育思想中,居于中心的地位。……师对人的成就,有决定性的意义。……荀子的教育精神,带有强烈的强制性质;与孟子'乐得英才而教育之'的乐……'七十子之服孔子,心悦诚服也'的精神,同样可以作明显的对照。"② 这个约束或强制的依据和内容就是"礼"。"礼"是荀子思想的核心概念,在荀子思想中,又常常表现为"礼义"这一概念。"礼义"就是荀子用以教化的东西,或曰"教化之具"。"礼"是"义"的制度化存在,它要把人们归化于其中。"礼"所关心或侧重的并不主要是内在的德性,而是外在的即社会的秩序与规范,这种秩序与规范的维系甚至需要"法"才配合。荀子常常将礼法相提并论,礼法作为外在的约束或强制,就意味着不管实践主体的自觉自律性有多强,都一样要遵循。如果说,"礼"主要是调整上层人们秩序的准则,"法"则主要规范广大"庶民"秩序,这显然比孔孟关注的少数精英分子具有更普遍性的基础。礼法的本质特点就是

---

① 《荀子·性恶》。
② 徐复观:《中国人性论史》,三联书店2001年版,第221—222页。

它的普遍性，教化就是要让个性不一的人们培养起与礼义的普遍性秩序相适应的情感、欲望、气质，并逐渐变为习惯，这样，"人们就似乎获得了第二天性，它们似乎代替了第一天性，而主宰人们的行为。"①

乐教也是教化的一种重要方式。孔子论乐，将其定位为精英的理想与趣味，从教化万民的角度讲，这个乐教的广泛性就大打折扣了。荀子认为礼教与乐教的作用是相互配合的，他说："乐也者，和之不可变者也；礼也者，理之不可易者也。乐合同，礼别异，乐礼之统，管乎人心矣。"② 如果说礼教可以使人们的行为合乎普遍的社会秩序和规范，做到守礼守法，那么乐教则"入人也深"、"化人也速"，使人受到感化，进而移风易俗，协调人们和谐一致。荀子采用古代民间歌谣形式编写的《成相》篇，开中国说唱艺术之先河。《成相》篇无论是内容或形式，都把礼乐的概念拓宽了许多，较之以前"礼不下庶人"亦有质的飞跃。这样亦使得受礼乐教化的人不仅是士人以上的阶层，更多的是所谓的"庶民"，这是荀子礼乐教化的重要对象，这是对前人的重大进步，也使礼乐教化为后世称道并沿用。

荀子虽然初步构建了教化的理论体系，但是，"孙卿迫于乱世，鳅於严刑，上无贤主，下遇暴秦，礼义不行，教化不成"③，在他那里，教化还只是一种思想和理论观点，并没有付诸社会尤其是政治实践，教化的可行性、可操作性也未得知晓，而这一切，却在董仲舒实现了。董仲舒直接继承了儒家先哲尤其是荀子的教化思想，认为教化是实现社会安定的重要手段，并将孝悌仁义、礼仪忠信等儒家伦理道德逐步提炼为三纲五常，将人性善恶的观点改造为性未善论，还主张建立太学等，将儒家教化理论提升到了一个新高度。

2. 对汉初儒家的教化的再承接

作为以统治思想为目标的主动行为，儒家思想在汉初黄老思想统治时期不断进行调整改造，从叔孙通开始，儒家思想经历了一系列革

---

① 詹世友：《教化：荀子伦理思想的本旨》，《南昌大学学报（人文社会科学版）》2005年第2期。
② 《荀子·乐论》。
③ 《荀子·尧问》。

新，终到董仲舒手中形成了最为完备的形式。在这个过程中，陆贾、贾谊等思想家对儒家的改造之功至为重要，陆贾、贾谊虽然不是纯儒，但陆贾将儒家"仁义"思想与黄老无为相结合，贾谊则进一步彰显"仁义"的礼制意义，这都为董仲舒新儒学体系的形成提供了极为有益的参考。

　　首先，叔孙通是使儒学在汉初引起统治者重视的第一人。汉政权建立初始，儒学的存在并没有得到以刘邦为首的统治集团的足够重视，叔孙通向刘邦提出"夫儒者难与进取，可与守成"①认为儒生可以在治国安邦方面发挥其才能。在刘邦的授意下，叔孙通着手制订了一整套朝廷礼仪，在儒家所称颂的周代礼乐基础上，主动融合秦仪，在朝廷之上首次施行后，"自诸侯王以下莫不振恐肃敬"②，这使得高祖刘邦对儒生的力量刮目相看。叔孙通这种以变通求发展的做法虽被后人诟病，但也显示出儒学所具有的强大包容力，预示着汉初儒学兼容各家，顺应时代发展，关注现实问题的发展趋势。在汉初随后的几十年间，陆贾、贾谊等儒生无不结合现实社会政治需要来改造儒学，从而发展儒学，使儒学与现实社会生活的结合更为紧密，虽然在面貌上与先秦理想主义学说不尽相同，但却使儒学在新的时代背景下重新焕发活力，愈发引起统治者的关注，为董仲舒"独尊儒术"建议的提出铺平了道路。

　　其次，陆贾是西汉初期提出"文武并用"思想的第一人。陆贾认为要维护政权，仅依靠刑罚的力量是不够的，还需要有教化。陆贾强调使用德治教化与武力刑罚两种统治手段，向刘邦建议文武并用才是"长久之术也"。人们"好利恶难，避劳就逸"③，这是人的天性使然，所以"民知畏法而无礼义，于是中圣乃设辟雍庠序之教，以正上下之仪，明父子之礼，君臣之义，使强不凌弱，众不暴寡，弃贪鄙之心，兴清洁之行"④。伦理道德的意义在于辅助政治，道德教化和刑罚武力是维护政治不可或缺的两种手段。秦王朝失败的历史教训让新上台

---

① 《史记·叔孙通列传》。
② 同上。
③ 《新语·道基》。
④ 同上。

的汉统治者记忆犹新，他们意识到对人民不能剥削过重，刑罚要尽量轻缓，他们不得不考虑民众的负担承受能力和民心向背问题。陆贾说："天地之性，万物之类，攘道者众归之，恃刑者民畏之。归之则附其侧，畏之则去其域。故设刑者不厌轻，为德者不厌重，行罚者不患薄，布赏者不患厚。所以亲近而致疏远也"①。陆贾在《新语》中一再强调统治者要"怀仁杖义"，不能"恃刑"，他说："圣人怀仁杖义，分明纤微，付度天地，危而不倾，佚而不乱者，仁义之所治也。"② 陆贾"文武并用"思想的侧重点在于强调"仁义"的作用，陆贾继承了先秦儒家以民为本的教化思想，强调以仁义为本，刑罚为用，对董仲舒"德主刑辅"思想的形成起到了思想先导的作用。

最后，贾谊是汉初系统论述教化思想的第一人。贾谊吸取了秦朝"秦任刑法不变"③ 以致迅速灭亡的教训，主张先用礼义教化，而后用刑罚。贾谊认为，在取得政权后，守天下应重在礼义教化，他系统论述了"礼"与"法"作为两种统治手段在治理国家中各自发挥的不同功能，"礼者禁于将然之前，而法者禁于已然之后"④。刑罚只能禁止人们作恶，而礼义教化可以使老百姓根本不产生作恶的念头。贾谊还认为人的品质是可以随着所受教化的改变而改变的，他注重"礼"、"习"，认为经过教化可以成性，所以对民众应当进行礼义教化。按照他的说法："道之以德教者，德教洽而民气乐；驱之以法令者，法令极而民风哀"⑤，只有加强礼义教化，施行仁政，才能改良社会风气。贾谊的主张受到当时占统治地位的黄老思想的排斥，黄老学派的学者屡次诋毁贾谊"洛阳之人年少初学，专欲擅权，纷乱诸事"⑥。汉文帝也因此而疏远之，贾谊提出的教化主张虽没能得到完全的实施，但却成为汉初儒家教化思想的先驱。

综上，以叔孙通、陆贾、贾谊等为代表的汉初儒生，在儒学复兴

---

① 《新语·至德》。
② 《新语·道基》。
③ 《汉书·陆贾传》。
④ 《汉书·贾谊传》。
⑤ 《新书·修政语下》。
⑥ 《汉书·贾谊传》。

的道路上做出了不懈的努力，不仅使新时期的儒学在内容与形式上焕然一新，为儒学的发展注入新的动力，更为重要的是，汉初儒生在改造儒学时所体现出的这种关注现实的倾向与借鉴诸子的方法，对董仲舒儒学教化体系的构建具有重要的思考价值。汉初儒生的努力使儒学获得不同地域间的广泛传播，不断扩大其影响。儒学发源于邹鲁，至汉代初年，基本上还是一个地方性学派，到文景时期，儒学始向燕赵和丰沛地区扩展，景帝时，修学好古的河间献王不惜重金从民间搜求先秦经传说记，其学举六艺，并设置《诗》、《左氏春秋》博士，言行一准于儒家礼仪，从而吸引了一大批儒家学者。与此同时，在燕赵一带也出现了一批有成就的儒家学者，如毛公、贯公、贯长清河胡常，广川孟但等，从而在董仲舒的家乡广川一带产生了浓厚的儒学文化氛围。正是基于这样的学术文化背景，董仲舒的教化思想得以形成并发展。

总之，汉初的儒家学者们密切结合西汉现实政治和统治者的需求，对儒家思想不断革新，使其重新焕发生机，愈加得到统治者的重视，这为董仲舒的教化思想提供了新思路：儒学可以求变，可以顺应时代发展、结合现实社会政治来改造儒学，从而发展儒学。

所以董仲舒既继承了法家思想；又立足于先秦儒家的学说，汲取营养；同时还承接汉初儒家求变的精神，对儒学积极改造以适应社会的发展，形成了"新儒学"。至董仲舒，儒家文化完成了传统儒学与"秦汉之制"的整合：将适合中央集权专制思想的君权至上、帝王之威、"三纲"之贵贱等级绝对化等思想与儒家仁德治国、"五常"之德相融合。这使得他的学说一方面充分代表了地主阶级的利益，为地主阶级谋求到了最高的政治权力，适应了西汉现实政治的需要，更容易走进统治者的内心；另一方面给他的政治目的、法家内里掺入柔和的儒家思想，把原来强硬刚劲、有所偏颇的政治倾向加以缘饰，刚柔并济，使得他的学说更易推行。

（三）先秦诸子学派思想是董仲舒教化思想的外衣

董仲舒的教化思想体系之所以能够最终建立，是与他对先秦诸子思想的借鉴与整合密不可分的。虽然教化思想在本质上从属于中国传统儒学范畴，但在董仲舒引入阴阳五行学说之后显然具有了阴阳家的特点，"阴阳五行"作为"天人感应"思想体系的构架与运行规律，联通着宇宙间各部分。"天人感应"思想体系的复兴可以归因于汉初兴盛发展的黄老之学，董仲舒不仅完全吸收了这一思想，还进一步发展出"阳尊阴卑"与君臣关系等理论。除此之外，董仲舒还借鉴整合了道家、墨家的部分思想内容。

1. 董仲舒对阴阳五行思想的借鉴

除了儒、墨、道、法等显学之外，还有一个学术派别盛行于战国时期，那就是邹衍所创立的阴阳五行学说。随着战国时期阴阳五行观念的盛行，儒生开始把儒家的伦理政治观念和阴阳五行思想结合在一起，这种结合首先体现在《易传》之中，此书正是通过阴阳观念解读《易》经。到了汉代，阴阳五行思想更是在社会中广泛流行，顾颉刚曾有过一段极为精准的概括："汉代人的思想的骨干，是阴阳五行。无论在宗教上、政治上，在学术上，没有不用这套方式的。……其结果，有阴阳之说，以统辖天地、昼夜、男女等自然现象，以及尊卑、动静、刚柔等抽象观念；有五行之说，以木、火、土、金、水五种物质与其作用统辖时令、方向、神录、音律、服色、食物、嗅味、道德等等，以至于帝王的系统和国家的制度。"[①] 阴阳家的思想不仅对汉初天文学、医学等自然科学，而且对道家、儒家的哲学体系也产生着深刻的影响。

对阴阳五行思想的吸收也是董仲舒改造儒学的方法之一，"汉兴，承秦灭学之后，景、武之世，董仲舒治春秋公羊，始推阴阳。"[②] 董仲舒通过阴阳五行来建构本体论的天道，从而为其理想的王道政治提供终极道德支持。"正是通过对阴阳五行的创新和发明，天，才会有性情，才可以与人相感应交通，才会有人世伦常生活的依托和帝国政治执行的根据，最终才实现了对原始儒学的改造和重构。所以，研究董仲舒哲学如果忽视或轻视阴阳五行的问题，说明还没有真正地读懂过董仲舒，就等于还停留在董学的门外，更谈不上升堂入室去探得董

---

① 顾颉刚：《汉代学术史略》，人民出版社 2008 年版，第 1 页。
② 《汉书·董仲舒传》。

学的真谛。"① 董仲舒通过阴阳五行的有序运行与相互作用，把天与人、天与伦理纲常结合在一起。

在董仲舒之前的汉初几十年间，并不是没有人提过教化，汉初儒者如陆贾、贾谊等人都对秦亡的原因进行过深入的思考，他们以史为鉴，针对汉初的现实状况提出教化才是治国理政的长久之道。遗憾的是，他们的主张在当时没有得到足够的重视，或许其中原因之一就是他们的观点没有新意，与先秦儒家所倡导的观念基本上是一样的，套用今天的话来说，就是没有实现先秦儒家教化思想的"汉代化"，自然也就难以得到统治者的重视。董仲舒在给汉武帝的对策中同样非常强调教化，但是，他较之于陆贾、贾谊有个重大的不同，那就是认为"天"是教化策略的终极原因，并通过阴阳家的阴阳五行理论进行了论证。正如有学者所言："董仲舒比陆贾、贾谊更进一步的地方，就是他说明了任德不任刑的根据，那就是天意。天意的具体表现，就是阴阳二气的运动。"② 汉武帝是一个神学趣味非常浓厚的封建君主，他大力提倡公羊学说，在很大程度上促使董仲舒对《春秋》进行神学化改造，并提出天道阴阳的思想。董仲舒首次把"天"和"阴阳"结合起来，认为"阴阳"是"天"得以运行的基本元素，"阴阳"就是天道，由此形成系统的天道阴阳理论，即所谓"天道之大者在阴阳"③。

正是由于董仲舒把阴阳五行思想融入儒学之中，通过阴阳五行的运行构建形而上的天道，为教化思想提供终极根据，并且将儒家古典人文精神的价值关怀落实到现实政治的操作层面，所以儒学才能定于一尊，被尊为汉代的官方政治哲学。更重要的是阴阳五行理论作为一种分析论证工具，并没有在实质上改变传统儒学的基本内容，余英时先生也认为："阴阳五行学说所提供的主要是一个宇宙的框架：儒、道、法虽都采用其间架，基本上并未改变他们关于文化、政治、社会的理论内容。"④ 儒学与阴阳学相混合的现象说明儒学是一个有生命

---

① 余治平：《唯天为大》，商务印书馆2003年版，第123页。
② 李申：《简明儒学史》，中国人民大学出版社2006年版，第57页。
③ 《汉书·董仲舒传》。
④ 余英时：《士与中国文化》，上海人民出版社1987年版，第140页。

力的"大传统","大传统"一旦融入民间,和"小传统"或通俗文化合流,那么其发生形式上的变化就是不可避免的。经历了与阴阳五行学说的整合,儒学不仅没有消亡,反而焕发了新的生机,而另一方面,阴阳五行思想也正是由于融入儒学之中,才最终成为中华传统文化中不可缺少的组成部分。

2. 董仲舒对黄老思想的吸收融合

黄老学说在汉初意识形态领域的成功留给董仲舒丰富的思想资源。董仲舒对黄老学说的借鉴整合突出表现在对"无为而治"思想的关注。作为黄老学说的核心内容之一,"无为而治"要求行事清净寡淡,生活节俭有度,但这里的"无为"并非整个社会的无所作为或顺其自然,而是特指君王的无为,这种"无为"建立在臣民有为的基础之上,是一种由朝廷百官各尽其职、各自有为而形成的稳定的统治秩序之上的君道无为。也就是说,黄老"无为而治"的基础是君、臣、民从上到下各安其位,不同的等级之间按照身份地位的不同要求各行其是,这样社会就可以自然运作,从而达到协调有序。这种学说的价值为董仲舒所看重,进而融合于其新儒学体系之中,借以阐发治国之道、君臣之道,董仲舒极力倡导臣道有为基础上的君道无为,"天高其位而下其施,藏其形而见其光;高其位,所以为尊也,下其施,所以为仁也,藏其形,所以为神,见其光,所以为明;故位尊而施仁,藏神而见光者,天之行也。故为人主者,法天之行,是故内深藏,所以为神,外博观,所以为明也,任群贤,所以为受成,乃不自劳于事,所以为尊也,泛爱群生,不以喜怒赏罚,所以为仁也。故为人主者,以无为为道,以不私为宝。立无为之位,而乘备具之官,足不自动,而相者导进,口不自言,而摈者赞辞,心不自虑,而群臣效当,故莫见其为之,而功成矣,此人主所以法天之行也。"① 这段话可以看作是董仲舒论述无为思想的总纲,包含三层内容。

首先,董仲舒为"君道无为"建立了自然依据与天道依据。黄老学说基于"养生与治国一理"的立场,由养生思想附会治国思想,为"无为而治"寻找自然基点。董仲舒"参道家之旨",在儒家中和

---

① 《春秋繁露·离合根》。

思想及中庸之道的基础上，结合道家清净养生的内容，提出了爱气持中、守意安神等一系列养生主张，进而以治身论治国，支持无为而治的原则，为无为思想寻求自然生理方面的根据。此外，董仲舒将"君道"上升为"天道"的高度，从而为"无为而治"建立了至上依据。董仲舒说，"位尊而施仁，藏神而见光者，天之行也"①。人道效法天道，"故居倡之位而不行倡之势，不居和之职而以和为德，常尽其下，故能为之上也。"② 具体到君王，"为人君者居无为之位，行不言之教，寂而无声，静而无形，执一无端，为国源泉。"③ 君主的无为是社会治理的根本，依据则是效法至上的天道，"人君贵居冥而明其位，处阴而向阳，恶人见其情，而欲知人之心。是故为人君者，执无源之虑，行无端之事，以不求夺，以不问问。"④ 这是君道无为的一般原则。

其次，董仲舒的"君道无为"包括"贵神"和"执权"两个方面。其中"贵神"是君道无为的关键与根本，他说，"为人君者，其要贵神。神者，不可得而视也，不可得而听也。是故视而不见其形，听而不闻其声。"⑤ 所谓"贵神"，是说君王不能事必躬亲，而应当处静不变，通过号令臣下解决具体事务，从而达到对社会的有效控制。可见董仲舒所说的"贵神"并不是不理朝政，而是应当抛开具体繁杂的事务，专注于国家宏观层面大政方针的制定，并且在此基础上充分放权，赋予官吏行事的充分自主权，"是以群臣分职而治，各敬而事，争进其功，显广其名，而人君得载其中，此自然致力之术也，圣人由之，故功出于臣，名归于君也。"⑥ 这里所谓"功出于臣，名归于君也"也就是董仲舒"无为"思想的第二层含义："执权"。"执权"是"贵神"的结果，同样值得统治者重视，真正实现君道的无为，是以"执权"为基础的，董仲舒认为，"国之所以为国者，德

---

① 《春秋繁露·离合根》。
② 《春秋繁露·立元神》。
③ 《春秋繁露·保位权》。
④ 《春秋繁露·立元神》。
⑤ 同上。
⑥ 《春秋繁露·保位权》。

也,君之所以为君者,威也,故德不可共,威不可分,德共则失恩,威分则失权,失权则君贱,失恩则民散,民散则国乱,君贱则臣叛。是故为人君者,固守其德,以附其民,固执其权,以正其臣。"①"执权"的反面是"失权",会导致"君贱臣叛"的后果,这是从反面强调了"执权"的重要性。所以在"贵神"基础上,君王的威严德行通过各级官吏的具体行为在社会中得以体现,但这种威严德行却不能与官吏分享,这又涉及董仲舒对黄老学说中君臣伦理的吸收,从而在君道无为的前提下巩固了尊卑贵贱的封建伦理秩序。

最后,实现"君道无为"的关键在于"臣道有为"。董仲舒认为"君道无为"建立在"臣道有为"之上,"为人臣者,法地之道,暴其形,出其情,以示人,高下险易,坚耎刚柔,肥膢美恶,累可就财也,故其形宜不宜,可得而财也。为人臣者,比地贵信,而悉见其情于主,主亦得而财之,故王道威而不失,为人臣常竭情悉力,而见其短长,使主上得而器使之,而犹地之竭竟其情也,故其形宜可得而财也。"②董仲舒在这里对为臣之道提出了很高的要求,认为臣道取象于地,一方面做事勤勉谨慎,对君王诚实忠心,全心全力的辅佐君王,另一方面又不能养成傲气,不贪功,而是将仁义美名归于君王,这是臣道有为的标准。官吏能否做到这一点直接决定着"君道无为"能否实现。"君道无为"是建立在"臣道有为"基础之上的,所以董仲舒认为君王应当做到任贤使能,量材授官,在制度设计方面,董仲舒提出循名责实的考绩之法。循名责实的考绩之法或许根源于孔子的"正名"思想,但从具体内容来看,黄老学说的相关内容对董仲舒的影响更为直接,循名责实也是黄老学说的核心内容之一,董仲舒的许多论述与其不谋而合,两者间的渊源昭然若揭。虽然董仲舒对黄老"无为而治"思想借鉴颇多,但其最终落脚点在于任贤使能,还是与儒家正论保持了一致,并未丧失传统儒学的合理内核。

3. 董仲舒对法家和墨家思想的整合

法家学说同样是董仲舒思想的重要理论来源之一。董仲舒从法家

---

① 《春秋繁露·保位权》。
② 《春秋繁露·离合根》。

那里汲取思想是非常明显的，这主要体现在两个方面：一是董仲舒明确肯定了刑罚的必要性与合理性，并将刑罚当作教化的辅助手段。列宁曾说过，所有一切压迫阶级，为了维持自己的统治，都需要有两种社会职能："一种是刽子手的职能，另一种是牧师的职能。刽子手的任务是镇压被压迫者的反抗和暴乱。牧师的使命是安慰被压迫者，给他们描绘一幅在保存阶级统治的条件下减少苦难和牺牲的前景（这做起来特别方便，只要不担保这种前景一定能实现……），从而使他们顺从这种统治，使他们放弃革命行动，打消他们的革命热情，破坏他们的革命决心。"① 董仲舒在强调教化的同时也需要"刽子手"的辅助，在借鉴法家思想的基础上通过刑罚作为辅助手段，意在钳制人性中的恶。董仲舒教化思想的一个突出特点就是在论述了刑罚与教化关系的基础上，肯定了刑罚作为教化辅助手段而存在的意义，进而为汉政权的巩固和稳定提出了一套以刑罚辅助教化的思想主张，这是对法家赏罚并用思想的部分吸收；二是受到法家"海内为郡县，法令由一统"② 思想的影响，董仲舒认识到思想统一对社会政治稳定的重要意义，从而提出以儒学思想统领意识形态的主张。墨子学说中的合理成分同样被董仲舒所吸收，如前述及，董仲舒的天道哲学明显受到墨家"天志"说的启发。就内容来看，"天"在二人的思想体系中都扮演着至高无上的终极存在角色，是"百神之大君也"③；就思维路径来看，与墨子的思路相同，董仲舒也是通过赋予自然界的"天"以道德意义，从而创造出一个可以决定人间秩序的人格化的"天"。这种人格化的"天"代表着最高的伦理道德，其对人间社会的影响和指示又是通过阴阳二气的运行所造成的自然现象的变化来体现的，通过这种带有神秘色彩而具有权威性的"天"来证明政权合法性的同时，董仲舒的天道观更是以"屈民而伸君，屈君而伸天"④ 为最终目的的，这与墨子"天志"说的内在旨趣是一脉相承的。除对"天志"思想的借鉴，墨子"明鬼"思想也以"天出灾异遣告"的变相形式

---

① 《列宁全集》（第1卷），人民出版社1988年版，第248页。
② 《史记·秦始皇本纪》。
③ 《春秋·繁露郊语》。
④ 《春秋·繁露玉环》。

融合在董仲舒的天人体系之中，而墨子的"尚同"思想更是在董仲舒的"大一统"理论中得以发展和实现。

总之，董仲舒根据时代需要，全面借鉴和融合阴阳家、道家、法家、墨家等先秦诸子的思想，重新诠释了儒家学说。他把各家各派中关于自然和社会发展变化的思想与有利于集权统一、尊君爱民、发展生产、繁荣文化、富国强兵的主张兼容并蓄起来，通过对各家各派的分析比较并根据时代需要，对前人的思想学术成果进行全面的批判总结并予以继承和提高，从而建构了一个完整的理论体系，形成了自己的思想学说，也使儒学由"朴学"发展为"辩学"，成为当时中国思想学术的集大成者，这也为他丰富而深刻的教化思想奠定了理论基础。董仲舒的这种改造顺应了时代的发展，在汉初几十年的发展之后，终于得到汉武帝的重视，最终取代黄老之术，上升为汉代官方意识形态，从而进入到儒学发展史的一个新阶段。以儒家思想治国是董仲舒思想体系的根本宗旨，其思想之根在于儒学，所以虽然说董仲舒兼容先秦各家学说，但历代却少有人在其学派归属问题上产生争议。从学术上看，董仲舒提出的"独尊儒术"不仅不是百家争鸣消失的原因，相反正是对结束纷争而建立综合性思想体系的历史要求的回应与实践，从而为儒学在汉代的发展奠定了基础与方向。

三 董仲舒教化思想形成的起点

对于人性问题的研究一直是思想史、文化史上的重要课题，以往的学者在论述道德教育之初，都先着重于解析人性。那么研究人性的意义何在？一般说来论述人性的维度有三：第一，出于哲学家的视角：他们论述人性是为了认识人性。人是什么？人何以存在？第二，出于教育家的视角：他们论述人性是为了评价人性，然后从人性角度分析教育的可能性和必要性；第三，政治家的视角：出于政治的目的，在认识人性、评价人性的基础上去利用人性，借人性之名为政治张本。从人性出发思考教化之道是儒家教化思想的特点之一，从人性的角度可以解释人们行为乃至思想产生的原始动因。从现实政治的角度考虑，对人性的分析和研究是政治制度及教化政策制定的重要理论依据，是构建合理社会秩序或群体生活关系的指导思想。人性与教化之间具有天然的联系，一方面人性学说为教化提供依据，另一方面教化的重要内容之一就是探寻人性改良的规律，以期通过教化活动提高人们的伦理道德水平。

董仲舒是以地主阶级利益为重的政治家、教育家、思想家。除了认识人、评价人、教育人的一般目的之外，指向汉代现实的政治、为地主阶级谋求最高的统治权力是董仲舒探讨人性问题最主要的和最终的目的。董仲舒和先秦儒家一样，也非常重视人性问题，他认为人性关系着人才的培养选拔、教化的推行效果甚至国家的安危治乱。因为从西汉现实背景来说，最高的专制统治者需要一手掌握施行教化的大权，才能发挥"牧师"的职能，才能顺民心、定民心，最终巩固统治。董仲舒为了通过人性来为他的教化思想、政治目的张本，同样借助天道对人性进行了划分，将人性分为"三品"，借天道论性，宣王教之化，行集权之实。

（一）董仲舒自正名论性

建基于"天"，董仲舒之教化亦立论于"人"。在董仲舒看来，"（天地人）三者相为手足，合以成体，不可一无也"①，在天地人之系统中，"天"只是给予事物以神圣的规定，确证其必要性，若欲使其获得现实性，则需待人之努力。董仲舒之"天"论乃是从"天"之高度确证教化之必要，确证王道教化之必要，进而确证王权政治之合法；而教化必须落实于"人"，只有实现"人"之合法性论证的信仰化才能真实实现董仲舒德教的合法性论证。故而，须对"人"需不需要教化、能不能够教化等问题有所关注，必须围绕人和人性展开，必须对其人及其人性论有所把握，"董仲舒的人性论构想是与他以'神圣天道'规范'世俗王道'的政治哲学一脉相承的"②。

首先，董仲舒解释了人性的本质及内涵。董仲舒十分重视《春秋》中的"正名"思想，"春秋别物之理，以正其名，名物必各因其

---

① 《春秋繁露·立元神》。
② 崔涛：《董仲舒的儒家政治哲学》，光明日报出版社 2013 年版，第 50 页。

真,真其义也,真其情也,乃以为名"①。在董仲舒看来,"名"是能够反映事物本质属性的,并且"名则圣人所发天意,不可不深观也"②,这是说"名"是圣人所发现的上天的想法,因而不得不深入研究。因此考察人性的本质,首先就要对人性概念进行科学的界定,他说:"今世闇于性,言之者不同,胡不试反性之名?性之名,非生与?如其生之自然之资,谓之性。性者,质也。"③ 在董仲舒看来,人性就是先天具有的资质,生来就有的资质叫做本性,本性就是本质。在董仲舒的天道哲学中,人的一切包括身体构造、善恶德行、喜怒好恶,都来源于"天",人性的内涵自然也来源于"天"。董仲舒开始借助阴阳学说分析人性善恶,"天"有阴阳两种气质,"天"之阴气形成"贪",阳气形成"仁",所以人就相应地具备了"贪"和"仁"两种秉性,都属于人性生来俱有的一部分。接着,董仲舒又用"性情"来诠释"仁贪",这里所说的"性"就是人性中"仁"的部分,是人性中的善质,来源于天道中旳阳气,是人性得以向善发展的主要依据;这里所说的"情"就是人性中"贪"的部分,是人性中的恶质,来源于天道中的阴气,是人性向恶发展的内在根源。"性"和"情"是董仲舒借助阴阳理论对人性进行分析后得出的两个基本元素。"情"虽然是恶的,但它同样是人性不可分割的组成部分,"情"作为"性"的对立面是客观存在于人性之中的,所以在人性中"性"的比重要大于"情",也就是说人性中善质是主要的,这也是天道"任阳不任阴"在董仲舒人性论上的体现。对于"情"在人性发展中的负面作用,董仲舒认为可以用教化来进行限制。董仲舒认为人性由善质和恶质两部分构成,由此使得人性存在"向善"和"向恶"两种发展趋势,但要效法天道,"禁天所禁",通过教化来发扬人性中的善,限制人性中的恶。

其次,董仲舒诠释了"善质非善"及其教化意义。虽然人性中包含有善质,并且占据人性的主要方面,但善质还并不是完全的善,人

---

① 《春秋繁露·实性》。
② 《春秋繁露·深察名号》。
③ 同上。

性的成善虽然建立在善质基础之上，但不能因此就简单地用善质来代替人性的善。董仲舒的"善质非善"论主要是对孟子学说的批判，即否认孟子所说的人性生而即善。董仲舒通过对"善质非善"的论证，将人性的最终成善归因于教化。董仲舒"善质非善"说的逻辑目的在于论证性待教而善，并且为王者承天意以教化万民提供了直接的根据，从而赋予王道教化在人性成善问题上的关键性地位，杨国荣称之为"权威主义价值观在成人理论上的延伸"①。马克思也曾指出人的最大特性在于其发展性，人具有发展性说明人是可以改变的，马克思在《德意志意识形态》中指出："'一般的人性'之根本规律便是：就社会事实的表现，可知人类本质地且永远地具有一种保持及改进其物质的生存形态的趋向。"② 正是由于人具有这样一种保持并改进其物质生存形态的趋向，因而教化也就成为人的一种存在方式，"人只有通过教化才能成为人。"人性发展理论为教化发挥功用预留了空间，于是，依靠人来塑造人便成为教化的目的。对于教化而言，追求与塑造"理想的人"是永恒的主题，教化总是起于"现实中的人"，而指向"理想中的人"。应当指出的是，董仲舒过分重视外在教化的逻辑思路确实忽视了人性自我完善的可能性，忽视了自我道德修养的内容，但这在汉代社会需要尽快从教化层面赋予君王至上权威的政治大背景下，也是可以理解的。

（二）分析和比较孟子的性善论和荀子的性恶论

批驳孟子的性善论。首先，董仲舒认为孟子的性善论是不可取的，本性和善是不同的两个概念，两者之间既有区别又有联系，但是不能混为一谈。善可以作为性的一种外在表现，但不能等同于性。他说："如其生之自然之资，谓之性。性者，质也，诘性之质于善之名，能中之与？既不能中矣，而尚谓之质善，何哉？性之名不得离质。离

---

① 杨国荣：《善的历程——儒家价值体系研究》，上海人民出版社2006年版，第156页。
② 马克思、恩格斯：《马克思恩格斯选集》（第1卷），人民出版社1995年版，第372页。

质如毛，则非性也。不可不察也"①。意思是：如同生来俱有的资质叫做本性。本性就是本质，诘问生来俱有的资质对美善的名称，能符合吗？既然不能符合，还要叫做本质美善，为什么？本性的名称不能离开本质。一旦脱离了本性就如同毛发离开皮革，已经不再是皮革的一部分一样，这一点一定要认识清楚。董仲舒认为，孟子谈论性善的时候的主体有错误，既然是谈论性，那么主体应当是人。可是孟子却说："性有善端，动之爱父母，善于禽兽，则谓之善"②。意思是：人的本性有善良的成分，比如动物幼息对父母的情感，人有同动物一样的情感，这就是善。董仲舒认为孟子将动物的本性与人的善等同起来，明显是不可取的。他说："忠信而博爱，敦厚而好礼，乃可谓善。此圣人之善也"③。做人言而有信，也怀博爱之也，品行敦厚，生活淳朴，乐善好施，这才是圣人所讲的善。"孟子下质于禽兽之所为，故曰性已善，吾上质于圣人之所善，故谓性未善"④。董仲舒认为孟子所讲的善是以动物为标准的，这时的本性善是低标准的，而董仲舒则将圣人所推崇的那种善作为衡量标准，一般人很难达到这一标准，所以说本性还没有善。作比较就应该选择正确的比较对象，人与动物本来就不相同，将两者进行对比是没有意义的，反而是对人的一种轻视。其次，董仲舒认为性善并不是本身就有的，而是通过教化形成的。他说："故性比于禾，善比于米，米出于禾中而禾未可全为米也。善出于性中而性未可全为善也"，"人之所继天而成于外，非在天所为之内也"⑤。这就像米和禾的关系一样，米出自于禾但并不能将米当成禾。善就相当于米，是在一定的基础上形成的，属于部分而高于整体，而性就相当于禾。董仲舒认为人性中既有善的成分，又有恶的成分，这个跟阴阳一样，两种不同的属性在一个事物中必然会存在。可以说人性的善恶也是天的意愿，为了平衡和制约事物的发展。孟子只谈论性善，而没有谈论性恶的部分，这是不合理的、片面的认识。

---

① 《春秋繁露·深察名号》。
② 同上。
③ 同上。
④ 同上。
⑤ 同上。

对荀子的性恶论进行修正。在荀子看来人性本恶，人们只有经过圣人的礼义法度的教化才能除恶向善。董仲舒也认为"万民之性待外教然后能善"①。从这点看董仲舒和荀子在人性的看法上是有相似之处的，他们都认为人通过教化可变善。但是荀子认为圣人来源于普通人之中，而他们之所能从普通人中脱颖而出的原因是他们能将人性中虚伪。恶的一面剔除，这样一来善占据了主导，人就会变得有礼仪，文质彬彬，然后成为君子。董仲舒则不那么认为，他认为并非所有的人都能"化性""起伪"，他说："善者，王教之化也。无其质，则王教不能化。无王教，则质朴不能善"②，意思是：善良是通过良好的教化形成的，没有资质，即使教导了也没有效果，这样一来品质更不可能淳朴。董仲舒认为如果人性中没有善质，道德教化也不能使其变善。人们之所以能接受教化，其本身必有能与善响应的成分。人性有善质加以王教最终才能"化性""起伪"。而荀子忽视了人性内的善的因素，是有不足。董仲舒融会了孟子性善论的思想同时也对荀子的性恶论思想做出了修正。

（三）提出"性三品"理论

董仲舒认为，孟子和荀子对于善的认识都是片面的，不能全面反应人性。孟子只看到了人性美好的一面，但是忽略了人性恶的一面。而荀子则是猛烈抨击孟子的思想主张，他认为人性本恶，是无可救药的，这样一来就走向了另一个极端，将性赋予了感情化的色彩，有点矫枉过正的味道。而董仲舒则是吸收了孟子、荀子思想中的独到之处对它们进行了整合和扩展，提出了自己的主张，即"性三品"说。

他按照人性的不同将人分为三等，即"圣人之性"、"中民之性"和"斗筲之性"。圣人君子这类品德高尚的人所具备的性即是"圣人之性"，这种性被称作天生的善性，是社会的精英，道德的楷模。在圣人这里，善不是一种潜在的可能，而是一种已经实现了的现实人格，因此，外在的道德教化是没有必要的。但是这一类人很少，他们

---

① 《春秋繁露·深察名号》。
② 同上。

是承天意来教化万民的。有一些顽劣之徒，从小喜欢干坏事，这类人被认为是天生的恶性，不具有任何成圣的可能，对他们进行道德教化也无法使其成善的，只能采取外在的刑罚加以制裁，这种人就叫做"斗筲之性"。实际上董仲舒认为由于"圣人之性"和"斗筲之性"都是不可更变，是天意所为，故严格意义来讲不能称为"性"。那些可以被教化和引导的性才是严格意义上的性，即为"中民之性"。正如董仲舒所说的："名性，不以上，不下，以其中名之。"① 在董仲舒看来这一类人的数目很多，代表的是社会上的绝大多数人，身上的特征很明显，这种特征是：性中既有善的一面又有恶的一面，而且善恶之间还是可以转换的。"中民之性"的可塑性很强，如何发展关键在于如何引导和教化他们。董仲舒认为通过正确的引导和道德教化之后，中民之性就可以转化为善性，错误的引导或者不教化则会朝着相反的方向进行，变为恶性。"性有似目，目卧幽而瞑，待觉而后见。当其未觉，可谓有见质，而不可谓见。今万民之性有其质而未能觉，譬如瞑者待觉，教之然后善。当其未觉，可谓有善质而不可谓善，与目之瞑而觉，一概之比也。……民之为言固犹瞑也。随其号，以入其理，则得之矣"②。董仲舒在这里说的是，性本就像眼睛和看见的关系一样，睡觉的时候眼睛是闭上的，所以看不见东西。睡醒之后睁开眼睛才能看到东西。没睡醒的时候只能说眼睛有看见事物的本领而不能说眼睛能看见。如今普通百姓是有本性的但是还没有被开发，等到他们被教化之后就能够觉醒了，只有觉醒之后才能做到善。没有觉醒的时候善只是一种潜在的能力，这跟睡觉和眼睛的关系是一样的。"天令之谓命，命非圣人不行；质朴之谓性，性非教化不成；人欲之谓情，情非度制不节。是故王者上谨于承天意，以顺命也；下务明教化民，以成性也；正法度之宜，别上下之序，以防欲也；修此三者，而大本举矣"③。意思是：生来的本性叫做性，这种性是必须通过教化完成的；人的欲望叫做情，这种情不是法度不能加以节制，所以做

---

① 《春秋繁露·深察名号》。
② 同上。
③ 《汉书·董仲舒传》。

君王的要顺从天命来治理国家；对百姓则要努力教化他们，使人民能够完成他们的性；健全法律制度，明确等级次序，由此来预防贪欲的产生；如果能做好这三件事，国家的根基就能得到稳固。教化百姓是君主的重大任务，如果民众都被很好地教化，性都已经转为善了，那么君主的任务就算完成了。

董仲舒认为人的情欲是造成社会罪恶的根源，"太富则骄，太贫则忧。忧则为盗，骄则为暴，此众人之情也"①。他指出如果人们不能约束自己的情欲，就会使"富者愈贪利而不肯为义，贫者日犯禁而不可得止"②。因此，对"中品之人"董仲舒主张以礼、法来约束其情欲，同时对他们加以思想道德教化。"中品之人"仍处于懵懂的状态，是可以被教化的。而帝王的根本使命就是教化此类中品之人，只有加强对他们的教化才能稳定国家的局面。董仲舒认为，善良的伦理道德是在民俗民风的基础上形成的，是一种约定俗成的行为标准，故先期不会存在于人性中，先期存在于人性中的是善恶的因子。董仲舒曾经这样形容过善恶之性和善恶的关系，"故性比于禾，善比于米，米出禾中，而禾未可全为米也；善出性中，而性未可全为善也。善与米，人之所继天而成于外，非在天所为之内也。天之所为，有所至而止。止之内谓之天性，止之外谓之人事。事在性外，而性不得不成德"③。他认为善恶之性和善恶的关系就像米和禾的关系一样，米出自于禾但并不能将米当成禾。善就相当于米，是在一定的基础上形成的，属于部分而高于整体，而性就相当于禾。上天的作为是有节制的，一般达到某种目标就停止，停止到事物的内部叫做天性，停止到事物外部就叫做人的政教。政教与本性不是同一个概念，而是在本性之外，而本性就能够用来成就德行。

董仲舒通过简单的比喻阐明了善因与道德伦理的善之间的区别和联系，为其德育思想理论的提出奠定了良好的基础。在董仲舒看来，"中品之人"的"性"中既有善质又有情欲之恶，而且善恶之间是可

---

① 《春秋繁露·度制》。
② 同上。
③ 《春秋繁露·深察名号》。

转换的。那么如何让他们的本性中的善质转变成真正的善。董仲舒给出了他的回答：使善的德性形成不能仅仅依靠主体自身的能力，还应借助主体之外的力量。他说："今万民之性有其质而未能觉，譬如瞑者待觉，教之然后"①。换句话来说，对"中品之人"进行正确地引导和道德教化是十分关键和重要的，先天的善质只有通过和后天的道德教化相结合，才能真正地成为善。由此可见，董仲舒对于人性和道德教育的关系讨论，只是针对"中民之性"的人而言。

（四）人性有待王者教化

董仲舒一生研究学问致力于思想道德教化。他认为，人民必须施以教化方能成性，他说："民之号，取之瞑也。使性而已善，则何故以瞑目号？"② 他说的是，民的称呼，由冥暗不明取来。如果本性已经是善的，为什么还要用昏冥作为称呼？"今万民之性，有其质而未能觉，譬如瞑者待觉，教之然后善"③ 即：如今普通百姓的本性，有他们的本质，但不能觉醒，如同睡眠的等待醒来，教化他们然后才能做到善。由此可见董仲舒认为人本性中固有的善质只有经过了王者的教化才能成为真正的"善"。他又说："性有善质而未能善，于是为之立王以善之"④。董仲舒认为上天创造人类，这些人类天生具有善良的本性，但是都不能发挥出他们的善良，他们会做出坏事。所以上天为了使他们归于善良，就为他们创造了一个王（道德的圣）来维持这个社会，使他们成为善良的人，这就是天的本意。董仲舒在《对策三》中说："天令之谓命，命非圣人不行；质朴之谓性，性非教化不成；人欲之谓情，情非度制不节。是故王者上谨于承天意，以顺命也；下务明教化民，以成性也；正法度之宜，别上下之序，以防欲也；修此三者，而大本举矣。"⑤ 他说的是，天的命令叫做命，不是圣人是不能够照着去做的；生来的本性叫做性，这种性是必须通过教

---

① 《春秋繁露·深察名号》。
② 同上。
③ 同上。
④ 同上。
⑤ 对策：《新校本汉书并附编二种》，台北：鼎文书局1986年版，第2515—2516页。

化完成的；人的欲望叫做情，这种情不是法度不能加节制。所以做君王的要顺从天命来治理国家；对百姓则要努力教化他们，使人民能够完成他们的性；健全法律制度，明确等级次序，由此来预防贪欲的产生；如果能做好这三件事，国家的根基就能稳固。董仲舒在回答汉武帝就天道、人世、治乱等三个方面的问题时说，国家如做出违天命的事，那天就向君主发出灾异警告，如不知醒就会引咎损伤毁坏之灾，君主向天下施以仁爱，天就会降福瑞于天下，上天是主仁德的，皇帝是天之子，只要努力勉励自己从事学问，智慧会随着见闻增长而增长，道德一天天积累，经过不懈地努力，按道行仁义必成正果。道是达到治理国家必需遵行的路，仁、义、礼、智、信，就是治好国家的工具，圣王已去，但其遗训子孙几百年安宁不变，这都是礼乐教化的功劳，要用适合时代的音乐歌颂社会的功德，音乐可以改变民风，而转化民俗的音乐从和谐中产生，来源于人与人之间的真情实意，做教化要平等有教无类不分贫富贵贱，都要受教育，德才兼备者给官职，量才使用。周承商业，遵循的是尧舜之道，孔子说：人能使道光大，不是道使人光大，因此人的作为决定了国家的治乱和兴废是否遵循于道，有德的人不孤立，肯定有辅佐的人来帮助，这都是积善积德的效应。命就是上天的命令，性就是天生的本质，君子的德性像风，小人的德性向草，草被风吹一定倒下，因此想要得到百姓的拥护就要实行仁政，如果施行暴政那么百姓就会变得粗野，社会就会动乱。统治者教化民众，民众就会顺从统治者。统治者安抚百姓他们就会忠心归顺。统治者鼓励百姓，他们就变得齐心协力。

王者应当以教化为重任。在董仲舒看来，兴办学校，特别是太学是贯彻道德方针的最佳途径。他说："故养士之大者，莫大乎太学。太学者，贤士之所关也，教化之本原也。"① 他是说：要想培养人才没有比办好太学更为重要的了，太学是产生贤士的地方，是教化的本源。其次，董仲舒主张建立常规化的选拔贤才的制度。他坚决反对"任子"制的实施，也反对依靠资历来谋求高官厚禄的做法，认为这两种任命官员的做法并不科学，指出长此以往，必将"贤不肖混淆，

---

① 《汉书·董仲舒传》。

未得其真"。① 董仲舒指出，正是由于"任子"制等一系列不合理的任官制度的存在，才导致有贤能者居于穷乡僻壤，而朝堂之内则一团乌烟瘴气。因此他提出，应当将贤能作为任命官员的主要参考依据，官职的高低要和人的能力相匹配。除此之外，董仲舒还指出，只有确保在思想上形成高度统一性，政治法纪上的大一统才能得保证。而当时社会问题的根源就是思想不统一，董仲舒讲到这个问题时说："《春秋》大一统者，天地之常经，古今之通谊也。今师异道，人异论，百家殊方，指意不同，是以上亡以持一统，法制数变，下不知所守。"② 他说的是《春秋》推重统一，这是天地永恒的原则，是古今共通的道理。如今不同的老师讲述的道理不同，不同人们对于事件的议论也不可能相同，各家学派的研究领域和目标也不同，追求也不相同。所以高高在上的统治者的标准也是多样的，这导致法令经常被改动，而民众就更加不知道该遵守哪个法令了。于是，他提出罢黜百家，独尊儒术，实现思想的统一，即"诸不在六艺之科，孔子之术者，皆绝其道，勿使并进，邪辟之说灭息。然后统纪可一而法度可明，民知所从矣"。③ 就是说：六艺之外的科目和不符合儒家思想的学说都不允许存在更不要说是发展了。纷杂另类学说的消失使得学术有了统一的标准，法律也不会经常更改了，这样一来民众也就知道了服从的标准。禁止其他思想的滋长，铲除这些学术固然是一种方法，但是却不是绝对的，只要铲除这些思想滋生的土壤，其同样无法存活。另外，董仲舒提倡将官员的任免和儒学挂钩，规定士人要想获得官位，首先就必须要熟知儒学，这样就会提高大家追求儒学的积极性，从而使其他学派失去发展的空间和机会。

总而言之，董仲舒试图建立起不同于先秦诸子的系统的人性学说，但他的人性论并没有能彻底消除先秦诸子的印记，特别是孟荀的人性论，董仲舒在其基础之上进行了理论创新，不但提出了初具雏形的"性三品"说，而且初步解决了孟子和荀子人性学说中的缺陷。

---

① 《汉书·董仲舒传》。
② 同上。
③ 同上。

董仲舒人性学说的最大特点在于把天道思想阐发融入人性学说之中，先秦儒家旳人性论一般从人自身出发，而董仲舒则把人性与天道阴阳相联系，人受命于天道之阴阳，具有善恶二端，也就是在人性之中还包含着"性善情恶"，此外君王教化万民成善的责任也来源于"天"。韦政通先生以反问的形式肯定了董仲舒的这种尝试，"何尝不可以了解为，这是为专制体制里天子的存在建立了人性上的根据？"董仲舒的人性学说不仅建立在天道哲学的基础之上，而且与他法天而行的王道教化思想浑然一体。

第二章　董仲舒教化思想的内涵

在前人思想理论的基础上，董仲舒承接了孔孟思想，又深受荀子思想的影响，同时对汉初黄老思想进行了兼收并蓄，还吸收借鉴了法家、墨家和阴阳家的思想观点，最终形成了一套完整的以孔孟思想为核心、以阴阳五行为构架、广泛吸收了先秦诸子思想的新儒学体系，以适应秦汉以来所实行的以皇帝为总代表的中央集权的封建王朝的需要。

一　教化的目标

董仲舒之所以重视教化是基于以下两个原因：一是秦王朝灭亡的历史教训，二是汉王朝实现政治统一的现实需要。秦王朝从辉煌统一到二世而亡的历史教训，说明虽然对外的武力征讨可以夺取政权，但在政权建立之后，如果将这种对外的武力征讨转换为对内的暴力镇压，希望以此来维系社会的稳定和政权的巩固，则是完全行不通的。在汉代建立之初，儒家的有识之士就认识到了这一点，他们秉承儒家精神的内核，认为广施教化才是治国的根本之策，才能稳固政权，"这种思想一方面是说打天下和巩固政权不是一回事，打天下可以靠武力，而巩固政权主要不是靠武力；另一方面是说，巩固政权要有武力，但更要教化。"① 包括董仲舒在内的汉初儒生都秉持着这种传统儒学精神，基于巩固汉政权统治以及治理国家的需要而强调教化，较之先秦，这就更加突显了教化在治国理政方面的意义。对董仲舒的教

---

① 曹影：《教化的意蕴》，《光明日报》2004 年 7 月 6 日。

化思想进行分析，不难发现其中包含着提高人性修养、培养国家栋梁以及维护社会稳定等三个方面的目标。

（一）化性为善，提高人性修养

中国古代的思想家尤其是儒家学者都注重对人性的培养，认为人性修养是最根本的教化。人性修养历来是儒家所追求的目标，人性需要修养方可成人，从而真正融入社会。就每一个个体而言，出生时其本性各不相同，孔子最早提出人生来就存在"上智"和"下愚"的区别，有"好仁、好智、好信、好直、好勇、好刚"六蔽，也就是说人性各有其特点，只有通过人性修养才能使人们各具特点的禀性合乎社会正常的伦理道德规范，从而融入社会。孟子则从完整的人性角度看待修养，他认为若不具备"恻隐之心、羞恶之心、恭敬之心、是非之心"，就不是真正意义上的人。荀子主张人之为人在于其"有辨"，也就是遵守圣王制订的道德规范，其实就是遵守儒家的伦理道德，遵从以儒家伦理道德为内容的生活模式，只有通过人性的修养才能自觉融入这一生活模式，从而自在的生活。除此之外，由于外在的社会环境对人性的发展具有重要影响，所以也有必要强调人性的修养。"文武兴则民好善，幽厉兴则民好暴"，"富岁子弟多赖，凶岁子弟多暴"[1]。只有从内在的角度进行自我修养，人们才能避免受到不良社会风气的侵蚀。受传统儒家思想观念的影响，董仲舒也认为合乎儒家道德规范的生活才是真正的人的生活，所以特别将提高人性修养作为施行教化的目标之一，他说："臣闻良玉不瑑，资质润美，不待刻瑑，此亡异于达巷党人不学而自知也。然则常玉不瑑，不成文章；君子不学，不成其德。"[2] 在董仲舒看来，大多数人只有通过学习才能提高修养，成就道德。董仲舒强调教化应当以纯化人性，促成社会化道德人格的形成为目标，因此董仲舒的教化思想中也包含着人性修养的内容。董仲舒将儒家伦理道德的内容作为教化的基本原则，认为这些原则可以通过修养内化为人的思想和本质，从而按照儒家的伦理

---

[1] 《孟子·告子上》。
[2] 《汉书·董仲舒传》。

标准修养成善。具体而言，董仲舒认为教化一方面可以促进人性中善质的发展，另一方面还能遏制人性中的恶质，也就是限制人们的利欲之心。经过一个积累渐进的过程，人性中的善质和恶质此消彼长，人们可以达到自觉遵循道德规范而不需要外在强力约束的境界，这也就完成了儒家的人性修养目标。

在提高人性修养的具体途径方面，董仲舒首先提出了"积习渐靡"的思想，教导人们注重平时习惯的养成。他讲到："积习渐靡，物之微者也，其入人不知，习忘乃为常然若性，不可不察也。"① 除此之外，董仲舒还强调对消极的或错误的苗头必须"贵微重始"② 即着力于察微慎始的功夫。董仲舒要求防微杜渐，是要预见、明察和防止一切有害于美德善行的不良兆端，对于恶行要"预禁于未然之前"③ 要"诛恶而不得遗细"④ 由此除恶从善。董仲舒的"积习渐靡"与"贵微重始"表现出他注意培养良好习惯的思想，也就是积善养德，进行"渐以致之"的功夫，这都是可贵的修身见解。其次，关于人性修养，董仲舒还要求"内视反听"⑤，"内视"就是自我省察，"反听"就是接受别人的意见，将两者相结合发挥反思和自律的作用，是提高人性修养的一种可行方法。董仲舒的"内视反听"要求"明于天性与知其本心"⑥，也就是强调修养要有视、听、思、省的功夫，这是有一定积极意义的。最后，董仲舒还提出了"有为"和"自得"的人性修养境界。他讲到："有为而得义者，谓之自得。"⑦ 在这里，他强调"有为"的意义，即是要求在道德行为上发挥主观能动性，"强勉行道则德日起而大有功"⑧，也就是说通过主观努力，发奋有为而达到修养境界，使道德观念意识在内心中自然产生，这就是"自得"。这种"自修自得"的人性修养发挥了主体的内部动力，

---

① 《春秋繁露·天道施》。
② 《春秋繁露·二端》。
③ 《春秋繁露·五行相生》。
④ 《春秋繁露·王道》。
⑤ 《春秋繁露·同类相动》。
⑥ 《春秋繁露·同同类相动》。
⑦ 《春秋繁露·仁义法》。
⑧ 《春秋繁露·为人者天》。

能够取得完善自足的效果，这也要求修养主体不应只是消极被动地接受教诲和灌输，而是应当积极发挥主观能动性。应该说董仲舒在人性道德修养方面提出的"自得"功夫，能够使人在道德修养上心意自如，认识与实践合拍深化，这是一条颇具正当见解且值得我们认真考虑和谨慎汲取的德育原则。

董仲舒主张在人性修养方面达到心安气舒、意畅神怡的自乐自如情景，也就是他要求的那种融洽适当的"中和之德"，董仲舒在《循天之道》中阐述"中和之德"道："夫德莫大于和，而道莫正于中，中者，天地之美达理也，圣人之所保守也，诗云：'不刚不柔，布政优优。此非中和之谓与！是故能以中和理天下者，其德大盛，能以中和养其身者，其寿极命。……和者，天之正也，阴阳之平也，其气最良，物之所生也，诚择其和者，以为大得天地之奉也。……举天地之道，而美于和。"① 董仲舒在人性修养方面讲中和、安神、寂静，对汉朝统治者来说，就是通过"君逸臣劳"以得百姓和谐之功效，以及调和阶级矛盾之效果；对于被统治者来说，则是使人们节情制欲，心平气和地为统治者服务。董仲舒讲求"心平和而不失中"，为人要和谐中正、心安理顺，这是儒家追求的理想品德，是一种高度的人性修养，也是中华民族精神文明积淀的一种传统美德，有应予肯定之处。

（二）选拔贤才，培养国家栋梁

董仲舒尊崇儒学的教化政策，对于西汉封建国家的人才培养具有十分重大的意义。在封建社会，政府官员的任免完全取决于皇帝的意志，然而皇帝本人不可能亲自去挑选每一个官员，所以必须借助某种固定的程序或机制，按照君主首肯的原则去选拔和任用官员，这就是选士制度产生的原因。古代皇帝视天下为自家私产，所以在主观愿望上也希望能够选拔贤才来辅佐自己治理好国家，所以古代的选士制度能够在一定程度上表现出不论门第、尚贤使能的特点。而从巩固政权的角度来看，"一个统治阶级越能把被统治阶级中的最杰出的人物吸

---

① 《春秋繁露·循天之道》。

收进来，它的统治就越巩固"①。董仲舒正是认识到了这一点，所以非常重视通过教化来任贤使能，为封建国家培养栋梁之材。

汉武帝即位后下诏书要各郡国推荐人才，许多郡国有几十万的人口，却推荐不出一个人来，这引起了董仲舒的思考。他认为这有两方面的原因，一方面是由于"士素不厉也"②，知识分子平常不努力读书，不认真研究社会问题和理论问题，在国家需要时无法为国效力；另一方面则是由于统治者"不素养士"，平时不注意培养知识分子，平时不培养，临时抱佛脚，自然也不行。针对这两方面的原因，董仲舒分析道，"故养士之大者，莫大乎太学；太学者，贤士之所关也，教化之本原也……臣愿陛下兴太学，置明师，以养天下之士，数考问以尽其材，则英俊宜可得矣。"③ 根据董仲舒的建议，汉武帝于元朔五年（公元前124年）置博士弟子，直接目的就是为政府培养贤才，贤才是道德和学识在个体身上的体现，国家兴办学校，造就贤才并加以提拔录用，也就为所有人提供了效仿的榜样和努力的方向，从而引导整个社会崇学重儒，归于教化，而"崇学重儒"的社会风尚反过来也会促进学校教育的发展。官学教育培养出来的人才虽然有限，但教化广施所带来的良好道德风尚的建立却影响深远，其作用是社会性的，其价值要远大于培养若干人才。在董仲舒的建议下，太学为朝廷输送了大批的优秀人才，出现了"汉之得人，于兹为盛"④ 的局面，逐步扩大了封建王朝的统治基础，对于巩固封建政权，发展封建经济和文化事业都起到了积极作用。正如李泽厚先生所言，"进教化，立官制，重文士，轻武夫；建构一个由'孝悌'、读书出身和经由推荐、考核而构成的文官制度，作为专制皇权的行政支柱。这个有董仲舒参与、确立于汉代的政治—教育系统是中国历史上的一件大事，也是了解自秦汉以来中国历史的重大关键之一。"⑤

---

① 《资本论》（第三卷），人民出版社2004年版，第679页。
② 《汉书·董仲舒传》。
③ 同上。
④ 《汉书·公孙弘传》。
⑤ 李泽厚：《新版中国古代思想史论》，天津社会科学院出版社2008年版，第73页。

董仲舒本人也亲自授学，直接为汉王朝培养了大批优秀人才。董仲舒在当时以治《公羊春秋》而闻名，他的弟子很多，其中见于史册的有"兰陵褚大，广川殷忠，温吕步舒"① 等。此外，董仲舒"子及孙皆以学至大官"②。可见董仲舒在授徒和培养人才方面也是很有能力的，同时也能很好的教育儿孙后辈。董仲舒终生勤奋踏实地做学问，忠于教化事业，专心竭诚地培育后代，表现出董仲舒对孔子"学而不厌，诲人不倦"精神的继承和发扬。在亲身从事教学的过程中，董仲舒总结出一套独特的教学经验，他说："善为师者，既美其道，有慎其行，齐时蚤晚，任多少，适疾徐，造而勿趋，稽而勿苦，省其所为，而成其所湛，故力不劳，而身大成，此之谓圣化，吾取之。"③ 这就是说，在教学过程中，老师首先应该了解学生，根据其才能的不同安排学习时间，考虑学生的接受程度以安排不同的教材。教学进度要快慢合宜，不要使学生感到紧张，更不要使学生苦于接受。教师要善于观察学生的学习情况以分别辅导，协助学生完成其感兴趣的课业。只有教师真正这样做，学生才能以最少的付出获得最大的成就，而教师在这一过程中也完成了"圣化"。董仲舒还指出："大节则知阍，大博则业厌，二者异失同贬，其伤必至，不可不察也。"④ 这是就讲授知识的广度而言，"大节"和"大博"作为两个极端，都是有害于学习的，一定要注意避免。可见，董仲舒对教化思想的实践不仅从国家层面设计了一套有效的制度，而且对于教书育人也是亲力亲为的，这也体现出董仲舒对通过教化培养人才这一目标的重视。

（三）天下和洽，维护社会稳定

教化作为国家意识形态的一种制度化推行，其目的就在于使统治阶级的思想成为全社会的主导思想，从而维护社会秩序的稳定。马克思认为："国家作为第一个支配人的意识形态力量出现在我们面前。

---

① 《汉书·董仲舒传》。
② 《史记·儒林列传》。
③ 《春秋繁露·玉杯》。
④ 同上。

社会创立一个机关来保护自己的共同利益,免遭内部和外部的侵犯。这种机关就是国家政权。它刚一产生,对社会来说就是独立的,而且它越是成为某个阶级的机关,越是直接的实现这一阶级的统治,它就越独立。"① 从维护社会稳定的角度出发,国家必然要对个体实施教化,以使个体能够适应当下的社会现实生活,马克思认为:"人不是抽象的蛰居于世界之外的存在物。人就是人的世界,就是国家,社会。"② 在有阶级存在的社会形态中,国家必然充当着教化实施的主体,而教化的内容便是各种社会规范,这样便会造成两种结果,一是个体接受教化的内容而成功地进入到特定的社会生活之中,接受教化是成功进入特定社会生活的通行证,接受教化就是个体对社会成员资格的获取,从这个意义上来讲,"首先应当避免重新把'社会'当作抽象的东西同个体对立起来","正像社会本身生产作为人的人一样,社会也是由人生产的"③。其二是个体在进入社会之后不会安于现状,而总是试图从"现实的我"向"理想中的我"进行不断地超越,这本身就是社会生活的内在规定性,社会生活中的一切都处在绝对的变异之中。

这可以解释董仲舒从维护社会稳定的角度追求教化的目标,通过对历史的考察,董仲舒认为维护社会稳定的最好办法莫过于实施教化。教化对于维护社会稳定目标的达成是通过扭转社会风俗来实现的,如前文所述,随着汉初社会经济的发展,富贵奢靡之风日起,互相攀比、交结权贵的现象比比皆是,贪求富贵而引起的犯罪活动也日渐增多,"刑者甚众,死者相望,而奸不息,俗化使然"④。针对这些不良社会风气,董仲舒认为可以通过教化来扭转,他建议"立太学以教于国,设庠序以化于邑,渐民以仁,摩民以谊,节民以礼"⑤。

董仲舒希望通过改变社会中的不良风气来保证社会的稳定,他通

---

① 《马克思恩格斯选集》(第4卷),人民出版社1995年版,第253页。
② 《马克思恩格斯选集》(第1卷),人民出版社1995年版,第1页。
③ 《马克思恩格斯全集》(第3卷),人民出版社2002年版,第302页。
④ 《汉书·董仲舒传》。
⑤ 同上。

过"以古鉴今"的方式指出:"古者修教训之官,务以德善化民。民已大化之后,天下常亡一人之狱矣。今世废而不修,亡以化民,民以故弃行谊而死财利,是以犯法而罪多,一岁之狱以万千数。以此见古之德教不可不用也。"① 事实证明,自汉武帝采纳董仲舒的建议而长期推行教化之后,"百姓向化,孝子贞妇顺孙日以众多,田者让畔,道不拾遗,养视鳏寡,赡助贫穷,狱或八年亡重罪囚,吏民向于教化,兴于行谊,可谓贤人君子矣。"② 孝子贞妇的增多,社会风气的改善,以及狱中没有罪行严重的罪犯,这些都说明汉代教化对于社会稳定所起的作用,整个社会为之一变。

总之经过两汉政府长期推行董仲舒的教化思想,整个社会形成忠孝、仁爱、节俭的良好风气,这有助于协调社会关系,缓和阶级矛盾,对维护社会稳定产生积极的作用。董仲舒还通过"春秋决狱"使儒家伦理观念渗透司法实践,从而起到维护社会稳定的作用。"春秋决狱"是肇始于汉武帝时期,经董仲舒开始的一种借由儒家经籍《春秋》的基本原则作为处理案件依据的做法,其实质在于以儒家伦理指导司法实践。董仲舒本人概括了"春秋决狱"的基本精神,"春秋之听狱也,必本其事而原其志。志邪者,不待成;首恶者,罪特重;本直者,其论轻。"③ 可见,"春秋决狱"的基本精神在于要在案件具体事实的基础上重点考虑行为动机,即"重志":对于动机不良的人,即使其犯罪行为尚未完成或没有造成社会危害,也要对其课以刑罚,对为首作恶之人要特别加重处罚;而对于没有不良动机的人,即使客观上造成了危害后果,也应当从轻处理。

董仲舒在《天人三策》中认为汉律同秦律一样,普遍存在"诛名而不察实,为善者不必免,而犯恶者未必刑也"④ 的问题,因而反对机械的依照刑律进行处罚。虽然"原心论罪"也容易造成主观随意,但人的善恶乃本于内心,从善恶观念出发来进行司法审判,对改革当时严苛的刑罚制度颇有作用。应当说在古代封建社会的伦理法律

---

① 《汉书·董仲舒传》。
② 《汉书·循吏传》。
③ 《春秋繁露·精华》。
④ 《汉书·董仲舒传》。

体系尚不成熟之时,"春秋诀狱"的出现和运用更有助于社会公平,更为重要的是通过儒家伦理对司法活动的渗透,真正使刑罚在实际运用中起到了辅助教化推行的作用,有助于实现教化稳定社会秩序的目标。

"春秋诀狱"由董仲舒提倡并得到汉武帝的支持,由董仲舒指导的大量案例汇编成《春秋决事比》一书,逐渐成为两汉时期司法断案的重要参考,可惜此书现已失传,仅有少数几个案例在《太平御览》等书中记载而得以留存。从现有的几个案例来看,董仲舒是通过儒家"先圣"之名,在具体的案件中由儒家的伦理道德原则去代替当时具体的法律规定而得出案件结论,通过限制严刑峻法,确立儒家的伦理道德在司法实践中的指导地位。董仲舒的"春秋诀狱"其实就是将《春秋》中的"重民、重义、重志"思想体现在法律方面,也就是教化和刑罚相结合的体现。《太平御览》卷六百四十引《春秋决狱》一个案例,很好地说明了这一点:"甲父乙与丙争言相斗,丙以配刀刺乙,甲即以杖击丙,误伤乙,甲当何论?或曰:殴父也,当枭首。论曰:臣愚以父子至亲也,闻其斗,莫不有怵怅之心,扶杖而救之,非所以欲殴父也。《春秋》之义,许止父病,进药于其父而卒,君子原心,赦而不诛。甲非律所谓殴父,不当坐。"① 在这个案例中,儿子虽出于救父的目的,但由于惊慌失措而误伤父亲,或被按照"殴父"处理,但董仲舒按照《春秋》"原心论罪"的特点认为"君子原心,赦而不诛",由于儿子并无伤害父亲的故意,相反是为了救父亲,这与"父为子纲"的伦理要求是符合的,故不应判处刑罚。

可见,董仲舒反对机械照搬刑律,希望通过伦理道德的温情化解现实刑罚的暴戾,这是对当时"汉承秦制"严刑峻法的一种否定,在特定的历史条件下有其合理性,对刑罚的滥用具有限制作用。在董仲舒看来,刑罚正确合理,就能使教化的原则更加明确,更多的民众受到教化,使封建伦理教化得到推广实行;相反,若刑罚过于严苛甚至与教化的基本原则相悖,这种道德原则的混乱就会造成社会民众迷

---

① 《太平御览·刑法部六》。

惑不解，必然妨碍教化的社会效果。董仲舒"春秋决狱"的做法直接影响了汉代的治狱，对汉代较为严格的刑律起到了修正作用，更为重要的是，这种修正使得儒家经义得以深入民心，在一个个具体案件的处理中使民众得到教化，使民众的行为自觉符合社会规范，进而达到维护社会稳定的目标。

二 教化的对象

在董仲舒的教化思想中，教化对象包括社会中的一切人，即君王、官吏和民众，不论身份地位，不管家庭出身，智愚并举，所有人都有接受教化的必要，这使得汉代教化的受教对象更为普遍，内容也更全面。董仲舒通过将孔子等儒家至圣先师的经典文献上升至"天道"的高度，继而在"天意"的名义下，通过经他亲手改造，并成为汉代社会主流意识形态的儒家思想进行教化，儒家思想成功地渗透进社会各个阶层之中。

（一）对君王的教化

在董仲舒的认识中，君王是最有必要接受教化的，"故君之御下民，奢侈者则应之以俭，骄淫者则统之以理。未有上仁而下贼，上义而下争者也。孔子曰：移风易俗，岂家至之哉，先之于身而已矣"①。董仲舒认为只有统治者自身行为是正确的，民众才会不令而从，自然接受教化，进而巩固政权，这是治国的关键，也是社会稳定的前提条件。但在封建社会，要求作为最高统治者的君王接受教化又是一件非常困难的事，董仲舒在这方面做了大量的理论准备工作，试图使君王愿意接受以儒家德政思想为主的治国理念，并且将其作为施政宗旨推行于全社会，从而实现封建王朝的长治久安。

1. "天"对君王的制约作用

在《春秋繁露》中，董仲舒立足于天人关系这一基点，对"天"的性质、功能、地位和作用进行了全面而系统的论证。一方面，

---

① 《汉书·董仲舒传》。

"天"作为一种宇宙本体意义上的存在，成为人们生活世界中一切存在的基础与依据；另一方面，既然生活世界中的一切都以"天"为依据，人们就更没有理由违背"天"的运行及其体现的意志。从理论层面上讲，董仲舒的"天"是其思想体系的理论根基和至上依据；从现实层面上讲，"天"在现实的社会政治和文化生活中，是作为一把"双刃剑"而悬于君王和百姓之上的：一方面，董仲舒大力宣扬"天"神圣不可动摇的权威和至高无上的绝对地位，从而为汉政权的合法性、政治制度及伦理纲常的合理性提供依据，为汉王朝的统治寻求形而上的依托，这有助于中央集权封建专制制度的完善；另一方面，董仲舒也试图以"天"的权威和地位来制约君王的行为，从而达到限制君权的目的。

（1）君王是联结天人的枢纽

正如赖炎元所说，"董仲舒的天道运行和变化，主要是为了建立人道。"①，董仲舒指出"天、地、阴、阳、木、火、土、金、水、九，与人而十者，天之数毕也，故数者至十而止，书者以十为终，皆取之此。圣人何其贵者，起于天，至于人而毕，毕之外，谓之物，物者，投其所贵之端，而不在其中，以此见人之超然万物之上，而最为天下贵也"②。董仲舒虽然指出了"人"在"十端"中是最特殊、最重要的存在，但还需要对天人感应中的"人"做出划分，否则无法突显君王的特殊地位。董仲舒根据天道的运行变化来确定人间的等级秩序，他说："人生于天，而体天之节，故亦有大小厚薄之变，人之气也，先王因人之气，而分其变，以为四选，是故三公之位，圣人之选也，三卿之位，君子之选也，三大夫之位，善人之选也，三士之位，正直之选也，分人之变，以为四选，选立三臣，如天之分岁之变，以为四时，时有三节也；天以四时之选，与十二节相和而成岁，王以四位之选，与十二臣相砥砺而致极，道必极于其所至，然后能得天地之美也。"③ 因此，不同职位之人的选任是存在区别的，这种区

---

① 赖炎元：《春秋繁露今注今译》，台湾商务印书馆有限公司1984年版，第15页。
② 《春秋繁露·天地阴阳》。
③ 《春秋繁露·官制象天》。

别在于"体天之节"的"人之气也"的不同。

可见，董仲舒"天人感应"思想中的"人"虽然是一个普泛的概念，但是不同的人之间，却是存在明显等级区分的。总体而言是"天"和"人"的感应，"人"则进一步细分为民和君，其中民要追随君，而君要追随天，在此基础之上，董仲舒建立了一个等级序列的"受命"秩序，他说："天子受命于天，诸侯受命于天子，子受命于父，臣妾受命于君，妻受命于夫，诸所受命者，其尊皆天也，虽谓受命于天亦可。"① 可见，就普泛意义而言，所有人都是可以和"天"发生感应的，但从等级序列中的人来看，必须要通过这一等级序列中的上级，才能感受到"天"的旨意。所以在董仲舒的思想中，君王就是"天人感应"的执行者，担负着与"天"沟通的重任，董仲舒说道："古之造文者，三画而连其中，谓之王；三画者，天地与人也，而连其中者，通其道也，取天地与人之中以为贯，而参通之，非王者孰能当？是故王者唯天之施，施其时而成之，法其命而循之诸人，法其数而以起事，治其道而以出法，治其志而归之于仁。"② 这是董仲舒对"王"字所作的独特领会和特殊理解，君王不仅作为类群性质的人的核心要素而存在，同时君王也将"天"、"地"、"人"三者有机地联系贯穿起来，并在这种联结和沟通中获得了至上的地位和权威，这为君王权力的合法性以及人民对君王的服从做出了理论上的论证。

在董仲舒的理论中，君王是联结天人之间的枢纽，那么君王与"天"究竟如何沟通？董仲舒认为，郊祭是君王与"天"沟通的重要方式，"天若不予是家，是家者安得立为天子，立为天子者，天予是家，天予是家者，天使是家，天使是家者，是家天之所予也，天之所使也，天已予之，天已使之，其间不可以接天，何哉？故春秋凡饥郊，未尝饥君德不成于郊也，乃不郊而祭山川，失祭之叙，逆于礼，故必讥之，以此观之，不祭天者，乃不可祭小神也。郊因先卜，不

---

① 《春秋繁露·顺命》。
② 《春秋繁露·王道通三》。

吉，不敢郊；百神之祭不卜，而郊独卜，郊祭最大也。"① 正是通过"郊祭"这种仪式的沟通，君王得以体察天意，体悟凌驾于人间的"天"之仁德。"仁之美者在于天，天仁也，天覆育万物，既化而生之，有养而成之，事功无已，终而复始，凡举归之以奉人，察于天之意，无穷极之仁也。人之受命于天也，取仁于天而仁也"②。"天"之所以永不停歇地化生、养成世界万物，都是源于"仁"，也就是"天心"。"仁"是"天"的属性，受命之君施行仁政也就成为"天"的要求，"故圣人法天而立道，亦博爱而亡私，布德施仁以厚之，设谊立礼以导之。春者天之所以生也，仁者君之所以爱也；夏者天之所以长也，德者君之所以养也；霜者天之所以杀也，刑者君之所以罚也。繇此言之，天人之征，古今之道也。"③ 董仲舒还认为，作为"天"之子的人间君王在治理国家时应该严格与"天"同道，"与天同者大治，与天异者大乱。故为人主之道，莫明于在身之与天同者而用之"④。这就是说君王作为天子也应该与"天"同而不能与"天"异，不能违背神灵之天，否则就会大乱，这种对君王权力的必要限制，也是董仲舒构建"天一君一民"系统的主要目的。如此，董仲舒通过论证君王联结天人的枢纽地位，首次从理论上确认了君王在人间社会中的至尊身份。

（2）"伸君"与"伸天"的政治博弈

在封建君主专制制度中，君王的地位凌驾于所有社会成员之上，具有绝对的权力和权威，这种具有浓厚人治色彩的政治制度对君王的个人素质提出了极高的要求。一方面，社会的发展和进步系于君王一身。君王必须承担起维护社会稳定，推动社会发展的重任，这不仅要求君王具有政治上的雄才大略，还必须具有道德上的自觉和自律，所谓"一人有庆，兆民赖之"⑤ 另一方面，从战国到秦汉的政治实践也表明，由君王个人的专权独断所导致的严重后果，需要整个社会来承

---

① 《春秋繁露·郊祀》。
② 《春秋繁露·王道通三》。
③ 《汉书·董仲舒传》。
④ 《春秋繁露·阴阳义》。
⑤ 《尚书·吕刑》。

受，既然如此，就有必要对君王的绝对权力进行限制和制约。如何实现对君王绝对权力的限制和制约，就成为一个难以解决又必须解决的问题。既然在人间社会找不到位于君王之上，能够制约君王权力的存在物，那就只能将寻觅的目光上移，在自然界中为人间的君王设定一个无法超越的至上的"天"，也就是董仲舒所说的："春秋之法：以人随君，以君随天。曰：缘民臣之心，不可一日无君，一日不可无君，而犹三年称子者，为君心之未当立也，此非以人随君耶！孝子之心，三年不当，而蹦年即位者，与天数俱终始也，此非以君随天邪！故屈民而伸君，屈君而伸天，春秋之大义也。"①

首先是屈民而伸君。受中国古代家国同构模式的影响，思想家们很早就意识到了君王的重要性。在"家国同构"模式下，国家在血缘关系之上得以形成，国家就是家族的扩大，君王在国家中的地位同家长在家族中的地位一样，具有一种至高无上的权威。在先秦儒家看来，理想中的国家只能有一个权力中心，而只有在君王掌握最高的而且是最有效的权力时，国家才能形成良好的政治秩序，也就是孔子所说的"天下有道，则礼乐征伐自天子出"②。人的本质是社会关系的总和，社会生活的本质也在于群体间关系，君王能否实现社会政治生活的和谐，关键也正在于能否妥善处理各种社会关系，也就是所谓"君者，善群也"③。

在中国古代封建社会，一个好君王就等于一个好国家，因此，在先秦儒家眼中，开明的君主专制无疑是最优良的政体，法家更是强调君王对于国家的重要性，战国时期法家代表人物韩非曾说："故国者，君之车也；势者，君之马也。"④ 这种将国家作为君王私有财产的思想，随着秦汉以后大一统中央集权制度的确立，逐渐成为古代中国人广泛认同的观念。董仲舒继承前人对君王的理解，将君王视为国家的根本和社会治乱的关键，他说："君人者国之元，发言动作万物之枢

---

① 《春秋繁露·玉杯》。
② 《论语·季氏》。
③ 《荀子·王制》。
④ 《韩非子·外储说右下》。

机"。① 作为最高统治者的君王是举国上下的中心。就君王与臣民的关系而言，董仲舒认为："君臣之礼，若心之与体，心不可以不坚，体不可以不顺，臣不可以不忠"②。董仲舒通过天道哲学为君王权力的至上性提供了终极根据，并主张把国家的政治权力统一到君王手中，通过对君王权力合法性、正当性的论证，董仲舒明确了君王在国家中的核心地位，君王理应得到臣民的服从，也就是所谓的"屈民而伸君"。

其次是屈君而伸天。春秋战国时期，各国诸侯连年进行兼并战争，礼崩乐坏，君臣失序，出现"弑君三十六，亡国五十二"③的混乱局面，因此春秋时期思想家所讨论的主题大都是关于如何治"乱"。先秦儒家就认为"乱"的根源在于"礼乐征伐自诸侯出"，他们渴望的有道治世就是回复到上下有序，"礼乐征伐自天子出"的西周时期。因此，在早期儒家所设计的理想政治生活中，由尧、舜、禹这样的圣王来统治天下是实现王道之治的关键，"在先秦时代，独大的专制君主还没有出现，所以有君臣的问题，也有理、势的问题，但还没有如何限制君权的问题"④。但到了董仲舒所处的汉代，封建专制体制下的王权至上已经确立，所面对的主要问题是君王如何合理使用权力，不受限制的权力不仅对民众不利，甚至对君王的权威以及政治秩序的稳定都是一种威胁。而且董仲舒的思想学说代表着整个封建地主阶级的整体利益，他所提倡的治国方针和伦理道德原则，也是为封建制度下统治阶级的整体利益服务的，上至天子，下至庶民，都应该遵守这些方针和原则，目的在于维持封建王朝的长治久安，而不是满足统治集团或君王个人的一时之需，所以站在统治阶级的立场，董仲舒也希望对君王日益膨胀的权力进行限制。汉代君主专制制度确立之后，董仲舒在强调君权至上的同时，也不忘限制君王的行为，使之不危害封建统治的根本利益。因此董仲舒利用古人对"天"的敬畏心理，试图通过外在的、至高无上的"天"，对君王产生一定的警示

---

① 《春秋繁露·立元神》。
② 《春秋繁露·天地之行》。
③ 《史记·太史公自序》。
④ 韦政通：《董仲舒》，台北：东大图书公司1996年版，第98页。

和限制作用，他认为君王的行为要与"天"相副，但这种"相副"关系并非显而易见，而往往是隐约显现的，需要细心观察和体验才能领会，所谓"人之与天，多此类者，而皆微忽，不可不察也"①。如果君王对于这种"微忽"体察不够，就会违背"天"的意志。此外，董仲舒认为君王作为"天"之子应当"事天如事父"，即"天子号天之子也。奈何受为天子之号，而无天子之礼？天子不可不祭天也，无异人之不可以不事父"②；"故号为天子者，宜视天如父，事天以孝道也"③。通过对天人之间血缘关系的模拟，董仲舒把他的忠孝观扩充到"天"与君王之间，试图为君权施加一些限制，从而达到"屈君而伸天"的政治目的。

综上所述，在董仲舒的思想中，"屈民而伸君"和"屈君而伸天"都是很确切的两个主题。屈民而伸君是为了巩固统一的政权；屈君而伸天，是为了限制皇帝的权力，他们统一于董仲舒的思想体系之中。在董仲舒的思想体系中，尊君思想与皇权制衡思想是一种相互依存的关系，套用董仲舒自己惯用的理念解释的话，二者乃是一种"阴阳"关系，正如阴阳之间既相辅相成又主次分明一样，"伸君"与"伸天"之间也存在着主次关系，这种主次关系的确定，实则体现着董仲舒思想中"君权"与"民权"的博弈。对此，徐复观先生认为："站在仲舒的立场，'屈民而伸君'一句是虚，是陪衬；而'屈君而伸天'一句才是真，是主体……由此以推论仲舒之意，盖欲把君压抑（屈）于天之下，亦即是压抑于他所传承的儒家政治理想之下，使君能奉承以仁为心的天心，而行爱民之实"。④ 徐先生的这一见解可谓独到而深刻。董仲舒通过论证使"天"、"君"、"儒"之间形成一种相互制约的政治张力，君王接受天命掌管人民，但儒者可以通过对天意的解释给君王以理性教化。皮锡瑞就颇为欣赏董仲舒所建立的这种制约体系，他说："当时儒者以为人主至尊，无所畏惮，借天象以示儆，庶使其君有失德者犹知恐惧修省。此《春秋》以元统天、以天

---

① 《春秋繁露·官制象天》。
② 《春秋繁露·郊祭》。
③ 《春秋繁露·深察名号》。
④ 徐复观：《两汉思想史》（第2卷），华东师范大学出版社2001年版，第212页。

统君之义，亦《易》神道设教之旨。汉儒借此以匡正其主。其时人主方崇经术，重儒臣，故遇日食地震，必下诏罪己，或责免三公。虽未必能如周宣之遇灾而惧，侧身修行，尚有君臣交儆遗意。此亦汉时实行孔教之一证。后世不明此义，谓汉儒不应言灾异，引谶纬，于是天变不足畏之说出矣。"① 可见，皮锡瑞也认可董仲舒表面的"天人理论"背后所蕴含的政治寓意，而后人责备汉儒言灾异谶纬，还用西方传入的天文学知识加以批评，正是由于没有理解其背后的这层政治内涵。

当然我们也要看到，虽然儒者掌握了一定的话语解释权，但却把这种限制君王的权力交托于"天"，也就使得君王对于国家的责任最终乃出于自身的信仰，而非外在的强力约束。于是在董仲舒思想的后世演化中，这种政治博弈逐渐发生了变化，即论证天子合法地位的功能愈强，而限制君权的功能愈弱，这种变化在后来盛行的谶纬中体现得最为明显，汉代的一些君王喜欢借助谶纬的力量来论证自身的合法性，但当谶纬使其受到约束或感到威胁时，这些统治者又往往采取禁绝的措施。可见，董仲舒这种把确立君权的合法性和限制君权的过度膨胀都求之于"天"的理论，本身也是一把双刃剑。但从教化的角度考虑，这种理论设计却为对君王进行教化提供了一种可能性，即君王上承天意，而儒者通过对天意的解释对君王进行教化。

2. 对君王的教化内容

通过前文的论述，可见君王居于天人之间，这一枢纽地位决定了在董仲舒的教化思想体系中，君王是非常重要的一环，既要承担教化万民的责任，本身又需要接受教化。

（1）赋予君王双重角色

一方面，君王是民众的教师。董仲舒认为人需教化才能成善，而教化的主要承担者便是君王。在儒家传统理念中，对社会民众的普遍教化是统治者为政的第一要务，通过教化可以使统治阶级的意识形态内化为社会民众的一般价值观念，从而培养能够自觉遵守社会规范和维护社会秩序的理想人格，从根本上确保政权的稳固。董仲舒指出：

---

① 皮锡瑞：《经学历史》，周予同注释，中华书局2004年版，第65页。

"天生民性有善质而未能善，于是为之立王以善之，此天意也。民受未能善之性于天，而退受成性之教于王，王承天意以成民之性为任者也；今案其真质而谓民性已善者，是失天意而去王任也。万民之性苟已善，则王者受命尚何任也？"① 上天设立君王是为了教化于民，使社会民众通过教化而成善，君王的主要任务便是承天意以教民成善。既然教化是"天"的旨意，那么教化的内容也应当依天意而为，但是天意在本质上是不可言说的，所谓"天意难见也，其道难理"②。那么"天"的旨意如何传达到人间呢？，董仲舒认为君王是沟通天人的中介，可以通达天意，然后传达于民众，从而达到化民的效果。为此，董仲舒把圣人之教与天生地载相提并论，他说，"天生之，地载之，圣人教之。……先王见教之可以化民也。"③ 君王之教如此重要，正是由于"教"是君王的天赋职责，是王者禀受天命的主要体现。所以就理论层面而言，君王居于天人之间，承天意以化万民，天然具有万民之师的地位；就现实层面而言，统治者过着富足的生活，自幼受到良好教育，他们是先知先觉者，而普通民众往往为生计所迫，奔波辗转于田野山林，缺乏受教育的机会和条件，故人性之善质很难觉醒，所以统治者不仅要富民，而且要担当化民的重任，使社会民众过上合于礼义的生活，合于人性的生活，正所谓"天之生此民也，使先知觉后知，使先觉觉后觉也。"④

此外，董仲舒还专门论述了教师的素质及职责，提出了"善为师"的问题，对教师在师德和师才等方面提出了要求，董仲舒认为："善为师者，既美其道，有慎其行，齐时早晚、任多少、适疾徐，造而勿趋，稽而勿苦，省其所为而成其所湛，故力不劳而身大成。此之谓圣化。吾取之。"⑤ 在这里，董仲舒明确提出"善为师"的基本条件，即所谓"既美其道，有慎其行"，其中前者对教师的道德提出了要求，所谓的"道"主要就是指儒家的伦理及政治思想，而后者强

---

① 《春秋繁露·深察名号》。
② 《春秋繁露·天地阴阳》。
③ 《春秋繁露·为人者天》。
④ 《孟子·万章下》。
⑤ 《春秋繁露·玉杯》。

调教师对自身行为的严格要求,在"以义正我"的基础上做到以身作则,这些要求自然也适用于作为万民之师的封建君王。

另一方面,君王本身需要接受教化。先秦时期的传统儒家对统治者的道德提出过较高的要求,要求统治者在道德方面为民表率,使自身成为道德楷模从而保证教化的权威性和有效性,也就是说君王在社会中推行教化的前提是其自身道德的完善。董仲舒继承了先秦儒家这一思想,他说:"故德侔天地者,皇天右而子之,号称天子。"① 这就是说,只有达到道德上的完善,才能得到上天的受命,成为人间的君王。董仲舒认为君王不仅要"法天",而且要"配天",他说:"为人君者,其法取象于天。"② 又说:"夫王者不可以不知天,知天,诗人之所难也,天意难见也,其道难理,是故明阳阴入出、实虚之处,所以观天之志;辨五行之本末、顺逆、小大、广狭,所以观天道也。天志仁,其道也义,为人主者,予夺生杀,各当其义,若四时;列官置吏,必以其能,若五行;好仁恶戾,任德远刑,若阴阳;此之谓能配天。"③ 董仲舒认为君王担负教化重任,是教化的主体和承担者,而这种教化又是有前提的,即君王是否具备合乎伦理道德要求的思想和行为,是否能够做到"以仁安人,以义正我"④。因此君王必须接受教化以完善自身品格,董仲舒主要通过阐发先秦儒家的"王道政治"而为君王的教化内容提供依据。

(2) 灌输儒家德政理想

传统儒家的政治理想集中体现为"王道政治",所谓"王道政治",就是尧、舜、禹的上古三王之道,在孔孟等儒家先哲眼中,尧、舜、禹推行仁政而形成的和谐社会状态,就是理想的政治图景,是后代君王应当效仿的对象。董仲舒本人对"王道政治"有这样的理解:"是以阴阳调而风雨时,群生和而万民殖,五谷孰而草木茂,天地之间被润泽而大丰美,四海之内闻盛德而皆徕臣,诸福之物,可致之

---

① 《春秋繁露·顺命》。
② 《春秋繁露·天地之行》。
③ 《春秋繁露·天地阴阳》。
④ 《春秋繁露·仁义法》。

祥，莫不毕至，而王道终矣。"① 他进而展开论述："五帝三王之治天下，不敢有君民之心，什一而税，教以爱，使以忠，敬长老，亲亲而尊尊，不夺民时，使民不过岁三日，民家给人足，无怨望忿怒之患、强弱之难，无馋贼妒疾之人，民修德而美好，被发衔哺而游，不慕富贵，耻恶不犯，父不哭子，兄不哭弟，毒虫不螫，猛兽不搏，抵虫不触，故天为之下甘露，朱草生，醴泉出，风雨时，嘉禾兴，凤凰麒麟游于郊，囹圄空虚，画衣裳而民不犯，四夷传译而朝，民情至朴而不文，郊天祀地，秩山川，以时至封于泰山，禅于梁父，立明堂，宗祀先帝，以祖配天，天下诸侯各以其职来祭，贡土地所有，先以入宗庙，端冕盛服，而后见先，德恩之报，奉先之应也。"② 在董仲舒看来，要达到理想社会的目标，关键是统治者要做到爱民。民由"天"所生，但"天"生民不是为了君，而"天"立君却是为了民，所以五帝三王治天下，不敢以民之君自居，尧爱民如子，民则敬尧如父，孔子著《春秋》，也强调敬贤重民。君王爱民体现为"同民所欲"、"爱民而好士"，君王应当"尚德"，否则"德不温，则众不亲安，众不亲安，则离散不群，离散不群，则不全于君"③。

在董仲舒以"天"为理论根基和本体依据的思想体系中，儒家的王道来源于天道，这使儒家的王道理想上达于天，在天道的名义下得以宣扬，在儒家的政治理想中，是否能行王道成为评判君王统治是否具有合法性的标尺，君王参天道而治的实质也就是以儒家的政治理想为施政纲要。经过董仲舒的改造与发挥，儒家王道政治在西汉时具体化为德政思想。

第一，以德政思想教化君王的必要性。在董仲舒的思想中，"德"所占的位置非常重要。他一方面主张"屈民而伸君，屈君而伸天"，强调民众应当服从君王的意志；另一方面又强调民众是国家的根本，君王必须重视民众。董仲舒通过对君王的独特理解来论证人民的重要性，他说："能使万民往之，而得天下之群者，无敌于天下。"④ "天

---

① 《汉书·董仲舒传》。
② 《春秋繁露·王道》。
③ 《春秋繁露·深察名号》。
④ 《春秋繁露·灭国上》。

之生民，非为王也，而天立王以为民也，故其德足以安乐民者，天予之。其恶足以贼害民者，天夺之。"① 由此可见，董仲舒认为"天"设立君王的目的就是为民谋利，并将民心向背作为政权更替的判断标准。董仲舒继承前人的思想，认识到民众在政治生活中的价值，民心向背决定着国家的治乱兴亡，只有得到民众的支持，君王才能"无敌于天下"。董仲舒希望君王有爱民之心，爱民就不能"苦民"、"杀民"。只有德行和天地等同的人，上天才能保佑他为天子，没有德行的人不能称为天子，天子之所以为天子，就是因为有德。首先，"德"是国家的存在根据。董仲舒说："国之所以为国者，德也，君之所以为君者，威也，故德不可共，威不可分，德共则失恩，威分则失权，失权则君贱，失恩则民散，民散则国乱，君贱则臣叛。是故为人君者，固守其德，以附其民，固执其权，以正其臣。"② 国家之所以成为国家的依据是"德"，所以君王必须要有德行，而且还要牢牢把握"德"，这样才能使臣下端正自己的行为，民心才能归附于君，君王才能统治好自己的国家，"故以德为国者，甘于饴蜜，固于胶漆，是以圣贤勉而崇本，而不敢失也，君人者，国之证也，不可先倡，感而后应，故居倡之位，而不行倡之势，不居和之职，而以和为德，常尽其下，故能为之上也。"③ 其次，"德"是君王的统治之本。董仲舒说："文德为贵，而威武为下，此天下之所以永全也。"④ 他认为，君王要想使自己统治的天下永远保持完整，就必须以德为贵，把"德"放在首位，而将威严武力放在次要的位置。"王者有明著之德行于世，则四方莫不响应，风化善于彼矣。"⑤ 董仲舒认为，如果君王有很显著的恩德，各地诸侯就会响应顺从，君王的统治就会稳固。董仲舒以古鉴今，说道："先王显德以示民，民乐而歌之以为诗，说而化之以为俗，故不令而自行，不禁而自止，从上之意，不待使之，若自然矣，……今不示显德行，民闇于义不能照，迷于道不能解，固欲大严

---

① 《春秋繁露·尧舜不擅移汤武不专杀》。
② 《春秋繁露·保位权》。
③ 《春秋繁露·立元神》。
④ 《春秋繁露·服制象》。
⑤ 《春秋繁露·郊语》。

憯以必正之，直残贼天民，而薄主德耳，其势不行。"① 董仲舒还用"五行相胜"的理论来论证君王应该爱民、重民、富民，而不是残害民众，他说："夫木者，农也，农者，民也。……夫土者，君之官也，君大奢侈，过度失礼，民叛矣，其民叛，其君穷矣，故曰木胜土。"②这从五行相克的角度论证了民众对君王的制约，同样是为了强调君王行德政的重要性。

第二，董仲舒德政思想的核心：德主刑辅。面对秦朝灭亡的历史教训以及汉初的社会现实，董仲舒看重教化在社会治理方面的重要作用，主张将教化作为治国的根本之策，但在法家思想的影响下，董仲舒也明白刑罚的存在对于社会稳定的必要性。运用阴阳思想，董仲舒将刑罚视作教化的辅助手段从而纳入其教化体系之中，通过必要的刑罚措施来帮助教化的推广，形成其思想的独特性，此后汉代儒生普遍主张将教化与刑罚看作治国的两手策略，认为"刑以佐德助治"③。事实上，儒家历来在推崇道德教化人的同时，本就不排斥刑罚，但"在'尚德不尚刑'的总体思路上比较轻视法治和刑罚，轻视的程度，也因人因事而异"④。在董仲舒看来，"教，政之本也。狱，政之末也。其事异域，其用一也，不可不以相顺，故君子重之也"⑤，这就是说，教化是政治的根本，刑罚是政治的辅助，这两件事似乎属于毫不相干的两个领域，但实际上，它们都是政治的工具，功用是一致的，因此必须互相配合、协调一致，君子历来重视教化与刑罚的一致性。如果教化与刑罚不相协调，那就会使本应受表扬的人受惩罚而进监狱，使本应受谴责的人受奖赏而升大官，造成思想混乱，使民众无所适从。

在《天人三策》中，董仲舒集中论述了刑罚与教化的辩证关系，他说："天道之大者在阴阳。阳为德，阴为刑；刑主杀而德主生。是故阳常居大夏，而以生育养长为事；阴常居大冬，而积于空虚不用之

---

① 《春秋繁露·身之养重于义》。
② 《春秋繁露·五行相胜》。
③ 《白虎通·五刑》。
④ 罗国杰、夏伟东：《德治新论》，研究出版社2002年版，第17页。
⑤ 《春秋繁露·精华》。

处。以此见天之任德不任刑也。天使阳出布施于上而主岁功,使阴入伏于下而时出佐阳;阳不得阴之助,亦不能独成岁。终阳以成岁为名,此天意也。王者承天意以从事,故任德教而不任刑。刑者不可任以治世,犹阴之不可任以成岁也。为政而任刑,不顺于天,故先王莫之肯为也。今废先王德教之官,而独任执法之吏治民,毋乃任刑之意与!"① 可见,在董仲舒的思想中,刑罚与教化的关系包含三个方面的内容:首先,始终保持教化为主的地位。董仲舒认为:"教,政之本也。狱,政之末也。"② 教化是政治的根本,刑罚是政治的辅助,教化与刑罚乃是本与末的关系,切不可废德教而任刑罚,否则就要重蹈秦亡的覆辙。在长期有效的教化之后,刑罚自然没有用武之地,"古者修教训之官,务以德善化民,民已大化之后,天下常亡一人之狱矣。"③ 以德化民,可以使国家内部不设监狱,不仅如此,教化还可以使天下和平,他说:"天下所未和平者,天子之教化不政也。"④天下之所以没有和平,是因为天子的教化没有实行;其次,刑罚为教化的辅助措施。教化与刑罚,是"主"与"辅"的关系,也是"经"与"权"的关系,反映在教化与刑罚两者关系上,就是以教化为常道,以刑罚为权变,刑罚只是权宜之计而已,不得已而用之,理想的状态是"任德而不任刑";再次,教化与刑罚殊途同归。教化与刑罚有诸多的不同,如地位不同、处理不同领域的事情、功用有大小之分,但它们的最终目标却是一致的,即共同致力于王道社会的实现,但要注意保持两者的协调,"如果教育宣传扬善去恶,而现实却是恶人上了公堂,善人进了监狱,那就是'教'与'狱'不相顺"⑤。董仲舒也说:"听讼折狱,可无审耶!故折狱而是也,理益明,教益行;折狱而非也,闇理迷众,与教相妨。"⑥ 这就是说,审理狱讼、裁定案件要谨慎,审判对了,道理就更明朗,教化就更顺畅;审判错了,

---

① 《汉书·董仲舒传》。
② 《春秋繁露·精华》。
③ 《汉书·董仲舒传》。
④ 《春秋繁露·郊语》。
⑤ 周桂钿:《秦汉思想史》,河北人民出版社 2000 年版,第 192 页。
⑥ 《春秋繁露·精华》。

就会蒙蔽真理，迷惑众人，妨害教化，教化与刑罚都做好了，就可以更好的实现王道。

从董仲舒的天道哲学来看，自然界有阴阳二气，缺一不可，两者的运行构成自然界的生息变化，但阴阳二气有尊卑强弱之分，阳气主尊而阴气主卑，二者之间适当的比例和地位的不同构成自然界的平衡有序。董仲舒在其天道观的基础上谈论刑罚与教化之间的主次关系，通过这种比附论证得出"大德小刑"、"德主刑辅"的结论，一方面在理论上给予刑罚存在的合理性，另一方面也降低了刑罚的地位，将其限制在必要的范围内，董仲舒在天道哲学的基础上对教化与刑罚之间的辩证关系进行了具体论证。

首先，董仲舒分析了阴气和阳气在天道中的不同地位。虽然在天道运行中阴阳二气缺一不可，但两者的地位和价值并不相同，存在高低优劣之分，这种区分的标准在于两者的"功"不同。"阳始出，物亦始出；阳方盛，物亦方盛；阳初衰，物亦初衰。物随阳而出入，数随阳而终结"①，在董仲舒看来，阳气决定着自然界万事万物的"出"和"盛"，阳气的"功"比较大，当然阳气不能单独主宰自然界，阴气的存在也是必要的，"万物非天不生，独阴不生，独阳不生，阴阳与天地参然后生"②；"天之道，出阳为暖以生之，出阴为清以成之。不暖不生，不清不成。"③ 这都说明了阴气和阳气在自然界中各有其价值，万物都是在两者的共同作用下产生和运行的。但对于两者的地位和价值，董仲舒认为"暖暑居百而清寒居一"④，也就是说阳气占有百份而阴气只占有一份，两者在比例上的悬殊差距说明了自然界对阴阳二气的需要不尽相同，也就决定了阴气和阳气的地位不同，"阴者，阳之助也，阳者，岁之主也"⑤。通过这种论证，董仲舒认为在天道之中阴阳二气的关系是阳主阴辅、阳尊阴卑，是故"贵阳而贱阴也"。

---

① 《春秋繁露·阳尊阴卑》。
② 《春秋繁露·顺命》。
③ 《春秋繁露·暖燠常多》。
④ 同上。
⑤ 《春秋繁露·天辨在人》。

其次，董仲舒将人间的刑罚与教化附会天道的阴气与阳气。"天地之常，一阴一阳，阳者，天之德也，阴者，天之刑也。"① 阴气和阳气作为天道的基本元素，其中阳气代表着天的仁德，阴气则代表着天的刑罚。董仲舒从善恶的角度对阳气和阴气的道德属性做了解释，他说"恶之属尽为阴，善之属尽为阳，阳为德，阴为刑。"② 其中阳气占尽了善良美好的属性，而阴气充斥着邪恶与阴暗，董仲舒试图通过人们趋利避害的自然选择，建立社会秩序中崇尚"大德小刑"的心理基础。"阳，天之德，阴，天之刑也，阳气暖而阴气寒，阳气予而阴气夺，阳气仁而阴气戾，阳气宽而阴气急，阳气爱而阴气恶，阳气生而阴气杀。是故阳常居实位而行于盛，阴常居空位而行于末，天之好仁而近，恶戾之变而远，大德而小刑之意也，先经而后权，贵阳而贱阴也。"③ 在这里，董仲舒描绘了阴气和阳气带给人们的真切感受：阴气使人感到暴戾和阴森，阳气则使人感到宽厚和仁爱，由于阴气代表着刑罚而阳气代表着教化，进而通过这种感受的转移使人们体会到刑罚和教化带给社会的不同效果。

最后，董仲舒通过比附推导出教化和刑罚在社会政治领域中的不同地位。由于阳气代表着教化，阴气代表着刑罚，因此通过阳气和阴气在自然界中地位的高下就可以得出教化和刑罚在社会政治领域中的不同地位。天道的"阳主阴辅"以及"任阳不任阴"④ 反映在人事上就是"德主刑辅"以及"好德不好刑"⑤，人间的君王如果不按此行事，过于倚重刑罚而非教化，就会违背天道自然，"为政而任刑，谓之逆天，非王道也"⑥。董仲舒又将"德主刑辅"之下教化与刑罚的关系解释为"经"与"权"的关系，"天以阴为权，以阳为经；阳出而南，阴出而北，经用于盛，权用于末，以此见天之显经隐权，前德而后刑也"⑦。也就是说天道以阳为常经，以阴为权变，进一步论证

---

① 《春秋繁露·阴阳义》。
② 《春秋繁露·阳尊阴卑》。
③ 同上。
④ 同上。
⑤ 同上。
⑥ 同上。
⑦ 同上。

了教化是为政的常规手段而刑罚只是一种非常措施。"天之任阳不任阴，好德不好刑，如是。故阳出而前，阴出而后，尊德而卑刑之心见矣。"① 通过阴气和阳气在天道中的地位，董仲舒论证了刑罚和教化在社会生活中的地位，进一步得出"教本狱末"的结论。董仲舒认为阴阳二气在量上的比是"暖暑居百而清寒居一"②，即阳占有百份，而阴只占有一份，故"王者承天意以从事，故任德教而不任刑"③，君王如果过于重视刑罚而不致力于教化，就是违背了"教本狱末"这一天意。总之，董仲舒在教化与刑罚的关系上强调的是以教化为主，以刑罚为辅，在以教化治理国家的总体策略下，以必要的刑罚纠正社会问题，以其威慑和惩治的效果辅助教化的推广，最终实践儒家德政理想。

第三，董仲舒德政思想的内容：以民为本。民本思想是传统儒家德治思想的主要组成部分。"所谓民本，就是指一种重视下层民众地位和作用的政治思想"④。它是植根于中国古代独特的伦理文化土壤之上的，一种以民众为王道政治之根基的政治学说，民本思想主要讨论的是君民之间的相互依存关系。就其渊源而言，民本思想肇始于西周社会，从商朝灭亡的教训中，西周统治者认识到社会民众在稳定社会和巩固政权方面的重大意义，"敬天保民"、"从民情知天命"等思想的出现都包含着早期民本思想的萌芽。春秋战国时期人们的价值观发生转变，神明在人们心目中的地位逐渐下降，人的自我意识逐渐萌发，思想家们尤为敏锐地认识到"民为邦本"的现实意义，纷纷主张由民众的态度决定社会政治制度的变化，促使统治者进行反思，不断改进自身的统治，不论孟子的"民贵君轻"还是荀子的"载舟覆舟"，都反映了这一时期思想界对民众在社会政治生活中重要性的共识，是对先古民本思想的进一步发展，但这一时期的民本思想只是作为一种理论学说而存在，并没有对当时的政治实践产生实质性的影响。到秦王朝时，秦始皇忽视民众的力量，采用法家政策，以压制和

---

① 《春秋繁露·天道无二》。
② 《春秋繁露·暖燠常多》。
③ 《汉书·董仲舒传》。
④ 庞朴：《中国通史》（第4卷），东方出版中心1997年版，第9页。

奴役为重要手段一味地对民众实行暴政，结果秦王朝二世而亡。秦朝的迅速灭亡，使汉初思想家们看到了民众在政权转移中的强大威力，更加深刻地体会到民众在国家、社会中的重要地位和作用。汉初的贾谊在总结秦亡教训时，就认为民众是为政的根本，他说："闻之于政也，民无不为本也。国以为本，君以为本，吏以为本。故国以民为安危，君以民为威侮，吏以民为贵贱，以之为民无不为本也。"① 董仲舒的民本思想就是在继承传统儒家民本理论，并对现实民众疾苦寄予深切关怀的基础上发展起来的。

汉初实行的黄老无为政策对经济的恢复和发展起到了很大的作用。汉初统治者虽然屡次下令减轻田租为十五税一或三十税一，但是普通的社会民众并没有因为经济的发展而获利，反而是豪强地主大肆牟利，他们通过田租上的优惠政策以及对人民的盘剥迅速聚集财富，并进一步兼并更多的土地，与民争利。汉武帝时期"外事四夷，内兴功利"②，实行有为政治，造成国家财政的全面紧张。为了筹措国用，汉武帝重用桑弘羊等理财专家，实行"均输平准"、"盐铁官营"、"算缗"、"告缗"等抑制私人商业资本的国家管制经济政策。这些政策虽然确保了武帝的事功，但是却竭泽而渔，严重损害了国计民生和正常的经济秩序，导致民怨沸腾。针对这一局面，董仲舒对国家的经济政策进行了尖锐的批判，他上书道："古者税民不过什一，其求易共；使民不过三日，其力易足。民财内足以养老尽孝，外足以事上共税，下足以蓄妻子极爱，故民说从上。至秦则不然，用商鞅之法，改帝王之制，除井田，民得卖买，富者田连阡陌，贫者无立锥之地。又颛川泽之利，管山林之饶，荒淫越制，逾侈以相高；邑有人君之尊，里有公侯之富，小民安得不困？又加月为更卒，已，复为正，一岁屯戍，一岁力役，三十倍于古；田租口赋，盐铁之利，二十倍于古。或耕豪民之田，见税什五。故贫民常衣牛马之衣，而食犬彘之食。重以贪暴之吏，刑戮妄加，民愁亡聊，亡逃山林，转为盗贼，赭衣半道，断狱岁以千万数。汉兴，循而未改。古井田法虽难卒行，宜少近古，

---

① 《新书·大政上》。
② 《汉书·食货志》。

限民名田，以澹不足，塞并兼之路。盐铁皆归于民。去奴婢，除专杀之威。薄赋敛，省徭役，以宽民力。然后可善治也。"①

在这里，董仲舒的民本思想并没有停留在理论说教的层面上，而是就如何落实民本思想提出了一系列具体的措施。第一，"限民名田，以澹不足，塞并兼之路"②。也就是限制豪强地主对农民土地的兼并与掠夺；第二，"盐铁皆归于民"③。盐、铁在古代是关系国计民生的产业，也是国家赋税的重要来源，国家放松对盐铁的管制可以使民众生活相对宽裕；第三，"去奴婢，除专杀之威"；第四，"薄赋敛，省徭役，以宽民力"。从这些具体的措施可以看出，董仲舒同先秦儒家一样，认为统治者应当担负起富民、教民的政治责任，在民本思想中强调这种政治责任，是董仲舒民本思想中最有价值的内容。在君王与民众这对依存体中，君王原本就占据强势地位，只有在强调民众权利的同时突显君王的义务或责任，才能使民本思想落到实处。所以董仲舒多从统治者的角度强调如何落实民本思想，而非对民众权利的泛泛而谈，正是由于每一权利的实现都需要相应义务主体责任的履行，由此也可见董仲舒的良苦用心。董仲舒希望君王以道义原则来治理民众的思想，在现实政治生活中往往成为一种调节社会危机的政治策略，但是在某些特定的历史条件下，由于统治者的自觉意识，在民本思想的作用下中国历史上也出现过比较开明的专制统治，比较典型的例子就是唐代的"贞观之治"。但在汉代社会，董仲舒的这些建议大多没有得到汉武帝的认同，以至于出现"仲舒死后，功费愈甚，天下虚耗，人复相食"④的局面。总之，董仲舒非常强调民本思想，通过对汉武帝的极力劝诫，试图由上而下，在全社会推行儒家的德政理想。

3. 对君王的教化方式

（1）正面规劝

董仲舒在《天人三策》中向汉武帝奏陈："汉得天下以来，常欲

---

① 《汉书·食货志》。
② 同上。
③ 同上。
④ 同上。

善治而至今不得善治者,失之于当更化而不更化也。"① 这就是要求实行"更化"以得"善治",然而董仲舒所谓的"更化"与"善治"绝非改变封建制度,而是排除黄老与韩非之说,亦即反对以道家或法家思想为治世之方,要改用儒学为治世之道,从而使汉王朝长治久安。正如徐复观先生所言:"'更化'与'改制'完全不同。改制没有政治上的实质意义;'更化'则是要把汉所继承的秦代以刑为治的政治方向与内容,完全改变过来,而'修饰'、'仁义礼智信'、'五常之道'。亦即是他要把(秦)大一统专制政治的方向与内容,加以彻底的转换"②。董仲舒在与汉武帝的对策中十分清楚地讲道:"古人有言曰:'临渊羡鱼,不如退而结网。'今临政而愿治七十余岁矣,不如退而更化;更化则可善治,善治则灾害日去,福禄日来。"③ 董仲舒提出的更化思想是贴合当时社会实际的,面对汉初社会的一片荒芜,以开国皇帝刘邦为首的统治集团采取黄老之学作为治理对策,在随后的六七十年间,以"无为而治"为特点的黄老学说占据了思想界的统治地位,汉初社会在一片废墟之上得以恢复并逐步发展。

到了汉武帝时期,在发展过程中积累的问题需要逐步解决,社会面临转型,原因有以下三个方面:首先,作为汉武帝有为政治的前提,自汉政权产生之日就一直存在着的政权合法性问题,越来越需要一个能够被社会所接受的回答;其次,以刘邦为首的平民阶级取得政权后,经过几十年物质财富的积累,需要在气质和精神方面得到提升,最终完成由平民向贵族的身份转换;最后,黄老"无为而治"的统治思想在帮助经济恢复发展的同时,也在政治领域产生了消极散漫的影响,不利于中央集权的统一政治需要。在董仲舒看来,上述三个问题的解决都需要更化。董仲舒通过他的"三统三正"理论,在历史哲学的意义上赋予了更化以合理性和必要性。董仲舒认为,历史朝代的更迭规律在于,如果君王不能施教化,行王道,那么必然会有受天命的新王朝取而代之,那么,这种取代的规律是什么呢?董仲舒

---

① 《汉书·董仲舒传》。
② 徐复观:《两汉思想史》(第 2 卷),华东师范大学出版社 2001 年版,第 261 页。
③ 《汉书·董仲舒传》。

就这个问题，提出了"三统三正"的历史循环模式。依据董仲舒的论述，所谓"三统"即指"正黑统"、"正白统"、"正赤统"，故又称"三正"。与此相对应，各朝所崇尚的颜色分别为黑、白、赤三色，其朝服、所用器具、祭祀用品等也相应为黑、白、赤三色，"三统"之间循环变迁，就是所谓的"易服色"。"三统"说讲的是朝代更替，新王为应天而进行的改制活动，是指在新王朝建立之初，要依照农历的十一月（子月）、十二月（丑月）、正月（寅月）的顺序，依次重新确定以其中某月为正月，同时确定该月的朔日分于平旦、鸣晨或夜半，这就是所谓的"改正朔"。董仲舒提出："何以谓之王正月？曰：王者必受命而后王，王者必改正朔，易服色，制礼乐，一统于天下，所以明易姓非继人，通以己受之于天也。王者受命而王，制此月以应变，故作科以奉天地，故谓之王正月也。"① 王者以"王正月"作为自己受天命而王的象征，这也就是说，所谓的"王正月"就是新王朝的统治者为证明自己受命于天，且与前朝有所区别而有意制造出的标志，这个标志以历法的形式表现出来，是为了增加其神秘性。换言之，就是通过改变历法的手段，人为地制造出受命之符，为新王朝建立的合法性做出论证。由此可见，"三统三正"的意义和实质，并不在历法或服色本身，而在于政治上的象征意义，通过"三统三正"，把天命这个抽象的神秘概念具体化、形象化为人们看得见、摸得着的实实在在的形式。

董仲舒主张更化要遵循先例，以复兴教化作为更化的主要措施，"圣王之继乱世也，扫除其迹而悉去之，复修教化而崇起之。"② 历史上的明君圣王面对复杂的社会环境，都是通过"复修教化"来更化的。董仲舒在与武帝的对策中，开宗明义地表明了更化的必要性，他说："今汉继秦之后，如朽木、粪墙矣，虽欲善治之，亡可奈何。法出而奸生，令下而诈起，如以汤止沸，抱薪救火，愈甚亡益也。窃譬之琴瑟不调，甚者必解而更张之，乃可鼓也；为政而不行，甚者必变而更化之，乃可理也。当更张而不更张，虽有良工不能善调也；当更

---

① 《春秋繁露·三代改制质文》。
② 《汉书·董仲舒传》。

化而不更化，虽有大贤不能善治也。故汉得天下以来，常欲善治而至今不可善治者，失之于当更化而不更化也。"① 通过对汉代社会现实的描述和分析，董仲舒认为造成这些社会问题的根本，就在于汉朝继承秦朝混乱局面之后，应当更化而始终未更化，若长此以往，则"虽欲善治之，亡可奈何"。而更化的"大端"在于有所作为，在于兴教化，这样一来，通过更化理论，董仲舒又将他的教化思想推广开来。通过对汉初几十年发展情况的分析，董仲舒把握了汉代社会从"汉承秦制"到"无为而治"再到"有为更化"的历史发展趋势，在批判现实与反思历史之后，董仲舒为汉代统治集团提供了更化的建议，为上古文化向中古文化的转型提供了指导思想。

（2）侧面强制

董仲舒的灾异学说本于其所推崇的儒家经典《春秋》，通过书中记载的大量史实，董仲舒得出背天而行会引起灾异的结论，他主张君王要从已经发生的灾异现象中得到警示，将其看作是上天为挽救社稷而做的努力，从灾异现象中吸取教训，进行自我反省或检讨为政之失，从而改良政治措施，以适应社会民众的需要，建立稳定的社会政治秩序。就实际效果来看，董仲舒的灾异学说确实从侧面对统治者起到了威慑作用，面对灾异现象，帝王们大多能够在自我反省之后，通过大赦天下等有利于民的措施来改善统治方式，缓和阶级矛盾。在封建专制体制下，灾异学说确实对统治者的独断专行起到了某种限制作用，使君王在"天"的威慑下不敢妄为。

汉武帝重视受命之符、灾异和祥瑞等神秘力量。在元光元年（公元前133年）五月的举贤良对策中，武帝问道："盖闻五帝三王之道，改制作乐而天下洽和，百王同之。当虞氏之乐莫盛于《韶》，于周莫盛于《勺》。圣王已没，钟鼓管弦之声未衰，而大道微缺，陵夷至乎桀、纣之行，王道大坏矣。夫五百年之间，守文之君，当涂之士，欲则先王之法以戴翼其世者甚众，然犹不能反，日以仆灭，至后王而后止，岂其所持操或谬而失其统与？固天降命不查复反，必推之于大衰而后息与？乌乎！凡所为屑屑，夙兴夜寐，务法上古者，又将无补

---

① 《汉书·董仲舒传》。

与？三代受命，其符安在？灾异之变，何缘而起？"① 汉武帝这段话包含着两层疑问：其一，天之灾异与政治人事有无必然的关系？其二，如果有天人感应，那么这种感应是有法则可循，还是变化无常？法则是合于道德理性，还是不合于道德理性？针对汉武帝的策问，董仲舒首先从总体上回答了灾异缘何而生，他说："及至后世，淫佚衰微，不能统理群生，诸侯背畔，残贼良民以争壤土，废德教而任刑罚。刑罚不中，则生邪气；邪气积于下，怨恶畜于上。上下不和，则阴阳缪戾而妖孽生矣。此灾异所缘而起也。"② 意思是说，如果君王只贪图享受而不能统理百姓，就会造成诸侯背叛，继而又差遣人民投入战争来争夺土地，君王不注重道德教化而滥用刑罚，刑罚的使用不当就会产生邪气，邪气在社会中不断积累，民众对君王的埋怨和厌恶也在积累，官民之间不协调，又引起阴阳之间的混乱，进而产生妖孽，这就是灾异现象的起因。

针对汉武帝的两层疑问，董仲舒首先肯定了灾异与政治之间的关系，他说，"凡灾异之本，尽生于国家之失。"③ 政治上的过失导致了灾害现象的发生，也就是肯定了灾异的出现与政治上的过失存在着因果联系。对于汉武帝的第二层疑问，在董仲舒看来，君王的好恶喜怒，即为自然界的春夏秋冬。对于自然界的季节更替，适时则岁美，不适时则岁恶；对于君王的情绪变化，适宜则世治，不适宜则世乱，即所谓"治世与美岁同数，乱世与恶岁同数。"④ 四季变化不适时所造成的"恶岁"，也就是对君王的灾异遣告。关于灾异现象，董仲舒认为："臣谨案《春秋》之中，视前世已行之事，以观天人相与之际，甚可畏也。国家将有失道之败，而天乃先出灾害以遣告之，不知自省，又出怪异以警惧之，尚不知变，而伤败乃至。以此见天心之仁爱人君而欲止其乱也。"⑤ 这也就是说，天地间的事物，有不经常变化的而突然发生了变化，就叫做"异"，其中较小的变化叫做"灾"。

---

① 《汉书·董仲舒传》。
② 同上。
③ 同上。
④ 《春秋繁露·王道通三》。
⑤ 《汉书·董仲舒传》。

一般来说，先出现"灾"，而后出现"异"，"灾"是"天"对君王的谴告，"异"是"天"对君王的威吓，而灾异的主要表现就是一年四季中气候变化的正常与否。董仲舒认为君王行为不正，国家就会有危险，即"凡灾异之本，尽生于国家之失"①。灾异是"天"之恶类，人道之失是人之恶类；灾异与人道之失是"同类相应"的关系，依据"美事召美类，恶事召恶类"②的自然法则，人道之失是因，天道灾异是果，二者是因果关系。

董仲舒的灾异学说符合"同类相应"的自然法则，能够通过人的道德理性加以理解，故灾异现象并非神秘无常，而是有其规律性的，即君王的恶行恶政引起灾异现象的发生，这里强调了君王行为的决定性作用，突出了人的道德主体性。传统的天命灾异思想认为，"灾"是"天"对人的惩罚，人只能被动地承受惩罚；"异"是怪异现象，是"天"对人事之败的预兆，人只能消极被动地走向"天"所规定的败亡命运。但在董仲舒看来，"天"出"灾"是对君王政治过失的谴告，而不是惩罚；"天"出"异"是对君王行为不端且不思悔改的警惧，而不代表人事伤败的必然命运。"天"出灾异的目的是使君王"省天谴而畏天威，内动于心志，外见于事情，修身审己，明善心以反道者也。"③君王见灾异后，反省自己的过失，积极主动地改过自新，灾异就会消失。

在董仲舒看来，灾异现象具有道德理性，这突显了人的道德主体性。灾异学说是假天之威而对君王进行的教化，董仲舒通过灾异现象反映天意，将儒家伦理道德附加于天意之上，也就是置于君权之上，通过对君王思想的教化来限制君王行为，从而维护封建王朝的秩序。董仲舒在当时提出灾异学说是一种明智之举，不仅可以直接警醒君王，对臣下而言，亦可借灾异学说对君王行为予以规劝，更能触动帝王的是，灾异现象会在民间造成恐慌和怀疑，影响安定团结的局面，使政权的合法性遭受质疑。清朝学者皮锡瑞就认为"古之王者恐己不

---

① 《春秋繁露·必仁且智》。
② 《春秋繁露·同类相动》。
③ 《春秋繁露·二端》。

能无失德，又恐子孙不能无过举也，常假天道以示儆惕……后世君尊臣卑，儒臣不敢正言匡君，于是亦假天道进谏，以为仁义之说，人君之所厌闻；而祥异之占，人君之所敬畏。陈言既效，遂成一代风气。故汉世有一种天人之学。"① 段话分析了长久以来儒家学者对于君权，一方面要制约一方面又怀有敬畏之情的矛盾态度，这更突显了董仲舒灾异学说作为对君王进行教化的一种有效方式所具有的价值。梁启超先生受近代资产阶级三权分立思想的影响，更是将董仲舒的灾异学说看作是封建社会制度下，限制国家权力的有效工具，他说："民权既未能兴，则政府之举动措置，既莫或监督之而匡阢之，使非于无形中有所以相慑，则民贼更何忌惮也，孔子盖深察夫据乱时代之人类，其宗教迷信之念甚强也。故利用之而申警之……但使稍自爱者，能恐一二，修省一二，则生民之祸，其亦可以消弭。此孔子言灾异之微意也……用心良苦矣。江都（董仲舒曾任江都相）最知此义，故其对天人策，三致意焉。"②

（二）对官吏的教化

在汉武帝的支持下，董仲舒的教化思想得以制度化、常态化，对各级官吏取得了良好的教化效果，改善了西汉王朝的官僚素质，并对后世产生重要影响。这些制度化、常态化的措施主要包括设立官学、设置五经博士官以及确立"郡国岁举之制"等。这些措施与官吏选拔制度相结合，为"学而优则仕"以及平民教化开辟了道路，也对汉代及后世官吏制度产生了重要影响。从整个中国古代历史来看，即使朝廷昏乱，灾患迭起，而依靠儒家伦理道德观念建立起来的统治秩序往往还能维持一个相当长的时间。特别是在宋代以后，尽管朝廷不乏昏庸暴虐之君，然而篡逆之臣却不多见，即使有个别图谋不轨者也难成势力，只有强大的外敌入侵或大规模的农民起义才能推翻一个封建王朝，究其原因，除了中央集权的专制主义制度此时已高度完善化之外，政府高级官员几乎都是科举出身的儒家士大夫，儒家伦理道德

---

① 《经学通论·易经》。
② 梁启超：《饮冰室丛著》（第2卷），商务印书馆1916年版，第75页。

观念在他们的头脑中根深蒂固，以至很难产生或响应犯上作乱的阴谋，从而使封建王朝的统治得以长期维持，对各级官吏进行教化的重要性与效果由此也可见一斑。

1. 对官吏的教化内容

西汉初期，没有对官吏的考绩制度，官制较为混乱且官风不正，汉景帝曾呼吁"无令廉士久失职，贪夫长利"①。认为廉吏往往得不到任用，而贪官却长期存在，汉武帝也承认这种客观现实，并且认为廉吏和贪官往往难以鉴别。董仲舒认为这种局面的形成，主要是由于"今……累日以取贵，积久以致官，是以廉耻贸乱，贤不省浑，未得其真"②针对这种弊端，董仲舒提出以德为主选拔官吏，"上从公侯，下至卿大夫，济济乎哉！皆以德序"③，对于那些虽有才能但道德缺失的官员，决不可重用，这样才能真正改善吏治，君王的权威也会进一步加强，天下方可大治。各级官吏是教化的主要执行者，官吏自身素质与教化的施行和实现有着直接的联系，郡守县令是民之师帅，他们不仅主管兵刑钱谷，而且负责教化人民，移风易俗，也就是《史记》和《汉书》中所谓的"循吏"，他们兼教化之官与文法之吏于一身。所以董仲舒强调各级官吏应该加强自身道德修养，严于律己，宽以待人，爱民养民，使人民安居乐业而知礼义。

（1）儒家政治伦理对官吏的制约

一是儒家的君臣伦理。儒家早期的君臣伦理强调通过行道而忠君，即"有道则见，无道则隐"④，在此基础之上的君臣关系也体现出一种"君使臣以礼，臣事君以忠"⑤的相对平等。与儒家对君臣关系的看法不同，法家代表人物韩非则强调臣对君的单向性的绝对忠诚，君对臣则要运用法、术、势进行操控，这体现了君主专制体制下加强王权的需要。董仲舒所阐释的君臣伦理，以儒家典籍《春秋》中的基本精神为主，但出于加强大一统国家中央集权的现实需要，又

---

① 《汉书·景帝纪》。
② 《春秋繁露·考功名》。
③ 《春秋繁露·观德》。
④ 《论语·泰伯》。
⑤ 《论语·八佾》。

带有法家君臣伦理的某些特点。董仲舒借用阴阳学说来构筑君臣伦理准则，认为社会伦理就是阴阳关系在社会关系中的具体化，君臣伦理是在等级秩序的基础上产生的，所以董仲舒主张"善皆归于君，恶皆归于臣"①，作为处于下级的臣僚，应当自己背负恶名，而将善名让与君王。董仲舒在这里想要体现的是"君贵臣贱"的等级差别，强调君王在君臣关系中的主导性地位，而臣僚则始终处于辅佐的地位，其善行也自然要归于君王，这体现了臣对君的绝对忠诚。董仲舒的这种君臣伦理，专制色彩浓重，"董仲舒对于君臣伦理的论述极大地强化了专制伦理，体现了中国伦理规范的基本精神，道德已不再是共同认可的准则，或者说共同认可的东西是不重要的，只有伦理关系中所规定的人们的适合身份的具体规范的践履才是根本的。"②

汉武帝曾下诏："君者心也，民犹支体。"③ 这完全是袭用了董仲舒的语言来彰显君王为臣民之主的思想，从而以忠君之德来教化臣民尊君尽忠。董仲舒极力尊君，把是否尊奉君命作为"忠"的标准和评价依据，他讲道："公侯不能奉天子之命，则名绝而不得就位……臣不奉君命，虽善，以叛言。"④ 这种唯命是从，体现的正是"君为臣纲"的要求，也是汉王朝要求官吏所具备的最主要操守。先秦儒家的君臣伦理，变成了董仲舒这里单向性的"为臣之道"。在阐发《春秋》微言大义的基础上，董仲舒讲了三个方面的"为臣之道"。

首先，董仲舒认为臣对君应当绝对忠诚。董仲舒言："观乎鲁隐、祭仲、叔武、孔父、荀息、仇牧、吴季子、公子目夷，知忠臣之效。"⑤ 鲁隐、祭仲、叔武、孔父、荀息、仇牧、吴季子和公子目夷都是董仲舒眼中的大忠臣，这些记载在《春秋》之中的人物或杀身成仁，或为国捐躯，吴季子和公子目夷甚至在国君想要让位于他们的时候，选择逃亡的方式以避免君王权威的丧失，这都是董仲舒眼中绝对忠诚的行为。

---

① 《春秋繁露·阳尊阴卑》。
② 陈少峰：《中国伦理学史》（上册），北京大学出版社1996年版，第161页。
③ 《汉书·武帝纪》。
④ 《春秋繁露·顺命》。
⑤ 《春秋繁露·王道》。

其次，董仲舒认为臣应当维护君的绝对权威。董仲舒言："楚庄王杀陈夏征舒，《春秋》其文，不予专讨也。"① 夏征舒杀陈国国君是恶行，楚庄王杀了夏征舒本应是值得肯定的，但《春秋》却贬之，董仲舒认为这是由于楚国作为周天子的诸侯臣下，擅自讨伐同为诸侯国的陈国并杀夏征舒，是一种蔑视周天子权威的"专讨"行为，是违反了为臣之道的。《春秋》中对齐桓公因攘夷救亡有功而"专封"邢、卫等国的行为，同样持贬义态度，这其中所看重的也正是臣对君绝对权威的一种维护。

最后，董仲舒认为臣在具体行为方面应当"知权"。"权者何？权者反于经，然后有善者也。"② 也就是说行为虽然违反常规，但却最终能够取得良好的效果，能够做到这一点就是"知权"，强调的是在具体行为方面，臣应当出于君的利益考虑而采取灵活变通的方式行事。董仲舒同样用《春秋》中记载的事例进行说明，他说，"鲁隐公之代桓立，祭仲之出忽立突，仇牧、孔父、荀息之死节，公子目夷不与楚国，此皆执权存国，行正世之义，守惓惓之心，《春秋》嘉气义焉，故皆见之，复正之谓也。"③ 这些都是"执权存国"的代表性案例，如"祭仲之出忽立突"，就是在宋国的逼迫下，祭仲通过采取立公子突为君，而让已经继承君位的公子忽暂时出逃的方式，一方面使郑国得以留存，一方面使公子忽得到了礼让兄弟的美名，这就是"知权"。可见董仲舒所说"知权"的前提在于，确实是为了君王的根本利益而为的变通。董仲舒进一步说道，"夫去位而避兄弟者，君子之所甚贵；获虏逃遁者，君子之所甚贱。祭仲措其君于人所甚贵，以生其君，故春秋以为知权而贤之；丑父措其君于人所甚贱，以生其君，春秋以为不知权而简之。"④ 在肯定祭仲做法的同时，董仲舒又举了逢丑父的例子作为反面典型。据《春秋》的记载，在齐晋之战中，逢丑父为保护齐顷公而与其交换战车，并最终被晋军所杀，这种为君捐躯的行为虽难能可贵，但却使齐顷公成为君子所甚贱的"获虏逃遁

---

① 《春秋繁露·楚庄王》。
② 《春秋繁露·竹林》。
③ 《春秋繁露·王道》。
④ 《春秋繁露·竹林》。

者"，所以《春秋》并未认可逢丑父的这种行为，"以为不知权而简之"。①

二是让利于民的思想。汉初统治者虽然屡次下令减轻田租为十五税一或三十税一，但这一政策的最大受益者却是封建地主阶级，他们通过对人民的盘剥和田租方面的优惠政策迅速聚集财富，并进一步兼并更多的土地，与民争利。董仲舒看到了这种现象，并进行了详细的分析，他说："身宠而载高位，家温而食厚禄，因乘富贵之资力，以与民争利于下，民安能如之哉！是故众其奴婢，多其牛羊，广其田宅，博其产业，畜其积委，务此而亡已，以迫蹴民，民日削月浸，浸以大穷。富者奢侈羡溢，贫者穷急愁苦；穷急愁苦而不上救，则民不乐生；民不乐生，尚不避死，安能避罪！此刑罚之所以蕃而奸邪不可胜者也。"② 这段话的意思是说，身在高位的官吏利用各种特权兼并土地，获取暴利，导致民众无立锥之地，滋生犯罪，社会危机加重。因此，董仲舒坚决反对官吏与民争利，认为这是违背天理的，"夫天亦有所分予，予之齿者去其角，傅其翼者两其足，是所受大者不得取小也。古之所予禄者，不食于力，不动于末，是亦受大者不得取小，与天同意者也。"董仲舒通过对自然界中生物"予之齿者去其角，傅其翼者两其足"的观察，为其观点建立了天道的根据，这是对先秦儒家让利于民思想的发展。

董仲舒在与汉武帝的《天人三策》中以鲁国国相公仪休为例，进一步论述了让利于民的思想，他说，"故公仪子相鲁，之其家见织帛，怒而出其妻，食于舍而茹葵，愠而拔其葵，曰：'吾已食禄，又夺园夫红女利乎！'古之贤人君子在列位者皆如是，是故下高其行而从其教，民化其廉而不贪鄙。"鲁国国相公仪休不允许自己的妻子种菜和纺织，认为既然自己已经领取了朝廷的俸禄，就不应该再与菜农或织工争利。董仲舒在讲述了公仪休的故事后，指出："及至周室之衰，其卿大夫缓于谊而急于利，亡推让之风而有争田之讼。故诗人疾而刺之，曰：'节彼南山，惟石岩岩，赫赫师尹，民具尔瞻。'尔好谊，

---

① 《春秋繁露·竹林》。
② 《汉书·董仲舒传》。

则民乡仁而俗善；尔好利，则民好邪而俗败……故受禄之家，食禄而已，不与民争业，然后利可均布，而民可家足。此上天之理，而亦太古之道，天子之所宜法以为制，大夫之所当循以为行也。"通过以古鉴今的方式，董仲舒指出官吏若重义轻利，则民风向善，官吏若唯利是图，则教化难行，官吏既然已经领受国家俸禄，就不应该做任何与民争利的事情。

总之，对于居于君王和百姓之间的各级官吏，其教化内容也必然要对应君王和百姓的实际情况，对上要忠诚，对下则要爱护。

（2）区别官吏类型的针对性教化

西汉初期，将相大臣专权，而诸侯百越又纷纷割据自立，目中无君导致君臣失礼。面对这一现状，董仲舒认为就统治阶级内部而言，巩固封建王权的关键在于，一方面要杜绝中央大臣专权，一方面要消除地方诸侯割据，董仲舒的思想中包含着针对各级官吏不同特点的教化内容。

一是相互制衡。通过以"五官"比附"五行"，董仲舒将自然界五行循环相胜的原理运用于解释现实政治生活，论证了中央官员之间应有的制衡关系，"五官"之间的治乱关系着政治统治的稳定，"官职之事，五行之义也"，"五行者，五官也。比相生而间相胜也。故为治，逆之则乱，顺之则治。"① 对于五行间的相胜关系，董仲舒有详细的论述："木者，司农也。……农者，民也，不顺如叛，则命司徒诛其率、正矣。故曰金胜木。火者，司马也。……夫火者，大朝，有邪逸突惑其君，执法诛之。执法者，水也，故曰水胜火。土者，君之官也。……夫土者，君之官也，君大奢侈，过度失礼，民叛矣。其民叛，其君穷矣。故曰木胜土。金者，司徒也。……金者，司徒，司徒弱不能使士众，则司马诛之，故曰火胜金。水者，司寇也。……执法附党不平，依法刑人，则司营诛之，故曰土胜水。"② 董仲舒认为，司农是"木"，司徒是"金"。司农不轨，司徒诛之，这叫做"金胜木"。司马是"火"，执法者是"水"，司马犯法，执法者诛之，这叫

---

① 《春秋繁露·五行相生》。
② 《春秋繁露·五行相胜》。

"水胜火"。司营是"土",司营犯法,司农诛之,这是"木胜土"。司徒违法,司马诛之,这叫"火胜金"。司寇是"水",司寇如果执法犯法,则由司营诛之,这叫"土胜水"。董仲舒通过五行间的相克关系,论证了五官间的制约关系。五行之间既能相生又能相胜,这符合辩证法的思想,任何事物都不可能永远相生,也不可能永远相胜,相生相胜才能构成世间的万事万物。

董仲舒用"五行"来比附人间的政治秩序,虽然有些牵强附会,但是他的这种思想也确实带给人们某种启示,五行顺则政长久,五行逆则国灭亡,五行的顺逆与国家的统治密切相关。董仲舒在这里表达了两项重要的政治思想:一是官员之间在职能上要互相制约,二是皇帝管百官,而自己又要受人民的制约。没有制约的权力必然导致腐败,董仲舒通过各官尽职,使政治进入正常轨道,形成良性循环。董仲舒这种以"五行"相生相克思想解释官员内部相互依存和制约关系的论证思路,基本上是贴合官吏系统实际运行情况的,官员间的相互制约和各行其职,可以保证政府运作的高效和廉洁。董仲舒这种稍显粗糙的论证内容与论证方式,今天看来并不科学,但其中权力需要监督的思想却十分高明,也最具积极意义,这与现代社会中要求对权力进行制约和监督的理念是一致的。

二是维护统一。汉初统治者为了巩固政权,效仿西周的分封制,在消灭异姓诸侯王的同时,分封了一批同姓诸侯王,寄希望于通过血缘关系来保持政权的稳定和集权的统一。然而随着社会政治形势的发展变化,同姓诸侯王与中央政权的矛盾也逐渐尖锐并激化。这些诸侯王的势力逐渐膨胀,与中央构成"相疑之势",诸侯王"或制大权以逼天子",直接削弱了中央的政治权威,这不利于巩固和加强大一统的中央集权政治制度。面对这种形势,董仲舒根据当时实际政治斗争的需要,结合《春秋》中所记载的历史经历,主张把国家的政治大权统一到天子手中。董仲舒和孔子、孟子、荀子等传统儒学大师的见解基本一致,都将春秋战国社会纷乱、战火难熄的原因归咎于封建等级秩序的混乱以及周天子的孱弱。

董仲舒希望能够通过"强干弱枝"的主张来扭转这种局面,所谓"强干"是要加强中央皇权,"弱枝"则主要是指消除诸侯国的势力。

董仲舒在吸取历史教训的基础上，通过阐发《春秋》大义以及天道"五行"的变化来论证他的"强干弱枝"主张。董仲舒说："春秋立义，天子祭天地，诸侯祭社稷，诸山川不在封内不祭。有天子在，诸侯不得专地，不得专封，不得专执天子之大夫，不得舞天子之乐，不得致天子之赋，不得适天子之贵。"① 董仲舒借《春秋》之言对诸侯王的行为提出了一些限制，希望通过这种形式上的限制，使诸侯王建立等级尊卑意识，通过对诸侯王权力的限制，将权力集中于君王，从而排除诸侯王对中央集权的干扰。他在《春秋繁露》中多次对晋文公招周天子去会盟的僭越行为进行了贬斥，例如，"晋文不与致王而朝"②、"故诡晋文得志之实以代讳，避致王也"③ 等。董仲舒通过阐发《春秋》微言大义对诸侯的僭越行为进行斥，其目的只有一个，那就是使"君臣之分明矣"④。董仲舒曾一度要求诸侯王要无条件服从君王，诸侯国要一统于中央，这就剥夺了诸侯分裂割据的理论武器，对汉武帝设"左官律"、"附益法"，颁"推恩令"等一系列收夺诸侯王权力的做法起到辅助作用。

董仲舒曾两相骄王，期间也积极向地方诸侯灌输"大一统"的思想理念。胶西王曾对时任国相的董仲舒说道："大夫蠡、大夫种、大夫种、大夫睪、大夫车成、越王与此五大夫谋伐吴，遂灭之，雪会稽之耻，卒为霸主。范蠡去之，种死之。寡人以此二大夫者为皆贤。孔子曰：'殷有三仁。'今以越王之贤，与种之能，此三人者，寡人亦以为越有三仁，其于君何如？桓公决疑于管仲，寡人决疑于君。"⑤ 胶西王认为"越有三仁"，辅佐越王勾践灭吴，他还自比齐桓公，希望像齐桓公问政于管仲那样，问政于董仲舒。董仲舒看到胶西王的野心，谨慎回答道："仲舒智褊而学浅，不足以决之，虽然，王有问于臣，臣不敢不悉以对，礼也。……越本无一仁，而安得三仁！仁人者，正其道不谋其利，修其理不急其功，致无为而习俗大化，可谓仁

---

① 《春秋繁露·王道》。
② 《春秋繁露·楚庄王》。
③ 《春秋繁露·玉英》。
④ 《春秋繁露十指》。
⑤ 《春秋繁露·对胶西王越大夫不得为仁》。

圣矣，三王是也；……是以仲尼之门，五尺童子言羞称五伯，……比于仁贤，何贤之有？譬犹武扶比于美玉也。臣仲舒伏地再拜以闻。"在董仲舒看来，诸侯是不能与天子相比的，齐桓公等"五伯"目无天子，以强凌弱，与"三王"相比，就像武夫和美玉一般，所以"越本无一仁"，何来"三仁"？在孔子的学生中，即使五尺孩童也羞于言"五伯"，认为他们难登大雅之堂。可见，董仲舒在侯国为相时，也致力于以"大一统"及"强干弱枝"等思想直接教育诸侯王，维护中央政权的统一。

董仲舒"大一统"思想的提出，是从教化方面对地方诸侯王提出的要求，适应了汉武帝时期，西汉帝国由诸侯分权向中央集权过渡阶段，政策转变的需要，在理论层面对中央剥夺地方权力进行了较充分的论证，是汉武帝强化中央集权的思想武器，它使维护国家统一的观念深入人心，使统一意识逐渐成为社会中的主流。

2. 对官吏的教化方式

"自武帝采纳董仲舒意见后，儒学获得正统地位，开启了政治儒学化的进程"①，儒家教化思想贯彻到实际的政治制度和政治行为中，通过以经术取士完成官吏的儒学化，大批儒生进入官僚队伍，推动了儒家教化的实施和推广。汉武帝通过征辟选用儒学之士，设立太学，立五经博士及博士弟子，在中央形成仁义道德宣化中心，还设置专职礼官，"讲议洽闻，举遗兴礼，以为天下先"②，中央和地方各级官吏均负有教化民众的责任，汉武帝告诫臣属："公卿大夫，所使总方略，壹统类，广教化，美风俗也。"③ 在教化与官吏选拔制度的双向渗透互动之下，从中央到地方形成一个宣明教化的官吏系统。

董仲舒"独尊儒术"与李斯焚书禁学相比，在实施手段上强调一个"尊"字，采取相对和缓的诱导方式，通过以儒家经术和伦理道德作为选拔人才的主要标准，而将其他诸子学说摒除于仕途之外，确立儒学的独尊地位。董仲舒提出兴太学、重选举以及尊儒术的建议，

---

① 卜宪群：《秦汉官僚制度》，社会科学文献出版社2002年版，第115页。
② 《汉书·武帝纪》。
③ 同上。

正反映了教化、选士和尊儒三者之间相辅相成的关系。

(1) 通过官学进行教化

董仲舒特别强调学校教化的渠道，认为通过官学教化，可以培养更多的合格官吏，通过理解、掌握和宣传皇帝的旨意，"承流而宣化"①，达到理想的教化效果。儒家曾批评法家的"以吏为师"，但"独尊儒术"后的儒家却辩证吸收了法家的某些思想，主张士大夫作为"民之师帅"，成为社会教化的主体。董仲舒说："今之郡守、县令，民之师帅，所使承流而宣化也；故师帅不贤，则主德不宣，恩泽不流。"② 与法家不同，董仲舒期望郡守县令宣化的是儒家伦理精神，这由于后来科举制度的实施，得到了进一步的认同与强化，致使所谓"王者之儒"与"教化之儒"常常合而为一。杨念群指出："在宋明以后的历史境遇中，'教化之儒'与'王者之儒'有可能通过科举的中介渠道互换角色。一般来说，拥有高位的'王者之儒'因贬黜等原因，可能下降至'教化之儒'的位置；'教化之儒'也可以通过应试等手段，上升至'王者之儒'的高度。从此点观察，'教化之儒'与'王者之儒'的角色是可以合二为一的。"③ "圣王一致"是儒家的理想，即使是已进入政治系统的"王者之儒"，也要以教化为重，这是科举制度儒学化导致的结果，中国古代的官吏以研习儒家经典为本，依靠儒家思想治国平天下，视儒家教化实践为自己的神圣职责。余英时先生曾敏锐指出："通西汉一代，名臣奏议凡涉及吏治的问题几乎无不持儒家教化之说。"④ 在他看来，注重儒家教化的汉代循吏对后世中国封建社会产生了十分深刻的影响，他说："汉代循吏在中国文化史的长远影响是不容低估的。宋明的新儒家在义理的造诣方面自然远越汉儒。但是一旦为治民之官，他们仍不得不奉汉代的循吏为最高准则。别的不说，他们以'师'而不以'吏'自居便显然是直接继续了汉代循吏的传统。程、朱、陆、王无不是一身而兼两种

---

① 《汉书·董仲舒传》。
② 同上。
③ 杨念群：《儒学地域化的近代形态》，三联书店出版社 2011 年版，第 63 页。
④ 余英时：《士与中国文化》，上海人民出版社 1987 年版，第 175 页。

'师'：大传统的'传道、授业'之师和小传统的教化'之师。"①

但在董仲舒看来，本应作为"民之师帅"的官吏，却没有起到应有的社会作用，"今吏既亡教训于下，或不承用主上之法，暴虐百姓，与奸为市，贫穷孤弱，冤苦失职，甚不称陛下之意。是以阴阳错缪，氛气弃塞，群生寡遂，黎民未济，皆长吏不明，使至于此也。"② 官吏不行教化，导致多有民怨，不利于社会稳定，因而国家急需"承流宣化"的贤才，充实到官僚队伍中去。因此董仲舒主张："立辟雍庠序，修孝悌敬让，明以教化，感以礼乐③"。他说："陛下亲耕籍田以为农先，夙寤晨兴，忧劳万民，思维往古，而务以求贤，此亦尧、舜之用心也，然而未云获者，士素不厉也。"④ 这是引导汉武帝反思，为什么仿效尧舜，早晚辛勤，忧劳万民，却求不到贤士。郡守县令本应该是人们的师长和表率，按照皇帝的旨意对人们进行教化，但实际上，郡守县令这些地方官，上不能正确领会皇帝精神，下不能教化人民，反而使百姓生活困苦，不正之风流行，这有负朝廷的期望。这样的官员是不称职的，究其原因，是他们的素质有问题，"夫长吏多出于郎中、中郎，吏二千石子弟选郎吏，又以富訾，未必贤也。"⑤ 因此，董仲舒建议："故养士之大者，莫大乎太学；太学者，贤士之所关也，教化之本原也。今以一郡一国之众，对亡应书者，是王道往往而绝也。臣愿陛下兴太学，置明师，以养天下之士，数考问以尽其材，则英俊宜可得矣。"⑥

董仲舒认为太学是培养贤士的最大机关和重要阵地，也是进行教化的源头，通过办太学，请明师，方可培养出按照皇帝旨意教化万民的合格官吏。汉武帝接受了董仲舒的建议，于公元前124年，在长安设太学，建立起以最高学府太学为首的中央官学体制。太学具有教化各级官吏的作用，但更为重要的意义在于通过人才的选拔宣明教化，

---

① 余英时：《士与中国文化》，上海人民出版社1987年版，第213—214页。
② 《汉书·董仲舒传》。
③ 《春秋繁露·立元神》。
④ 《汉书·董仲舒传》。
⑤ 同上。
⑥ 同上。

推广教化，这也是董仲舒推崇太学的原因之一，太学自其产生之时，就带有浓重的教化色彩。与中央相应，各个地方设立庠序之学，教化普罗大众，"至武帝时，乃令天下各郡国皆立学校官①"。这是董仲舒办学的一种规定，班固说："立学校之官……自仲舒发之。"② 这肯定了董仲舒在设立太学及地方郡县学校方面的贡献，由此也开启了中国封建时代官方正式的学校教化活动。

汉武帝以后，由于统治者的重视，太学得到了迅速发展，《汉书·儒林传》载："昭帝时举贤良文学，增博士弟子员满百人，宣帝末增倍之。元帝好儒，能通一经者皆复。数年，以用度不足，更为设员千人，郡国置《五经》百石卒史。成帝末，或言孔子布衣养徒三千人，今天子太学弟子少，于是增弟子员三千人。"③ 至平帝时，王莽辅政，于元始四年为太学扩建校舍，规模十分巨大，史称"筑舍万区"④，能容纳生员万人。梁启超认为官学"建设之主动力，非由学者而由帝王也。帝王既私天下，则其所以保之者，莫鱼于靖人心。……于是乎靖之之术，莫若取学术思想而一之。故凡专制之世，必禁言论、思想之自由。"⑤ 梁启超先生的分析，将官学教化归于帝王专制心态，从主观动力方面道出了汉代儒学官学化的必然性，也就是中央集权专制体制必然要求思想意识领域的高度统一。

汉武帝"独尊儒术"的政策出台后，儒家与权力结盟，与社会意识形态联系在一起，儒家经学知识也一跃成为官学。太学以"五经"为教材，通过政治伦理教化，一方面使学生接受系统的儒家教化思想，另一方面又培养日后能够完成教化任务的官吏，如此"则三王之盛易为，而尧舜之名可及也"⑥。中央太学生的选拔标准是"敬长上，肃政教，顺乡里，出入不悖。"⑦ 汉代开明经取士之途，使董仲舒"德才兼备，以德为先"的人才思想作为选拔培养官吏的标准，而且

---

① 《汉书·循吏传》。
② 《汉书·董仲舒传》。
③ 《汉书·儒林传》。
④ 《汉书·王莽传上》。
⑤ 梁启超：《论中国学术思想变迁之大势》，上海古籍出版社2001年版，第52页。
⑥ 《汉书·董仲舒传》。
⑦ 《汉书·儒林传》。

这里的"德"有了明确的含义，那就是儒家历来重视的以孝悌为本，注重修养上的谦让之德与政治上的忠君之德。自汉代开始，学校已成为集中进行儒家道德教化的专门机构，而且学校教育的成功与否，直接关系到个人的前途与统治阶级的人才选拔。一方面，学校培养的人才是官吏选拔的重要来源，其思想素质直接影响到国家的政治治理；另一方面，"士"为四民之首，受人尊敬，具有引领风气的特殊作用，往往具有左右舆论的能力。从这个意义上说，儒家经学教化与官吏的培养选拔之间无疑形成了彼此互动的同构关系，应当说，汉代儒学的官学化是对当时社会经济政治及思想文化发展要求的回应。董仲舒之后，历代封建王朝也都把学校作为教化的基地和源头。

　　汉代通过设立太学进行儒学教化，也优化了汉初的官吏结构。在汉初的官僚队伍中，出身军功之人颇多，《史记·张丞相列传》载："自汉兴至孝文二十余年，会天下初定，将相公卿皆军吏"；《汉书·任敖传》载："汉兴二十余年，天下初定，公卿皆军吏"；《汉书儒林传》载："孝惠高后时，公卿皆武力功臣"。从整体上看，"高、惠、吕后、文、景时期的官吏多以军功、事功、长者、治吏、酷吏充任为主，尚未见儒生任职的记录。"① 可见汉承秦弊，官僚运作发生了很大问题，这遭到当时政治家和政论家的严厉抨击，在董仲舒的积极呼吁下，汉代统治者以儒家学说为标准，选拔和教化各级官员，逐步对军事色彩浓重的官员队伍进行改革，这也是董仲舒主张设立太学的初衷之一。就实际情况来看，也基本上达到了预期的效果，通过官学教化的逐步展开，汉朝培养了大批习儒的栋梁人才，他们进而广泛参与政权，使得官僚队伍逐渐儒学化，实现从"公卿皆军吏"到"彬彬多文学之士"的转变。后来的历史证明，"太学培养的太学生受民众敬重，在社会中也具有特殊的地位，往往能左右舆论，影响朝廷的决策。"② 而太学生从政后，不但直接影响国家政权的运行，而且为官一方时，也能将儒家学说直接推广到各地，对地方民风民俗的改善产生重要影响。

---

① 刘厚琴：《儒学与汉代社会》，齐鲁书社2002年版，第36页。
② 郝建平：《汉代太学生的干政之举》，《北方论丛》2004年第5期。

（2）通过五经博士官进行教化

汉武帝接受董仲舒的教化思想，在具体措施上还以置五经博士最为先声和重要。五经博士的设立，标志着儒经完全受到重视，儒家典籍上升为官方教学内容，儒家学者进一步获得政治和学术上的显要地位。汉王朝对于其他学派不立博士，更不能使之在太学传授其业，这样就倡导和发展了儒学及儒者的势力，从而也就限制了其他学派的出路，束缚了其他学派的发展。儒学自先秦时期作为百家争鸣中一家之言的私学，发展为一时之选的显学，由秦朝的禁学，发展成为汉武帝时的独尊官学，这表现了儒学在汉代发展出的新生命力，也充分阐释了马克思主义创始人所说，"理论在一个国家实现的程度，决定于理论满足这个国家的需要的程度。"① 五经博士官的设置是与太学的设立相配套的一项措施。博士一职，据考证战国末期已经存在，至秦始皇时博士则多至七十人，"掌通古今，秩比六百石"②，秦朝的博士除儒家学者外，还包括治诸子学以及有诗赋、方技、术数、占梦等专长者。此外，博士官还要在朝廷需要时议典礼政事，汉初承秦制设置博士，博士的构成、作用与秦朝相似。

武帝之前，汉朝的博士是因人而立，不论其所研究的学派，只要"学通行修，博学多艺，晓古文、《尔雅》，能属文章者"③ 就可以立为博士官，所以出现了黄老道家的博士、春秋公羊的博士，甚至有以研究方术而闻名的博士，这是名副其实的"杂学博士"，也反映了汉初学术思想较为自由通达的现实状况。但到了汉武帝时，"五经博士"却是依据儒家"五经"而相应设置的，学习其他学派之人无论学问高下，都无法获得官方的认可。也正是通过这种方式，"五经"所代表的儒家学说确立了在汉代思想界的独尊地位，而修治其他学派之人，一般来说，其入仕的途径、机会与地位较之儒学则颇狭隘和受局限，难达于高官厚禄之位，特别是难以被任命为推行教化的化民之官。

---

① 马克思、恩格斯：《马克思恩格斯选集》（第1卷），人民出版社1995年版，第11页。
② 《汉书·百官公卿表》。
③ 《太平御览》卷二百三十六引《汉旧仪》。

更为实际的是，汉武帝通过置五经博士，为官学准备了教化之师，太学的教师多为五经博士，他们"掌教弟子"，以教授儒家经籍为主业，也会受君王指派指导诸侯国的教化事宜，同时也为国家政事提供意见，"国有疑事，掌承问对"，博士官通过参与朝廷各项政策的讨论，保留了原先作为咨询官吏的职能。博士皆一世经师硕儒，以专治一经、教授门徒为终身职责，博士首领在西汉称仆射，东汉改为博士祭酒。西汉初置五经博士各一人，元帝时发展至十五人，平帝时发展为"六经博士"，且每经固定五名博士官，共三十人。随着汉代官学的发展，博士的选拔任用趋于严格并制度化，西汉博士多由学术名流充当，或由皇帝征召，或由公卿推举，人数也有严格的限制，遴选博士有着严格的标准，即"古之立太学，将以传先王之业，流化于天下也。儒林之官，四海渊源，宜皆明于古今，温故知新，通达困体，故谓之博士。否则学者无述焉，为下所轻，非所以尊道德也。"①

同时，为博士官置弟子也是武帝时期博士制度的一项重要改变。为博士官增设弟子的初衷在于教化，武帝曾下诏："盖闻导民以礼，风之以乐。今礼坏乐崩，朕甚闵焉。故详延天下方闻之士，咸荐诸朝。其令礼官劝学，讲议洽闻，举遗举礼，以为天下先。太常其议予博士弟子，崇乡党之化，以厉贤材焉。"② 据此，习儒出身的丞相公孙弘提出选拔博士弟子的标准，他说道："为博士官置弟子五十人，复其身。太常择民年十八以上、仪状端正者，补博士弟子。郡国县官有好文学、敬长上、肃政教、顺乡里、出入不惊，所闻，令、相、长、丞上属所二千石。二千石谨察可者，常与计偕，诣太常，得受业如弟子。"③ 这种标准的推行，本身就有助于教化在地方上的推广，遂得到汉武帝的采纳。

总之，汉武帝时的五经博士官，其授徒已不是私人教学，而是占据太学成为学官，垄断着意识形态领域，其作用和影响都十分巨大。特别是汉武帝为五经博士置弟子员，使之传儒家之道，授儒家之业，

---

① 《汉书·成帝纪》。
② 《汉书·武帝纪》。
③ 《汉书·儒林传》。

弟子们各自跟随儒经博士成为儒术人才，进而从政为官。

（3）通过选士制度进行教化

董仲舒为改善汉代官吏的素质，使汉王朝具备能行德政并善化民的官僚队伍，除建议立太学以养士，并设置五经博士外，还提出了行贡举以选士的办法。董仲舒深感当时吏治不良而发生的许多弊政，在天人三策中，他建议到："夫长吏多出于郎中、中郎，吏二千石子弟选郎吏，又以富訾，未必贤也。且古所谓功者，以任官称职为差，非谓积日累久也。故小材虽累日，不离于小官；贤材虽未久，不害为辅佐。是以有司竭力尽知，务治其业而以赴功。今则不然。累日以取贵，积久以致官，是以廉耻贸乱，贤不肖浑淆，未得其真。臣愚以为使诸列侯、郡守、二千石各择其吏民之贤者，岁贡各二人以给宿卫，且以观大臣之能；所贡贤者有赏，所贡不肖者有罚。"① 武帝深以为然，继而颁布"令郡国举孝廉各一人"② 的诏令，以孝悌品行选官迅速成为汉代官场的一项人事制度，从此"兴廉举孝，庶几成风"③。董仲舒"郡国岁举之制"的建议，在选拔人才的同时将教化推向深入，这是儒家教化向仕途渗透的成功经验，也是汉代以后封建社会官僚制度的一个特点。选士制度在汉代社会的教化体系中占有举足轻重的地位，儒家的伦理道德作为选士的主要依据，与官吏选拔的联系日趋紧密，汉代的官僚体系随着这种联系的制度化，也逐渐完成儒学化，这有助于官吏素质的提高和统治基础的扩大，对官吏在地方施政也有重要的影响。就另一个角度而言，这种方式"把春秋以来由于氏族余制的彻底崩溃、解除公社约束而'横议''乱法'的个体游士，又重新纳入组织中，从制度上重新落实了儒家'学而优则仕'的理想，这就从多方面大有利于维护统一帝国的稳定。"④

"郡国岁举之制"的大致流程是，"先由皇帝下诏，令三公九卿、地方郡守等高级官吏，按照一定的标准，把各地品德高尚、才干出众、学识渊博的平民或下级官吏推荐给朝廷，由朝廷直接任官；或经

---

① 《汉书·董仲舒传》。
② 《汉书·武帝纪》。
③ 同上。
④ 李泽厚：《新版中国古代思想史论》，天津社会科学院出版社2008年版，第153页。

过某种形式的考核，面试，直至皇帝亲自策问而择优录用，这表明人才选拔制度在逐渐完善。"① 对于这些经过举荐的人才，不仅由朝廷直接授予官职，而且所委任职位的层次也逐渐提高，有些留在朝廷位至公卿，有些派往地方辅佐郡国，随着经过"岁举"选拔出的人才在政治生活中越来越重要，整个社会形成了"在家为孝子，出仕做廉吏"的舆论氛围。"由于此科在面向已仕者的同时还面向未仕者，所以其垂范意义也就特别重大"②，这对教化的推广有直接帮助。这种情况发展到东汉，由选拔入仕的官员数量越来越多，据黄留珠先生考证，"今可知的西汉孝廉计21例，东汉孝廉计286例。"③ 由此也可见董仲舒"郡国岁举之制"的影响在逐渐加大，汉代对人才的选拔注重"孝廉"二科，"汉世诸科，虽以贤良方正为至重，而得人之盛，则莫如孝廉，斯亦后世之所不能及。"④

毫无疑问，这种孝廉选拔是以儒家道德为主要衡量标准的，也就是以儒术取士，这同样有助于儒生群体的渐起，在儒生的影响和推动下，汉代对选士制度进行不断的调整和改革，逐渐将儒家教化标准融入选士制度之中，教化也在这一过程中得到落实。同时，选士制度的实行所带来的激励作用，也促进了教化措施的进一步推行，"今可见的西汉孝廉例中，儒生和循吏占总数的45.3%"⑤，西汉官僚队伍的儒学化由此也可见一斑。儒家主张"德厚者进而按说者止，贪利者退而廉节者起"⑥，这使得选士制度作为激励士人为国效命的社会控制方式，"本身就带有正面引导士人注重名节、净化社会风气的教化特色。"⑦

董仲舒提出的"郡国岁举之制"，从制度上保证了大量的儒生进入仕途，从而改变汉初官僚队伍结构以军吏为主的特点，大量的儒生

---

① 杨学为：《中国考试制度史》，黄山书社1995年版，第22页。
② 《黄留珠汉代的选廉制度》，《唐都学刊》1998年第1期。
③ 参见黄留珠《秦汉历史文化论稿》，西安三秦出版社2003年版，第405页下注。
④ 马端临：《文献通考》，中华书局1986年版，第314页。
⑤ 黄留珠：《秦汉仕进制度》，西北大学出版社1985年版，第106页。
⑥ 《荀子·君道》。
⑦ 黄留珠：《试论东汉举孝廉制度的利弊》，《西北大学学报》（哲学社会科学版）1980年第2期。

官员又推动了儒家教化在汉代的推广和实施。"以儒学为依据的选官制度的推行,标志着中国古代文官制度的确立。"① 儒生入仕后,大多能够恪守儒家伦理道德,在普遍较高的入仕热情推动下积极推广教化,尽量把儒家的教化传统和法律政事结合起来,志在富民、安民、教民,化民成俗。所以当儒生为政一方时,普遍能够做到通过发展文教事业或培养当地善良风俗来提高民众的道德水平,这对于建立良好的社会秩序具有积极意义。

从政治学的角度分析,这种知识与权力的联手,为汉代社会带来的最大政治景观,即是一种开放政治的实现。这里所谓"开放政治",是指在政权的建构和巩固过程中,最终确立了一个开放型的国家官吏队伍选拔体系,这种选士制度使汉政权区别于西周封建贵族政权的封闭性,不是将政治参与的权限收缩在一个狭隘固定的宗族内部,而是将之面向所有民众开放。公开的选官制度,使社会民众在理论上都获得了参与国家政治的可能,这就使汉代政权在其政治结构上具备了某种知识化、平民化的开放性。钱穆在谈到汉武帝时期的政权性质时,说它"到达了理想的'平民政治'的境界……一定应该是一种平民政府,由一批在平民中有知识有修养的贤人,即士人,组织与领导的政府"②。事实上,这种说法也过于理想化,汉政权的知识化、平民化在本质上都不过是汉代社会"儒学制度化"的表征。"儒学制度化"使儒家学说在汉代成为唯一合法的政治意识形态,在政府的大力提倡下,一个以儒家经术作为培养人才和选拔人才主要手段的"教化——选士"制度体系逐步建立起来,而儒学也正是通过教化与选士,渗透到社会生活的各个方面,控制着人们的思想及行为,从而保证其在意识形态领域的独尊地位得以长期维系。但由此制度所塑造的汉代官吏队伍,在本质上并未能够保持住任何平民性质,因为"儒学制度化"也造就了"制度化儒学",而"制度化儒学"又借助"儒学制度化"衍生出封建社会的官僚士大夫阶层。董仲舒在对汉武帝献策"郡国岁举之制"时,其心中所遥想的未必不是儒家理想政治的

---

① 韩星:《儒法整合:秦汉政治文化论》,中国社会科学出版社2005年版,第196页。
② 钱穆:《中国文化史导论》,商务印书馆2003年版,第100页。

尧舜盛业，但实际上，他却充当了创设中华帝国专制制度的精神教父，策划了一个影响千余年之久的政治权谋。

董仲舒"郡国岁举之制"的确立，标志着汉代选士制度的形成以及取士标准的逐步儒家化，这极大地调动了士人的积极性，不仅使儒家学说在汉代的发展空前兴盛，而且培养了大批习儒人才，这又扩大了选士的社会基础，并促使其进一步完善，因此，汉代的选士制度和教化是密切相关、相辅相成的。

汉代教化与选官制度间的这种双向渗透互动表明，如果没有行之有效的一系列制度做保证，就不可能造就大批的儒术人才，并进而在政治上发挥重大作用，教化的推行也就只能是一句空话。隋唐以后，特别是到了明清时期，融合学校教育的科举制度，成为选士、教化和尊儒三位一体的集中体现，这也可以看作是董仲舒教化思想的持续影响所带来的必然结果。

（三）对民众的教化

古代社会是行政权力支配下的社会，故政府是教化实践的主角，官学的兴起、教化主导思想的规划、施教人员的选拔、教化典型的塑造等，主要都是由政府经办或认可的，甚至皇帝本人也要亲身行教，以促教化之顺利开展。但对普通民众的教化绝非政府之专利，民间私学、乡里舆论礼俗等也都是教化的重要环节。为了施行对社会民众的教化，董仲舒一方面要求天子严肃执行"三本"大事，即力行敬祖孝亲的"天本"、倡导农桑的"地本"以及感以礼乐的"人本"。董仲舒认为："三者皆奉，则民如子弟，不敢自专，邦如父母，不待恩而爱，不须严而使，虽野居露宿，厚于宫室，如是者，其君安河而卧，莫之助而自强，莫之绥而自安。"① 另一方面，董仲舒看重地方官学作为社会教化的组织机构，希望地方学官以及地方行政长官重视教化，开展化民成俗的社会教化工作，董仲舒认为："古者修教训之官，务以德善化民。"② "今之郡守、县令，民之师帅，所以承流而宣

---

① 《春秋繁露·立元神》。
② 《汉书·董仲舒传》。

化也。"① 汉王朝在地方上广泛设置"三老"和"孝悌力田"等，在民间掌管教化或教民为善，正是对董仲舒思想中建立和加强民众教化措施的实践。

1. 君王的示范作用

中国古代政治是一种伦理政治，将政治成败维系于君王的个人品质之上，君王作为一国之主，在维护教化方面自然要为民表率，君王作为社会生活的核心，必须首先以身作则亲行教化，所以儒家历来重视君王的榜样示范作用。孔子曰："上好礼，则民莫敢不敬；上好义，则民莫敢不服；上好信，则民莫敢不用情。夫如是，则四方之民极负其子而至矣。"② 孔子告诫统治者："其身正，不令而行，其身不正，虽令不从"③，"政者，正也"，"苟正其身矣，于从政乎何有？不能正其身，如正人何？"④ 董仲舒同样认为欲使教化取得实效，首先必须依靠君王的身教，董仲舒提出了"显德以示民"的教化方法，"先王显德以示民，民乐而歌之以为诗，说而化之以为俗。故不令而自行，不禁而自止，从上之意不待使之，若自然矣"⑤。董仲舒认为能否化民成俗，关键在于君王德性对民众的影响和感化。为此，董仲舒仿造孔子"上好礼，则民莫敢不敬；上好义，则民莫敢不服；上好信，则民莫敢不用情"的句式与语气，讲到："尔好谊，则民乡仁而俗善；尔好利，则民好邪而俗败。由是观之，天子大夫者，下民之所视效，远方之所四面而内望也。近者视而放之，远者望而效之，岂可以居贤人之位而为庶人行哉！……故尧、舜行德则民仁寿，桀、纣行暴则民鄙夭。未上之化下，下之从上，犹泥之在钧，唯甄者之所为，犹金之在熔，唯冶者之所铸。'绥之斯俫，动之斯和'，此之谓也。"⑥ 可见，君王施予教化还是暴政，直接关系着民众的未来，因此君王要显德以示民，使民众自然接受教化，而要达到"上之化下，下之从上"的

---

① 《汉书·董仲舒传》。
② 《论语·子路》。
③ 同上。
④ 同上。
⑤ 《春秋繁露·身之养重于义》。
⑥ 《汉书·董仲舒传》。

理想状态，关键在于统治者能否以身作则。

西汉的统治者们也都认识到了这一点，常常出巡地方并亲自耕种土地，这除了能够了解地方情况，以更好地进行针对性教化，还能起到劝课农桑的作用。董仲舒对君王的德行要求也体现了儒家传统的"内圣外王"精神，"外王"以"内圣"为前提，君王首先要提升自我道德修养，通过道德修养达到"内圣"，进而才能参与政治实践，在政治实践中体现"内圣"与"外王"的合一，在政治上有所作为，实现"外王"理想。董仲舒说："故为人君者，正心以正朝廷，正朝廷以正百官，正百官以正万民，正万民以正四方。四方正，远近莫敢不壹于正，而亡有邪气奸其间者。是以阴阳调而风雨时，群生和而万民殖，五谷孰而草木茂，天地之间被润泽而大丰美，四海之内闻盛德而皆徕臣，诸福之物，可致之祥，莫不毕至，而王道终矣。"① 正心可以正朝廷、正百官，再到正万民，最终正四方，董仲舒由"正心"到"正四方"，体现的就是儒家"内圣外王"之道，只有君王以身作则，才能使社会上下浑然一体、教化大成，从而实现儒家所提倡的王道政治。

汉代君王亲行教化的一个重要表现是对孝道的重视，汉代以"孝"治天下，也就要求最高统治者率先垂范，以身作则。汉代推行孝道观念以维护社会基本伦理，所以汉代君王大都能够做到亲行孝道，如开国皇帝刘邦"尊太公为太上皇"② 汉文帝在其母薄太后生病时也是时时在身边照料；由于窦太后喜好黄老之学，汉景帝更是"帝及太子诸窦不得不读《黄帝》《老子》，尊其术"③ 汉武帝则为其母在民间寻找女儿，且"奉钱千万，奴婢三百人"④。汉代君王通过这种榜样示范的作用影响社会，引导社会成员奉行孝道，从而稳定社会关系。此外，汉代君王的孝行还表现为对祖先的崇敬，汉惠帝"令郡诸侯王立高庙"⑤，通过这种方式首先在统治阶级内部树立孝道意识。

---

① 《汉书·董仲舒传》。
② 《史记·高祖本纪》。
③ 《史记·外戚世家》。
④ 同上。
⑤ 《汉书·惠帝纪》。

汉代君王以身作则推行孝道教化还通过死后的"谥号"来体现,"谥号"是后人对死者生前行为的一种评价,汉代皇帝的谥号中普遍都带有"孝"字,如孝惠帝、孝文帝、孝景帝、孝武帝等,这在中国历史上也是一种很独特的现象,通过这种方式可以使社会民众认识到"孝"的价值。汉代君王通过生前的躬行孝道以及死后的以"孝"为谥,来引导社会民众,以自身行为作为社会表率和民众效仿的对象,试图通过这种方式影响社会风气,加强以"孝"为先的教化效果。

2. 官吏的施政作用

君王之教虽然具有权力权威的支撑,但君王的日理万机导致"不时出",使得君王之教具有明显的随机性,缺乏持续性和日常性,所以各级官吏作为君王的代表,自然应当肩负起教导宣化民众的责任,从而实现政事宣昭、百姓和乐。地方官吏是万民的师表,有教化万民的义务,如果他们以圣人之善和君子之德来教化民众,必将取得良好的效果,而民众也会齐心向善,并虚心接受教化,所以古代在地方上都设有负责教化的官吏,以德教民,通过对民众的教化维护正常的社会秩序。出于维护地方善良风俗并最终保证社会政治稳定的目的,地方官吏多通过设席讲学等方式,将承载着统治阶级意识形态的儒家伦理道德观念,广泛传递给社会民众。

汉代官吏出身儒家的居多,在儒家教化传统的影响下,自然着力推行儒家伦理道德,为官一方的儒生官员在掌握地方政权的同时,更注重教化的权力。儒生官吏的增多保证了教化在地方上的切实贯彻,西汉地方官吏的这种儒家化,对教化在基层的推广有着直接的帮助,儒家传统的德政理想不仅包括最高统治者的"为政以德",更重要的是以伦理道德引导民众,也就是"德教",所以儒生大多主张德政与德教的结合,他们在为政一方时,不仅处理收税征赋等日常事务,而且注重教民导民以移风易俗,"绝恶于未萌"、"不务治民事而务治民心"[1] 成为儒生理想的行政方式。儒生政治理想的实现是以推行教化为前提和基础的,"坚信道德和政治密不可分、统治者的修身和对人民的统治密切相关,使人们很难将政治理解为独立于个人伦理之外的

---

[1] 《盐铁论·申韩》。

控制机制……政治上的领袖资格在本质上表现为道德上的说服力,王朝的改革力量主要建立在帝王官吏的伦理品质上。"①

汉代通过选官制度的儒家化,在客观上造就了大批儒生官僚,其中许多人出任县令长或郡太守等基层官吏。这些儒生官吏以自身的儒学修养为基础,以儒家政治理想为施政理念,政风宽和,不事苛细,极大地改变了汉代的地方政治风貌。这些儒生官吏作为班固所言"师儒教化型"的循吏,兼有"吏"和"师"两种身份,在"吏"的身份下,他们按照君王旨意从事地方的行政管理事宜,而"师"的身份又保证他们顺利开展教化民众的活动,这些教化活动分别针对下属官吏和一般民众。儒生出任地方官吏后,大多能够完成"吏"和"师"的两项使命,在发展地方经济的同时推广教化,以稳定社会秩序,他们的施政教化主要表现在以下三个方面。

第一,富而后教。儒生官吏的施政重点是通过改善民生、申喻教化以塑建基层秩序,即所谓"富而后教"。孔子曰:"富之,教之。"②这是中国古代思想家对于人的需求具有层次性的朴素描述。与此相类,美国著名社会心理学家马斯洛也对人的需求存在着层次性的规律进行了具体分析,他认为人类的需求按照由低到高的次序,依次有生理需求、安全需求、社交需求、尊重需求和自我实现需求五类,而人们在转向较高层次的需求之前,总是尽力满足低层次需求。尽管国别与时代都不同,但是中外思想家的上述认识,均在一定程度上反映了人类行为和心理活动的共同规律。汉代儒生官吏在施政方面,奉行孔子先富后教的理念,注重从民之愿而治之,往往是将行为规范融于富民政策之中,在发展地方经济的同时淳化民风。

第二,劝课农桑。劝课农桑实质上是一种社会教化的过程,在此过程中,从发展农业生产的全盘规划到具体细则,都由地方官吏自主制定,其内容是国家劝农务本宏观政策的具体化,往往因地因时制宜,使百姓易于接受。另外,官吏本身作为汉王朝的代表,也是国家

---

① 杜维民:《道·学·政——论儒家知识分子》,钱文忠、盛勤译,上海人民出版社2000年版,第6页。
② 《论语·子路》。

权力的象征，他们劝课农桑往往具有比较大的号召力，会收到良好的效果。百姓安居乐业，有利于社会稳定，进而为国家教化政策的顺利实施创造了更好的条件，从而形成一种良性循环。这种劝农方式的教化意蕴在于，农业生产取得稳定的发展之后，百姓安居乐业，人口数量增加，地方官的政绩显著，自然会成为政府鼓励的榜样，而政府对这些地方官的奖励或提拔，又无疑会对其他官吏起到一种激励和正面引导的作用，使更多官吏推行教化。

第三，劝学兴教。首先，西汉时期地方办学的积极性受到国家"独尊儒术"政治环境的影响。自从董仲舒将儒学提升为官方正统之后，朝野上下普遍存在一种"以经术润饰吏事"的政治热情。办学校、广教化本就是儒家治国之道的重要主张，凡具有一定儒学修养，有心做出一番事业的地方长官本就关心教化，况且办学可以作为一项政绩，成为嘉奖升迁的政治资本。其次，地方的劝学兴教也是出于朝廷举荐人才的要求。"武帝既兴学校，则令郡国县官谨察可者，与计偕，诣太常，受业如弟子，则郡县皆有以应诏，而博士弟子始为国家选举之公法也。"① 董仲舒建议汉武帝将郡国举荐人才的做法常态化、制度化，所以地方有向太常举荐人才的职责，地方办学可以有效培养、考察并发现人才，避免举荐的被动性和盲目性，所以汉代地方对办学普遍具有较高的积极性。

除此之外，汉代还注重借助乡里权威的力量来稳定基层社会秩序。众所周知，中国古代在政治上存在着国家权力与世俗传统的二元结构②，国家的行政力量主要是在县以上，"县是国家的基本行政单位"③，县以下的基层社会秩序，往往依靠国家认可的传统权威或道德力量来维系。具体到西汉社会，作为地方官吏的郡太守或县令长多是国家委任的它籍人士，而署吏则多是本籍人士，如"三老"之类的基层乡官均选自乡村基层的社会精英。汉代统治者对"三老"极为重视，早在高祖时，就在基层乡里设置"乡三老"掌管教化，"三

---

① 《文献通考·学校七》。
② 费正清：《中国：传统与变迁》，世界知识出版社2001年版，第72页。
③ 张鸣：《中国政治制度史导论》，中国人民大学出版社2004年版，第57页。

老"教导百姓服从政府，将各项国家政策直接贯彻到各级乡里，"三老掌教化，凡有孝子顺孙，贞女义妇，让财救患，及学士为民法式者，皆扁表其门，以兴善行。"① 从选拔"三老"的条件来看，需"年五十以上，有修行，能率众为善。"② 这种选拔标准下选出的"三老"年长德高，有利于国家教化的推行，不但众望所归，而且能对改善民风起直接作用。与代表法家施政风格的酷吏以刑罚服众不同，汉代的儒生官吏更善于借助当地传统的社会力量，也就是民间权威人士，以达到整合社会秩序的目的。借助"三老"等地方传统力量以求得社会秩序的稳定，是汉代基层官吏推行教化的一个重要特点。汉代各级官吏推行教化的行为，在社会中起到了移风易俗的作用，为汉王朝的教化实践做出了很大贡献。

3. 地方学校的教化

汉代的学校教育系统，除过前述的中央太学之外，还包括地方官学以及民间私学。较之中央太学而言，后两种学校的分布范围更广，对一般民众的教化效果也更为显著，地方学校的教化在董仲舒的兴学教化思想中占有重要地位。

（1）地方官学的教化

董仲舒看重地方官学在社会教化方面所起的作用。地方官学是国家实施教化的重要场所，以普通民众为主要的教化对象，扩大了学校的社会教化职能，与中央官学即太学相比，地方官学的教化对象覆盖面更广，具有了非贵族化的特点。地方官学的主要任务有二：首先是宣扬教化。吕思勉先生曾指出，"古代学校本讲教化，非重学业，汉人犹有此见解。故武帝兴学之诏以崇乡里之化为言。"③ 汉代地方官学的主要作用就体现在增进地方教化方面，著名教育史专家毛礼锐也指出："汉代地方官学没有正规的课程设置，有的学官只有在一年的某些时节召集一些知识分子讲经，也有些知识青年常常自动地、个别地到学官那里去问业。地方官学对中央官学并没有从属关系，师资也

---

① 《后汉书·百官志》。
② 《汉书·高帝纪》。
③ 吕思勉：《秦汉史》，上海古籍出版社1983年版，第721页。

较差。所以，从严格意义上说，汉代的学校并没有形成一个真正的系统，却为后代学校的进一步发展，奠定了基础……它的主要任务在于奖进礼乐，推广教化，不是像我们今天所理解的那种进行经常性教学的学校。"① 其二是传授经学，培养通晓儒家经典的本郡属吏，同时也向中央举荐郡国官学中的优秀人才，这也是为宣扬教化而服务的，在培养人才的过程中提高社会教化的程度。

汉代地方政府中从事教化的官员，称郡国文学，其职责与中央政府中的博士类似，除作为郡国长官的学术顾问外，在地方官学中还负责进行教授诸生的活动，并向上司举荐"通明经术者"，从而推广教化，"独尊儒术"之后，文学官均由经学之士充任。地方官学的选录标准没有太学那样严格，一般由地方官员掌握标准，招收的学生在汉代被称为"郡学生"或"文学弟子"，一般是本地人。汉代地方官学的主要教学内容是演习礼仪，以为示范，如乡射礼、养老礼、祭祀周公孔子等先圣之礼、婚丧之礼等等。从实施效果来看，地方官学的兴起使官方的儒学教化扩展到更大的范围，初步具有了社会教化的规模，在革除陋习、移风易俗、维护乡里秩序等方面确实起到了良好的教化效果。

（2）民间私学的教化

汉代学校制度在太学和地方官学的配合下虽已基本成型，但还是无法延伸到较偏远或较基层的地方，这对于汉代社会"一道德，同风俗"政治理想的达成是一个阻碍。所以从汉代开始，发展至明清时期，私学逐步成为实施社会教化、维护地方风俗的重要单位。国家官学之外的教学活动都可以列入私学范畴，除民间所办的学校外，即使是政府官员所主持的教学活动，只要不属依照政府指令而办，不使用国家经费，就仍然只能算是私学，即便是博士官，如果在政府录取的博士弟子之外自行招收门徒的话，也应视为私人弟子。和官学相比，私学在教学内容上具有更大的自由度，也更具地方色彩，但其精神却是统一的，即为教化服务。董仲舒不但提倡公家办学，而且本人也积

---

① 毛礼锐、邵鹤亭、瞿菊农：《中国古代教育史》，人民教育出版社1979年版，第189页。

极主张私人办学，史书载其"下帷讲诵……学士皆师尊之。"①

私学在汉代的发展不受限制，这也表现为其中教师的成分比较复杂。从社会身份上看，有普通平民、地方豪族、世宦家族子弟和官僚士大夫，还有一些太学生或前往京师游学者，学有所成后回到家乡开办私学，使得一些偏远蛮荒之地的儒学迅速发展起来；从执教目的上看，虽然社会中不排除出于经济考虑，为了养家糊口而招徒讲学的儒生，但更多的儒生是出于政治上的原因而教授，他们亦官亦师，一边做官一边教学，这种做法促进了"政教合一"，此外还有待机出仕、官场失意和隐居不仕等多种类型。②"独尊儒术"政策的最终确立和实施，对私学的发展有很大影响，其日渐显现出的强大影响力，使大部分私学以儒学为主要教学内容，在传播儒家教化的过程中发挥了重要作用，而讲授其他诸子学说的私学，虽未完全绝迹，但已无法与儒家经师传道授业的规模和声势相匹敌。私学中的儒家教化，主要表现为大部分私学教师以儒家道德标准为尺度，严于律己，通过人格魅力感化他人。私学成员学有所成后，往往能够把儒家的"仁"、"孝"等思想观念贯彻到日常生活中，他们或留在乡里教学，或学成归家，通过个人言行熏陶他人，通过人与人之间的相互影响实现集体自觉，从而带动乡里良好风气的形成。此外，私学成员也是汉代官吏的一个重要来源，如鲁申公弟子"孔安国至临淮太守，周霸胶西内史，夏宽城阳内史，杨鲁赐东海太守，兰陵缪生长沙内史，徐偃胶西中尉，邹人阙门庆忌胶东内史，其治官民皆有廉节称。"③

汉代官学教化的特点在于带有明确的教化目的，自上而下的纵向推行，但官学并非每郡都有，且各级官学因为受到空间的约束，无论在招生规模还是影响范围上都比私学逊色。民间私学强调的则是在一定范围内的横向扩展，从而将官学教化在基层社会中推广延伸，是对官学教化的一种有益补充，保证官学教化的内容和精神落到实处。"两汉的经学传授，在汉武帝之前，主要是私学，汉武帝之后是私学

---

① 《史记·儒林列传》。
② 姜维公：《汉代学制研究》，中国文史出版社2005年版，第181—187页。
③ 《汉书·儒林传》。

与官学并行不悖,但在数量上,私学占绝对优势,形成了以私学为主,官学为辅,私学是官学的基础与补充的格局。"① 可见,地方官学与民间私学相互配合,在汉代社会中辅助中央太学,起到了社会教化的作用,不仅对汉代社会产生现实影响,而且具备初步的规模和体系,开后世封建社会中地方学校教育的先河。

(3) 乡里教化

古代社会是礼俗社会,乡里舆论和礼俗对基层民众具有强大的制约及教化功能,这种制约和教化是潜移默化的,任何一个朝代都不会忽视礼俗和舆论的重大作用,统治思想经过不断推广,演化为一种社会思想,社会思想被基层群体接受,进而影响着乡里民风,在当地能够产生重要的导向作用,"人们能够选择他们所要走的路,但是他们的这些选择并不是在社会真空中做出的。所有的生活选择都取决于社会的和文化的机会以及历史的制约因素。"② 舆论和礼俗支配着人们的思想行为,对乡里民风的淳化作用不可小觑,作为乡村治理有效手段的礼乐教化,也是董仲舒教化思想的一部分,在维护乡里秩序方面发挥着重要作用。对于礼乐教化,孔子更多地从功能方面考虑"立于礼、成于乐",这是就对君子理想人格的培养而言,荀子在礼乐教化的认识方面颇有建树,他在论述"化性起伪"的理论中明确提出礼乐教化,这是从社会功能的角度针对所有人而言的。③ 董仲舒直接继承了荀子的思想,强调礼乐在民间基层移民风、化民俗的作用,他强调要"节民以礼"而"成之以礼乐",否则"民如麋鹿,各从其欲,家自为俗,父不能使子,君不能使臣。"④ 如果没有礼乐教化,从个人到家庭,再到国家,都将是没有文明与秩序的。在大一统政权之下,礼乐教化的推广使儒家的伦理规范在基层乡里得到落实。

在《天人三策》中,董仲舒指出了"乐"之所以能在教化中起作用的深层原因,他说:"乐者,所以变民风,化民俗也;其变民也

---

① 赵承福:《山东教育通史(古代卷)》,山东人民出版社2001年版,第210页。
② [美]埃尔德:《大萧条的孩子们》,田禾、马春华译,译林出版社2002年版,第432页。
③ 蔡仲德:《中国音乐美学史》,人民音乐出版社2003年版,第189—190页。
④ 《春秋繁露·立元神》。

易，其化人也著。故声发于和而本于情，接于肌肤，臧于骨髓。故王道虽微缺，而管弦之声未衰也。夫虞氏之不为政久矣，然而乐颂遗风犹有存者，是以孔子在齐而闻《韶》也。"① 音乐是根据人心制作的，由于"乐"发于"和"而内本于"情"，所以能够"接于肌肤"而"藏于骨髓"，"乐者，通伦理者也"②。伦理道德是音乐的一个特征，"正声"、"和乐"会培养人的德行，有利于品德的修养。"乐"以和为美，道德内容与审美形式通过乐教得到完美统一，达到"人气调和，而天地之化美"③的境界，董仲舒认为这就是乐教"变民也易、化人也著"的原因，也是"王道虽微缺，而管弦之声未衰也"的原因，乐教的影响是深远的，乐教的提倡与推广，对西汉乡里社会的移风易俗发挥着重要作用。

董仲舒在《春秋繁露》中还屡次提到要尊老敬老，认为这是"礼"教的重要方式，"礼之尚右，非尚阴也，敬老阳而尊成功也"。④董仲舒强调："仁者爱人，义者尊老……敬长老，亲亲而尊尊……君者，将使民以孝于父母，顺于长老。"⑤ 受此影响，西汉时期重视通过礼教活动在基层乡里形成尊老敬老之风。"一个地区的饮食、服饰、婚丧、祭祀等都具有一定的礼数，这些礼数就成为这个地区进行此项活动的标准，所以具有一定的社会性。"⑥ 乡里之间通过左右相教和老少相传，使晚辈后生在耳濡目染之中，学到日常生活所需的礼仪及社会道德规范。董仲舒还强调王者"功成作乐"⑦从而将礼乐与君王的德行相联系，视作教化的重要方式，他认为君王承受天命之后往往选择制礼作乐。汉武帝就曾制诏曰："盖闻导民以礼，风之以乐。今礼坏乐崩，朕甚闵焉。故详延天下方闻之士，咸荐诸朝。其令礼官劝

---

① 《汉书·董仲舒传》。
② 《乐记·乐本》。
③ 《春秋繁露·如天之为》。
④ 《春秋繁露·天辨在人》。
⑤ 《春秋繁露·王道》。
⑥ 董树利、张玲玲：《论西汉乡里教化的途径》，《衡水师专学报（哲学社会科学版）》2004年第12期。
⑦ 《汉书·董仲舒传》。

学，讲议洽闻，举遗兴礼，以为天下先。"① 这段话包含着浓厚的礼乐教化思想，在认识到"导民以礼，风之以乐"的重要性后，汉武帝要求大兴礼乐，由礼官劝学作为教化的典型，由此也可见汉武帝对礼乐教化的重视。西汉乡里的礼乐教化内容很丰富，这对基层乡里的稳定与国家的安宁极为重要。

三 教化的核心内涵

董仲舒是汉代儒家教化理论的集大成者，在理论建设方面对儒学具有历史性贡献，可以说董仲舒的儒家教化理论就是汉代的政治统治思想。董仲舒自幼研习儒家经典，景帝时被擢为博士。汉武帝即位后，为求"大道之要，至论之极"，即寻求能够解释治乱兴衰且具有实际操作性的治国方略，多次策问百官大臣。在此过程中，董仲舒以其著名的贤良对策深受武帝赏识，他的理论观点几乎都被武帝所采纳。董仲舒有关政治统治的论述很多，其宗旨是树立一元统治思想，维护封建"天下一统"的政治目标。他通过对天人关系、纲常伦理、德刑观念以及教化方式等方面的理论阐述，以求实现意识形态领域的统一，用思想上的天下一统来为政治上的天下一统服务。

（一）以"大一统"为核心的思想理论体系

"大一统"理念发端于中国人的天人观、宇宙观，后发展为政治观。这种观念在中国文化的早期就出现了，如在《尚书·尧典》中就有"光被四表"、"以亲九族"、"平章百姓"、"协和万邦"② 的记载。这是大一统政治思想的滥觞。同时，《尚书·盘庚》中记载殷商时期，"听予一人之作猷"，"惟予一人有佚罚"③，表明这个时期"王"已经有了唯一性的倾向。《春秋公羊传》解释鲁隐公"元年春正月"时有如下一段话，"元年者何？君之始年也，春者何？岁之始

---

① 《汉书·武帝纪》。
② 《尚书·尧典》。
③ 《尚书·盘庚》。

也。王者孰谓？谓文王也。曷为先言王而后言正月？王正月也。何言乎王正月？大一统也。"① 这是"大一统"一词的出处。何谓"大一统"？大体是尊奉、推崇之意。"统者，始也，总系之辞。天王者，始受命改制，布政施教于天下，自公侯至于庶人，自山川至于草木昆虫，莫不一一系之，故云政教之始。"② 这就是说，"大一统"就是尊奉天子是天下的最高统治者，天子拥有至高无上的权威，全天下都要绝对服从。它包括政治、思想、文化、地域等诸多方面的统一，是一个内涵非常丰富的思想理论体系。

春秋战国时期，大一统思想得到了进一步发展，各家都有这方面的论述，其中尤以儒家论述最为丰富。孔子称"天下有道，则礼乐征伐自天子出"③，表明天下应一统于天子。孟子继承了孔子的思想，他在回答梁惠王天下恶乎定的提问时提出天下"定于一"④。荀子不但继孟子之后提出"一天下"的问题，而且更进一步提出了"一制度"的伟大命题。他说"法后王，一制度，隆礼义而杀《诗》《书》其言行已有大法矣……是雅儒者也"，"法先王，统礼义，一制度，以浅持博，以古持今，以一持万；苟仁义之类也……是大儒者也。"⑤ 先秦儒家的大一统政治思想为西汉思想家所继承和发展。贾谊是西汉初期较早提出大一统政治主张的人，他较早地看到了诸侯割据和匈奴入侵给汉王朝带来的危害，并提出"众建诸侯而少其力"、"建三表，设五饵，与单于争其民"等政治主张。

董仲舒是西汉大一统政治思想的集大成者。他杂糅先秦诸家，形成了以天人感应为主要理论形式、以中央集权为理论核心、以"独尊儒术"为文化诉求的大一统政治思想。这一思想迎合了时代需要，对于维护日臻成熟的大一统政治格局起到了关键的作用。

董仲舒的"大一统"理论有两层含义：政治"大一统"和思想"大一统"。政治上的"大一统"就是反对诸侯分裂割据，加强中央

---

① 《春秋公羊传·隐公元年》。
② 《春秋公羊解诂》。
③ 《论语·季氏》。
④ 《孟子·梁惠王上》。
⑤ 《荀子·儒效》。

集权，其根本就是维护封建皇权的统治。董仲舒认为"王者必受命而后王，王者必改正朔，易服色，制礼乐，一统于天下。"① 王者之所以为王是神授天命，而在接受天命之后，王者还应改正朔，易服色，制礼乐。这都是天下一统的标志。"取天地与人之中以为贯，而参通之，非王者孰能当是。"② 就是说"大一统"是王权对天下的一统。董仲舒还说"唯天子受命于天，天下受命于天子。"③ 因此，"君人者，国之本也。夫为国，其化莫大于崇本。"④ 治理国家首先要固本，国家之本就是君王。固本就是要维护君王的地位和权威，使之具有神圣性，任何人不得侵犯君权。"有天子在，诸侯不得专地，不得专封，不得专执天子之大夫，不得舞天子之乐，不得致天子之赋，不得适天子之贵。"⑤

思想文化上的大一统就是要将全国思想统一于儒家思想。领域的完整、国家的统一，其基础在于思想文化上的统一。而自春秋以来，在思想文化领域，百家纷呈，杂说不一。及至秦立国，实行思想文化领域的高压政策，防民之口甚于防川。但高压只能是压制思想，并不能实现思想统一。而缺乏思想文化统一的王朝，是注定短命的，因此，秦二世而亡。西汉立国之后，在总结秦亡教训基础上，在思想文化领域采取宽松政策。但随着西汉由立国到守国的转变，越来越要求思想文化领域的统一作为其守成的根基。为了迎合统治者的需求，西汉思想家在这方面作了探索。如贾谊提出"夫天下，大器也。今人之置器，置诸安处则安，置诸危处则危。天下之情与器无以异，在天子之所置之。汤武置天下于仁义礼乐……累子孙数十世，此天下所共闻也。秦王置天下于法令刑罚……祸几及身，子孙诛绝，此天下之所共见也。"⑥ 从理论与实际相结合的层面上阐释了国家选择何种思想文化作为官方思想的重要性与必要性。但是汉初奉行的黄老思想主张无

---

① 《春秋繁露·三代改制质文》。
② 《春秋繁露·王道通三》。
③ 《春秋繁露·立元神》。
④ 《春秋繁露·为人者天》。
⑤ 《春秋繁露·王道》。
⑥ 《汉书·贾谊传》。

为而治，因此，并没能实现思想文化的一统，以至于出现了"师异道，人异论，百家殊方，指意不同"的思想混乱局面。针对这种状况，董仲舒提出了"罢黜百家，独尊儒术"的主张，"臣愚以为诸不在六艺之科孔子之术者，皆绝其道，勿使并进。邪辟之说灭息，然后统纪可一而法度可明，民知所从矣。"①

董仲舒的"大一统"政治理论是兼收并蓄和"与时俱进"的。他的建议受到汉武帝的赏识，并在皇权的推动下得以贯彻实行。西汉其后几个皇帝也都贯彻大一统的建议。经过西汉统治者自上而下的教化，终于使得统一和一统的思想逐渐成为社会政治理念的主流。政治一统和经学的形成，就说明董仲舒大一统思想的部分实现。大一统在政治上巩固了汉王朝统一政权，在思想上的影响更为深刻和久远。这就是大一统成了中华民族的政治观念和思想方式。

总之，董仲舒的大一统理念与汉王朝中央集权的政治目标相契合，形成了封建社会的政治统治模式，有利于当时的政治统一和社会稳定。这一理论体系的形成表明了儒学正式与封建政治结盟，成为中国传统社会的政治统治思想。

（二）"天人合一"的天道观

"天人关系"问题应该是中国最早的哲学命题，关于"天"的问题在中国古代哲学中一直被广泛深入地探讨，即天道与人道的关系。殷周和先秦时期，天道观分为三种：一是殷人的"宗教天道观"，一是儒家的"人事天道观"，还有一种是老子的"自然天道观"。据现有资料，《郭店楚简·语丛一》"易，所以会天道、人道也"，这是目前所知道的最早关于"天人合一"思想的表述。

先秦儒家特别是思孟学派对"天人合一"思想多有论述。《中庸》说："唯天下至诚，为能尽其性，能尽其性，则能尽人之性，能尽人之性，则能尽物之性，能尽物之性，则可以赞天地之化育，可以赞天地之化育，则可以与天地参矣。"孟子对这种思想进行了更为系

---

① 《汉书·董仲舒传》。

统的论述。他说:"尽其心者,知其性也。知其性,则知天矣。"① 孟子把心、性和天连在一起,逻辑地得出"万物皆备于我"和"天人合一"的结论。既然"天人合一",天人相互感应则有了理论基础。

董仲舒继承了先秦儒家的"天人合一"思想,并发展出天人感应理论。"董仲舒讲的天,有三方面的意义,即神灵之天,道德之天和自然之天。这三个方面,他企图把它们加以统一,构造成一个体系。"② 董仲舒认为天主要表现为有意志的能主宰人类的神灵之天,这一思想在他的代表作《春秋繁露》中频频出现,"为生不能为人,为人者天也。人之为人本于天,天亦人之曾祖父也。"③ "天覆育万物,既化而生之,有养而成之,事功无已,终而复始,凡举归之以奉人,察于天之意,无穷极之仁也"④;"天地者,万物之本,先祖之所出也。广大无极,其德昭明,历年众多,永永无疆。天出至明,众知类也,其伏无不炤也。地出至晦,星日为明,不敢闇。君臣、父子、夫妇之道取之此。"⑤

董仲舒理论中的"天"具有人格意志,拥有无上的权力,是天下万物的主宰,人世间的一切都是天的意志的反映。天授命天子来统治天下,因此天子具有绝对权威,天子所统领的政权因承接天意而具有合法性。天和人之间会以阴阳之气为中介而产生感应,人的行为举止会引起自然界的相应变化,而自然界的异常变动则是天对人的行为的反映,这就是"天人感应"。天子的行为如果违背天的意志,天将会以灾异的方式谴告之,引起统治者的警惕与反思。"天地之物有不常之变者,谓之异,小者谓之灾。灾常先至而异乃随之。灾者,天之谴也;异者,天之威也。谴之而不知,乃畏之以威……凡灾异之本,尽生于国家之失。国家之失乃始萌芽,而天出灾害以谴告之;谴告之而不知变,乃见怪异以惊骇之,惊骇之尚不知畏恐,其殃咎乃至。以此

---

① 《孟子·尽心上》。
② 金春峰:《汉代思想史》,中国社会科学出版社1987年版,第147页。
③ 《春秋繁露·为人者天》。
④ 《春秋繁露·王道通三》。
⑤ 《春秋繁露·观德》。

见天意之仁而不欲陷人也。"①

具体分析来看,天人感应理论包含有唯心主义和迷信思想,反映出董仲舒对于外在自然认识的局限性。同时,它也是董仲舒根据思想教化和政治统治的需要而引申发展出的一套天道观理论。通过宣扬这一理论,董仲舒想要达到两个目的,即"屈民而伸君,屈君而伸天"②。"屈民而伸君"就是要人民安于统治,不要造反,因为"君权神授",谁做皇帝那是上天注定的;"屈君而伸天"就是告诫皇帝要敬德保民,不能胡作非为,因为"神道设教",上天可以选定你当皇帝,也可以抛弃你。正是看到这一理论的重大意义,董仲舒对于天人感应理论进行了详细的论证。

董仲舒认为天有十端,天地阴阳五行和人。阴阳五行都是气,天和人中间隔着阴阳五行这些气,所以天人就要通过这些气进行相互感应。根据当时同类相应的理解,董仲舒认识到要讨论天人感应,首先要证明天人同类,天人感应要以同类相应为前提。同类相应的思想在《周易·乾卦·文言》中即有论述"同声相应,同气相求水流湿,火就燥,云从龙,风从虎……各从其类也。"《吕氏春秋·应同》云"类固相召,气同则合,声比则应。鼓宫而宫动,鼓角而角动。"③这就把共鸣现象作为同类相应的典型例子。董仲舒在《春秋繁露·同类相动》中对此作进一步阐述"故琴瑟报,弹其宫,他宫自鸣而应之,此物之以类动者也。其动以声而无形,人不见其动之形,则谓之自鸣也。又相动无形,谓之自然,其实非自然也,有使之然者矣。物固有实使之,其使之无形。"他曾说:"以类合之,天人一也"。④既然天人同类,所以天有什么,人也就有什么,人有什么,天也有什么,天人必须相符。于是他在《春秋繁露·人副天数》篇中这样说道"天地之符,阴阳之副,常设于身,身犹天也,数与之相参,故命与之相连也。天以终岁之数,成人之身,故小节三百六十六,副日数也大节十二分,副月数也内有五脏,副五行数也外有四肢,副四时数也乍视

---

① 《春秋繁露·必仁且智》。
② 《春秋繁露·玉杯》。
③ 关贤柱等译注:《吕氏春秋全译》,贵州人民出版社2009年版,第305页。
④ 《春秋繁露·阴阳义》。

乍螟，副昼夜也乍刚乍柔，副冬夏也乍哀乍乐，副阴阳也心有计虑，副度数也行有伦理，副天地也……于其可数也，副数，不可数者，副类，皆当同而副天一也。"

总之，人副天数。经过一番牵强附会的类比，董仲舒证明了天和人是同类的。根据同类相应的原理，天人就可以相互感应。董仲舒不仅认为人形体与天相符，而且思想感情也与天同类相应。天人同类不仅指形体上的，更重要的在于内在精神亦即道德性上是一致的。在董仲舒看来，天是极具仁爱的。天的目的是要在人间实现其最高的善良意志。天是无所不能、完美无缺的。它不仅化生了世间万物，还促其成长，助其藏收，生杀予夺，秩序井然。天有此十全十美的品德，人只要感之而起，应之而行，便完全能达到天下大治。董仲舒对天的内涵作了许多的规定和说明，认为"天"有"为尊"、"为仁"、"为神"、"为明"四种品行，这显然是从道德的角度对天的属性作的一种判断。通过人为地将设定的道德品性赋予天，使天具有了人格的意义。因为天与人一样具有道德品行，因此天、人之间才有了进一步感应的条件。

董仲舒认为"为人者，天也，人之人本于天，天亦人之曾祖父也。此人之所以乃上类天也。人之形体，化天数而成人之血气，化天志而仁人之德行，化天理而义人之好恶，化天之暖清人之喜怒，化天之寒暑人之受命，化天之四时人生有喜怒哀乐之答，春秋冬夏之类也。"① 仗仁、礼等道德规范是天道的外在表现，是天道在人身上的落实。他还说"仁之美者在于天，天仁也，天覆育万物，既化而生之，有养而成之，事功无已，终而复始，凡举归之以奉人，察于天之意，无穷极之仁也。人之受命于天也，取仁于天而仁也，是故人之受命天之尊，父兄子弟之亲，有忠信慈惠之心，有礼义廉让之行，有是非逆顺之治，文理粲然而厚，知广大有而博，唯人道为可以参天。"② 这样，董仲舒便进一步论证了仁义礼智等德行来源于天。而天是至高无上的，上天赋予的东西是自然而然合理的。因而，这些社会道德规

---

① 《春秋繁露·为人者天》。
② 《春秋繁露·王道通三》。

范也就具有了合理性和权威性。

　　人对仁义礼智等道德规范的接受，不仅是为了提升自身修养，实现自我价值，其主要是"参天"，实现"天人合一"。为了达到思想教化之功，董仲舒特别强调天命、天道对于帝王功业、人民命运、社会治乱的重要性，告诫不可轻易违背天命天道。他说"天地人，万物之本也。天生之，地养之，人成之……三者相为手足，合以成体，不可一无也……三者皆亡，则民如麋鹿，各从其欲，家自为俗。父不能使子，君不能使臣，虽有城郭，名曰虚邑。如此，其君枕块而僵，莫之危而自危，莫之丧而自亡，是谓自然之罚……三者皆奉，则民如子弟，不敢自专，邦如父母，不待恩而爱，不须严而使，虽野居露宿，厚于宫室。如是者，其君安枕而卧，莫之助而自强，莫之绥而自安，是谓自然之赏。"① 董仲舒的"自然之罚"、"自然之赏"就是其"天人合一"天道观教育的体现。

　　为了推进天道观教育，更好地促进教化的效果，董仲舒又说"其大略之类，天地之物，有不常之变者，谓之异，小者谓之灾。灾常先至，而异乃随之。灾者，天之谴也异者，天之威也。谴之而不知，乃畏之以威，《诗》云'畏天之威'殆此谓也。凡灾异之本，尽生于国家之失。国家之失乃始萌芽，而天出灾害以谴告之；谴告之，而不知变，乃见怪异以惊骇之；惊骇之，尚不知畏恐，其殃咎乃至。以此见天意之仁，而不欲陷人也……圣主贤君尚乐受忠臣之谏，而况受天谴也。"②

　　"灾异论"也是从天人感应论中推演而出的。这是用天的权威来限制拥有人间至高无上权力的君主。既然君主是天的儿子，那么对于自己之子的治国过失，上天当然要发怒并予以警告，上天警告君主的方式就是通过制造自然界的灾异，以使君主认识到自己的过错。臣属幕僚们也可以灾异之变，对君主进行劝谏。同时，由于自然科学的发展限制，灾异会引起民众的恐慌，进而导致对现政权的怀疑，动摇政权合法性的基础。

---

①《春秋繁露·立元神》。
②《春秋繁露·必仁且智》。

董仲舒的这套理论打着"天"的旗号，为实际的思想道德教育蒙上了一层神圣、神秘的面纱，其中关于天人关系的天道神学观念以及阴阳五行的思维模式，在有些人看来属于认识领域的倒退，其实在封建社会早期，在确立皇权至上的过程中，这些方式的运用是适应当时人们的思想认识水平的。在社会生产力不太发达的古代社会，一方面它论证王权神圣和合法性的理论能够为民众所接受和认可，另一方面则对统治者个人私权有所限制，使大臣尤其是儒学士人获得解释天意的权力，在一定程度上起到制约王权的作用，它是特定历史时代的产物，具有一定的存在合理性，而不能仅仅用今人的眼光审视当时特定条件下的社会历史现象。

董仲舒具有宗教神学特征的天人关系学说运用的是类比推理的思维模式，把自然界的概念与社会关系、现实生活秩序相比附，得出天与人之间的相副、相偶关系，这些关系"可满意地解释世界并使它成为人们可以生活的地方"，"'类比的思维'的功能是把一系列结构'差异'或'对立'强加给世界，而这个文明的所有成员都得默认这些'差异'或对立。"① 类比思维可以让被统治阶级默认社会客观存在的差异或对立，接受世界原本就是如此，这就是意识形态的说服功能。

以天人感应论为核心内容的天道观教育一方面树立了君权神授的渊源，树立了君王的绝对权威，使皇权变得至高无上，皇帝成为上天的儿子。从此君为臣纲，臣属们要绝对服从君主的统治，不可有分裂割据之心，更不能有叛乱逆上之意。这些都是"屈民而伸君"的内容。提出"屈民而伸君"其目的就要限制地方的分裂势力，即"托之于天，假手于不可见、不可知的冥冥主宰，以杜绝野心者的非法觊觎"。另一方面则假天之威，提出了对皇帝言行的诸多要求，在君王的脑门之上高悬了一个大象无形、大音无声的"天"，以实现对皇权的适当限制，其中尤以灾异论对皇权构成了事实上的限制。这些则是"屈君而伸天"的内容。董仲舒的这一理论在一定程度上能够消除对

---

① [英]特伦·斯霍克斯：《结构主义和符号学》，上海译文出版社1987年版，第48—49页。

立阶级之间的冲突与矛盾，从而有效维护社会的和谐有序。它体现了统治阶级的意志，确保统治政权的合法化，发挥了一定的主导意识形态教化作用。

董仲舒的天人感应学说，奠定了西汉社会"天人合一"天道观的理论基础。其不仅符合西汉社会政治的需要，也适应当时的思想状况，因此后来的许多学者相随效法，以至形成汉代意识形态的特殊形式——经学思潮和谶纬迷信。

（三）以"三纲五常"为核心的道德架构

在孔子时代，教化的内容主要是礼乐。孔子讲"修己"和"克己"，所要求培养的德行即是"复礼"，就是"为仁"，体现在社会成员为人处世的行为上就是信守"正名"，而遵行"君君、臣臣、父父、子子"①的人伦之道。继孔子以后，孟子则更为鲜明地强调指出教育的全部工作就是进行道德教育，其根本任务就是教育人们"明人伦"。并指出"教以人伦"的具体内容就是"父子有亲，君臣有义，夫妇有别，长幼有序，朋友有信"②。可见，孔、孟的道德教育都是教以君臣、父子之伦、上下尊卑之礼，从而培养事君忠、事亲孝等道德品行。

董仲舒系统总结了我国传统社会基本的政治伦理道德原则，加以提炼总结后形成了著名的"三纲五常"思想。"三纲"指封建社会人与人之间的三种主要的伦理道德关系，即"君为臣纲，父为子纲，夫为妻纲"。法家代表人物韩非曾谈过这三个关系："臣事君，子事父，妻事夫，三者顺则天下治，三者逆则天下乱，此天下之常道也，明君贤臣而弗易也。"③孔子也曾论及君臣上下之间的等级关系，《论语·颜渊》："齐景公问政于孔子，孔子对曰：'君君、臣臣、父父、子子。'公曰：'善哉！信如君不君，臣不臣，父不父，子不子，虽有粟，吾得而食诸？'"明确君臣、父子、夫妻之间的等级关系后，社

---

① 《论语·颜渊》。
② 《孟子·滕文公上》。
③ 韩非：《韩非子集释（卷二〇）忠孝》，上海人民出版社1974年版，第1107页。

会才能秩序井然，国家才能够得以安宁和谐。它作为中国传统社会天经地义的伦理道德法则，是统治我国传统社会意识形态的主导思想，对社会民众的思维方式、行为习惯、心理倾向和审美要求等起到了重要的影响作用。

　　董仲舒所说的三纲，是在先秦儒家"五伦""父子有亲、君臣有义、夫妇有别、长幼有序、朋友有信"说中抽出"三伦"即"父子"、"君臣"、"夫妇"加以提升、概括出来的。这三者成为董仲舒关于道德的基本概念，也是道德教化的基本准则。董仲舒从"天人感应"的理论出发，将社会中君臣、父子、夫妇比附于自然界中的阳阴，认为"君臣、父子、夫妇之义，皆取诸阴阳之道。君为阳，臣为阴父为阳，子为阴夫为阳，妻为阴"。故董仲舒总结说"王道之三纲，可求于天"①。董仲舒认为，在社会人伦关系中，君臣、父子、夫妇这三种是最基本的。在阴阳关系中，阳为主，阴为从，这天定的、永恒不变的。与之相对应，在君臣关系中，君为主、臣为从，在父子关系中，父为主，子为从，在夫妇关系中，夫为主，妇为从。亦即所谓的"君为臣纲，父为子纲，夫为妇纲"。从阴阳之道出发，三纲中君、父、夫体现了天的"阳"面，三纲中臣、子、妇体现了天的"阴"面，阳主阴从，则君、父、夫主，而臣、子、妇从。在这一论证的基础上，董仲舒确立了君权、父权、夫权的主导地位，把封建等级制度、政治秩序、伦理准则神圣化为宇宙的根本法则。延伸开去，就是君权、父权和夫权的天赋性质，是神圣不可动摇和更变的。其中父权和父权又从属于君权，由此确立了"君"的至高无上的地位，整个社会关系统一于"君"。同时，"三纲"还把君臣、父子、夫妇之间的关系单向化，即过分强调君、父、夫的权力和臣、子、妇的义务，而忽视了君、父、夫的义务和臣、子、妇的权利。"子受命于父，臣妾受命于君，妻受命于夫"②。由此形成了君要臣死，臣不得不死，父要子亡，子不得不亡的绝对道德律令。在这样一种道德律令之下，尊卑上下之间只有一方绝对的命令和一方无条件的服从，除

---

① 《春秋繁露·基义》。
② 《春秋繁露·顺命》。

此之外，不再有其他形式的交流、沟通。这就与先秦儒家的理论有了根本不同，先秦儒家在论述君臣等社会关系时，仍然比较重视双方的对应关系，如孔子说"君使臣以礼，臣事君以忠"。董仲舒则把"三纲"之道神圣化、绝对化、合理化，即以他的"天人感应"学说作为理论依据把道德的来源归之于天意、天命。我们知道，道德并非来源于天或什么"神的启示"而是社会存在的反映。恩格斯指出"人们自觉地或不自觉地，归根到底总是从他们阶级地位所依据的实际关系中——从他们进行生产和交换的经济关系中，获得自己的伦理观念。"①

董仲舒倡行的三纲之道，不是凭空而发，也不是为阐扬前人的思想学说而妄发议论，而是代表汉王朝要求加强统治的意图，针对当时郡国侯王和贵族大臣们对于汉朝中央所表现的骄横叛逆以及黎民百姓们穷极造反的现实事端而提出名教、礼制，用以规范人们的思想行为，服从封建中央集权统治。这种三纲之道特别是其中维护君权的主张，在当时封建社会处于上升时期要求中央集权统一与发展，有其一定的积极意义。

在董仲舒的"三纲"之道中，"君为臣纲"为其核心。董仲舒提出了"三纲"的名教并阐明其内容，他说"受命之君，天意之所予也。"② 又说"君者元也，君者原也，君者权也。"③ "君人者，国之元，发言动作，万物之枢机。"④ "君者，民之心也"⑤ 等等，从而阐述"号为诸侯者，宜谨视所候奉之天子也"⑥，"君之所好，民必从之"⑦。由此可见，"君为臣纲"是"三纲"之道的核心，是"父为子纲""夫为妻纲"的纲。封建之道的子事父、妻事夫都要从属于"君为臣纲"而进至于事君之道。董仲舒为使人们力行"三纲"之道，大力倡导与之相适应的三种品德"忠"，"孝"，"顺"，即教导臣

---

① 《马克思恩格斯选集》（第3卷），人民出版社1995年版，第434页。
② 《春秋繁露·深察名号》。
③ 同上。
④ 《春秋繁露·立元神》。
⑤ 《春秋繁露·为人者天》。
⑥ 《春秋繁露·深察名号》。
⑦ 《春秋繁露·为人者天》。

民事君以忠，子事父以孝，妻事夫以顺。

"五常"是指"仁、义、礼、智、信"等五种道德观念，它反映的是中国封建专制社会人与人之间的道德原则。孟子从人性本善的角度出发探讨过人有"四端"，即"恻隐之心，仁也；羞恶之心，义也；恭敬之心，礼也；是非之心，智也。仁义礼智，非由外铄我也，我固有之也，弗思耳矣。"① 董仲舒在此基础上把孟子的"四端"扩展为"五常"，并用五行学说来论证"五常"思想的合法性。他在《春秋繁露》卷十三《五行相生》中说道：东方属木，农之本，司农尚仁；南方属火，司马尚智，尽贤圣之事；中央属土，君官也，司营尚信；西方属金，大理司徒也，司徒尚义；北方属水，执法司寇也，司寇尚礼。他把"五常"与五行所主使的不同官职对应起来，这样就可以理解为"仁、义、礼、智、信五常是出于自然的五行（木、火、土、金、水）的要求，是不可改变的'常德'。这样又把儒家所宣扬的封建社会的'五常'道德原则永恒化、合理化了。"② 董仲舒提出的"五常"伦理道德纲领，作用是用"仁"来教养人民，用"义"来感化人民，用"礼"来节制人民，使民众按照统治阶级提倡的社会道德准则规范自己的言行，达到天下统一、和谐有序的政治目的。

董仲舒在《天人三策》中说"夫仁、谊、礼、知、信五常之道，王者所当修饬也；五者修饬，故受天之晁，而享鬼神之灵，德施于方外，延及群生也。"③ "五常"的修饬，不仅直接决定着生民百姓的命运、国家政治的兴衰，而且还与天地鬼神以及整个宇宙世界的生命存在都有着某种必然的关联。董仲舒认为，五常之道是处理社会人伦关系的基本法则。在董仲舒看来，五常之道是人一出生就内在含有的，这也使得人区别于其他生物。贯彻五常之道，不仅能实现人际关系的和谐，而且有利于维护社会的稳定和国家的长治久安。因此，统治者应该在社会生活、政治生活等领域贯彻实施五常之道。董仲舒一方面

---

① 《孟子·告子上》。

② 汤一介、李中华：《中国儒学史（两汉卷）（引论）》，北京大学出版社2011年版，第19页。

③ 《汉书·董仲舒传》。

继承先秦儒家的观点，明确了"五常"属于一般道德规范的范畴，同时董仲舒又强调"五常"是"王者所当修饬"的规范。王者作为最高的统治者，也要讲求仁义礼智信五常之道。在"三纲"中，君臣、父子、夫妇之间的信息传递是单向的，是单方面的。

"五常"则有双重的意义，不仅是道德规范的内容，也是帝王要遵守的行为规范。董仲舒认为西汉得天下以来，常欲善治而至今未能善治的原因就在于失之于当更化而不更化。更化的首要任务是扫除秦朝严刑峻法的弊政，而力行道德教化。道德教化的主要内容就是修饬五常之道，即所谓"渐民以仁，摩民以谊，节民以礼"①。西汉儒学的划时代贡献在于将封建纲常名教钦定下来并使之系统化和制度化，成为伦理道德领域里不可动摇的金科玉律，为封建宗法制度提供最有力的保障。

三纲五常成为一种自下而上的维护社会统治的法宝，并使道德教化成为一种社会意识形态，以其特有的隐性的方式渗透到社会个体的心理，使个体与整体的利益和命运联系在一起，使个体失去反抗现存制度的理由，反而成为维护现实的主要力量。在孔孟时代还不能完全实现的理想，在汉武帝和董仲舒那里，从理想变成了现实。从此，"儒学独尊"的西汉将三纲五常中所包含的诸多道德行为规范通过统治阶级的大力提倡深入到西汉社会的各个阶层和每个角落。

总之，董仲舒的"三纲五常"思想与先秦伦理道德理念相比具有规范性和强制性特点，如孔子在谈到君臣关系时强调的是双方道德的互相约束关系，"君使臣以礼，臣事君以忠"② 君臣之间对等，臣对君有一定的限制作用，也就是说臣对君的忠诚建立在君对臣有礼的基础上，否则臣可以不忠诚于君主。而董仲舒的"三纲五常"则单方面强调下对上的绝对服从，使儒家伦理道德转变为封建等级统治理论，具有强制性，其目的是为维护和强化中央集权服务。这对于中国传统社会的人伦道德关系起到了决定性的影响作用，对中国人的思想观念、人际交往影响深远，这种等级观念至今仍在或明或暗、有形无

---

① 《汉书·董仲舒传》。
② 《论语八佾》。

形地影响着国人的思维与价值观念，影响着社会主义民主进程，它的消极影响应当引起高度的重视，要予以明确的批判和摒弃。

（四）以"孝"为核心的孝道思想

孝的观念在我国很早就产生，如甲骨文中就有了"孝"字；金文中"孝"字也多见。传统的孝道理论则是在春秋战国时期，其中尤以儒家的孝道理论最为系统。如《论语》中的"孝"有着极为丰富的思想内涵。孔子认为，孝乃为人根本。儿子爱父亲，兄弟爱兄弟，都是血缘中自然而生的真性情和真感情，此即"孝""悌"。"孝悌也者，其为人之本与。"孝是人之为人的基础和出发点。行孝必须体现于行为，《论语》中也多次谈到行孝。孔子强调孝，体现的是对道德主体的自觉意识和能动作用的重视。以孔子为代表，儒家思想家在春秋战国时期对孝道进行了专门论述，并形成了初始的孝道理论。此后，"孝"由家庭的伦理规范扩展为社会的道德规范，又进而扩展为国家统治的思想观念。在儒家学派阐发和倡导下，"孝"的内涵愈益丰富，孝观念越来越深入人心，孝道的一些基本原则得以形成。这就构成了西汉推行孝道教育的最大文化背景。

西汉立国之后，为了根除秦之弊，汉初的统治者和思想家们花大量精力去总结秦亡的经验教训。以陆贾、贾谊为代表的思想家们在反思历史的基础上，认识到秦朝速亡的根本原因在于其施行"暴政"、"酷刑"，弃绝"仁政"、"德治"。陆贾在《新语》中说道"夫法令所以诛暴也，故曾、闵之孝，夷、齐之廉，此宁畏法教而为之者哉？……化使其然也。"[①] 贾谊也认为秦亡的原因在于"仁义不施"。西汉如何要想实现统治的长治久安，就必须探索出一条与秦朝不一样的治国之道。西汉统治者和思想家们在探索治国之道的过程中受到儒家孝道思想的启发。《礼记》记载"立爱自亲始，教民睦也。立敬自长始，教民顺也。教以慈睦，而民贵有亲。教以敬长，而民贵用命。孝以事亲，顺以听命，错诸天下，无所不行。"[②] 西汉统治者和思想

---

① 《新语·无为》。
② 《礼记·祭义》。

家逐步认识到孝在治天下过程中的巨大效用。

西汉中期,董仲舒适应统治策略的变化,为统治者提供了一套相当完备的孝道教化理论。董仲舒为维护汉王朝封建秩序,用五行相生的理论讲解《孝经》所谓的"夫孝,天之经也、地之义也、民之行也"的不易之理。他阐述说:"天有五行……木生火,火生土,土生金,金生水……是故父之所生,其子长之父之所长,其子养之父之所养,其子成之。诸父所为,其子皆奉承而续行之,不敢不致如父之意,尽为人之道也……由此观之,父授之,子受之,乃天之道也。故曰,夫孝者,天之经也。此之谓也。"又说"故曰天风天雨也,莫曰地风地雨也……孝子之行取之土……此谓孝者地之义也。"① 他在《阳尊阴卑》里讲道:"故为人臣者,视地之事天也;为人子者,视土之事火也……是故孝子之行,忠臣之义,又在皆法于地也"。② 他在《五行之义》里反复说明:"木生火、火生土、土生金、金生水、水生木,此其父子也……是故木受水而火受土,土受火,金受土、水受金也。诸授之者,皆其父也受之者,皆其子也。常因其父,以使其子,天之道也……故五行者,乃孝子忠臣之行也。"

董仲舒用五行之说申明"孝"道的天经地义,也提出了"孝乃天之道"的神圣性。他特别用"天命"把"孝"德予以绝对化,宣称"天生之以孝悌"。这虽有以天意和孝道来约束皇权的意思,但也赋予皇帝具有神圣的力量来教化臣民尽孝。董仲舒说:"君者,将使民以孝于父母,顺于长老。"③ 要使"民如子弟,不敢自专,邦如父母,不待恩而爱,不须严而使"。④ 在此基础上,董仲舒阐明教民行孝,使民能够转孝为忠进而敬王尊君的途径和重要性。他在《立元神》里明确指出"明主贤君"必须"举显孝悌、表异孝行",要"立辟雍痒序,修孝悌敬让,明以教化,感以礼乐",由此以取得"其君安枕而卧"。他还指出"无孝悌,则亡其所以生",就会"民如麋鹿,各从其欲,家自为俗。父不能使子,君不能使臣。虽有城郭,名曰虚

---

① 《春秋繁露·五行对》。
② 《春秋繁露·阳尊阴卑》。
③ 《春秋繁露·王道》。
④ 《春秋繁露·立元神》。

邑。如此，其君枕块而僵"。① 他还强调"百姓不安，则力其孝弟。孝弟者，所以安百姓也。力者，勉行之身以化之。"②

西汉在"任刑"的同时，强调"任德"，用血亲关系来维系社会、家庭内部的稳定在思想上强化孝道教育，以达到治家安国、建立以孝为核心的社会秩序目的。西汉统治者希望借助孝道教育来巩固自己的统治。后来的宣帝讲得十分明白"导民以孝，则天下顺。"③

（五）以"忠"为核心的政治伦理

"忠"字较早出现在《论语》、《左传》。《论语》、《左传》更多的指的是人与人之间的一种情感。也就是说，忠的对象并不特定的指向君主，它更多的指向是普通人。如《论语》里的"为人谋而不忠乎"④ 樊迟问仁，孔子说"与人忠"这里忠的对象不一定就是君主，更主要的是指人与人之间相处的一种道德准则。当然，《论语》里也有"臣事君以忠"的话语，这里的忠和后来的忠含义也是有很大区别的。在《左传》中，忠也没有特定指向君主，甚至要求君主对民以忠。《左传·桓公六年》记载随国大夫季梁说"所谓道，忠于民而信于神也。上思利民，忠也。"⑤

孟子继承了孔子"君君、臣臣、父父、子子"的思想，提出"五伦"之说。"五伦"是中国传统社会基本的五种人伦关系，即父子、君臣、夫妇、兄弟、朋友五种关系。《孟子·滕文公上》"使契为司徒，教以人伦父子有亲，君臣有义，夫妇有别，长幼有序，朋友有信。"孟子认为君臣之间有礼义之道，故应忠；父子之间有尊卑之序，故应孝；兄弟手足之间乃骨肉至亲，故应悌；夫妻之间挚爱而又内外有别，故应忍；朋友之间有诚信之德，故应善。这是处理人与人之间伦理关系的道理和行为准则。在五伦之中，父子关系与君臣关系被认为是最重要的人伦关系。在父子关系中，子女对父母及长辈要尽

---

① 《春秋繁露·立元神》。
② 《春秋繁露·为人者天》。
③ 《汉书·宣帝纪》。
④ 《论语·学而》。
⑤ 《左传·桓公六年》。

顺从、敬养义务，其核心准则即是"孝"。在君臣关系中，臣民对君主要绝对地服从，其核心准则即为"忠"。

西汉立国之后，其统治者和思想家在反思秦亡教训的基础上，受到先秦儒家孝忠思想的影响，逐渐认识到孝在治理国家方面的效用，开始确立以孝治天下的国策，利用孝道来教化万民。同时，在具体的政治运作中，为了维护西汉王朝统治的稳定，防止臣民叛逆，西汉统治者和思想家将父子关系和君臣关系相比附，通过"家国同构"、君父同伦的论述，尝试着"移孝作忠"。"君子之事亲孝，故忠可移于君；事兄悌，故顺可移于长；居家理，故治可移于官。是以行成于内，而名立于后世矣。"① 西汉统治者和思想家不仅认为孝是德之本，忠同样也是德之本。每一个臣民不仅要在家孝敬父母，在外还要效忠西汉王朝，效忠刘姓皇帝。"移孝作忠"不仅提高了"忠"在伦理规范中的地位，同时也使得西汉的孝道理论具备了特殊的政治功效。"移孝作忠"使"忠"的意义和先秦时候的忠的含义出现了巨大差别。先秦时，忠主要指的是人与人之间相处的一种道德准则，而西汉的忠一变而指臣民对于君主的单向关系，即臣民要一心一意的效忠刘姓皇帝和西汉王朝。"移孝作忠"把维护宗法血亲关系的社会道德准则同维护封建等级制度的政治伦理准则联系起来，忠与孝合为一体，"孝"成为"忠"的基础，"忠"成为"孝"的结果。

西汉建国之后，西汉统治者为了维护自身的统治就一直要求注重于宣扬臣民对于皇权的忠心和忠行。如汉文帝时，贾山上书，就表白自己对汉天子是"尽忠竭愚"，作为忠臣而事君"蒙死而竭知"的。汉景帝则大加赞赏和升迁那位声称自己对汉王朝"身固当奉职死节官下"②的郡太守郅都，并称许他为"忠臣"。汉武帝更明白地下诏说"君者心也，民犹支体"③。这完全袭用董仲舒的语言来张扬君为臣民之主的思想，从而以"忠君"的道德训诲臣民尊君尽忠。当时曾有博士狄山向汉武帝面称自己是"愚忠"，指称御史大夫张汤是"诈

---

① 《孝经·广扬名章》。
② 《汉书·酷吏传》。
③ 《汉书·武帝纪》。

忠"①。还有，主爵都尉汲黯面告汉武帝，指说作为内史的公孙弘"不忠"②。因当时西汉的诸臣在汉王朝要求尊君的策动下大都以"忠"夸称自己，或指责他人的"诈忠"与"不忠"来显示自己的忠。

董仲舒则极力尊君，盛称忠德。董仲舒特别以天道阴阳五行之说宣讲忠德。他在《春秋繁露·天道无二》里说"天之常道，相反之物也，不得两起，故谓之一。一而不二者，天之行也。阴与阳，相反之物也，故或出或入，或右或左。"由此即用无类比附的演绎逻辑，推断说"止于一中者，谓之忠。"③ 在《春秋繁露·五行之义》里写道"天有五行：一曰木，二曰火，三曰土，四曰金，五曰水……事君，若土之敬天也。"又说"土居中央，为之灭润。土者，天之股肱也，其德茂美……是故圣人之行，莫贵于忠，土德之谓也。"他还在《春秋繁露·天地之行》中讲道："为人臣者，其德取象于地。故朝夕进退，奉职应对，所以事贵也……委身致命，事无专制，所以致忠也。"并且指出"一国之君，其犹一体之心也。"他在《春秋繁露·为人者天》里同样重复讲道"君者，民之心也；民者，君之体也。心之所好，体必安之；君之所好，民必从之。"特别是他还以《春秋》大义阐述"屈民而伸君"的主张，教导诸臣百姓忠于君主。他在《春秋繁露·王道》里说："《春秋》何贵乎元而言之？元者，始也……王者，人之始也。"从而申明君王治理天下，必须对臣民"教以爱，使以忠"。总之，一切如他在《春秋繁露·五行对》里所讲的"下事上，如地事天也，可谓大忠矣。"④

通过"移孝作忠"，西汉确立了以"忠"为核心的政治伦理。而通过以"忠"为核心的政治伦理教育，让每一个臣民都效忠刘姓皇帝和西汉王朝，则有效的防治了叛逆事件的发生，从而为维护西汉王朝统治的稳定起到了一定的作用。

---

① 《汉书·张汤传》。
② 《汉书·公孙弘传》。
③ 《春秋繁露·天道无二》。
④ 《春秋繁露·五行对》。

(六) 以"礼"为核心的等级观念

中国古代的"礼",是一个包含着政治、文化等多方面含义的概念,它源于上古时期的祭祀,逐渐演变成一套完整的规则体系。《礼记·祭义》云"礼者,履此者也。"① 《说文解字》曰"履,足所依也。"② 可见"礼"的本义是人所应遵守的行为规范和准则。后世儒家所推崇的礼,是孔子将三代以来的"礼"加以整合、改造并重新进行阐释的结果。通过这一过程,"礼"原始的宗教性神秘色彩被淡化,而"礼"世俗化的人性意义的一面得到彰显,从而赋予了古老的"礼"以新的生命力,使"礼"不仅是约束人们社会生活的一套烦琐的法则,更是一套能评价行为是非的道德评价标准。

关于"礼"的主要作用,荀子曾专门进行论述。荀子认为,人的力量不如牛的力量大,走的速度不如马的速度快,但是牛马却为人所役使,其原因是什么呢?原因在于人能"群"。"人何以能群?曰:分。分何以能行?曰:义。"③ 义即"礼"。荀子说"人之所以为人者,非特以二足而无毛也,以其有辨也……夫禽兽有父子而无父子之亲,有牝牡而无男女之别。故人道莫不有辨。"④ 由此可见,在荀子看来,"礼"的主要作用在于"分"和"别"。"礼"的这种作用的发挥不仅使人与动物区分开来,同时也使人与人之间因为等级和地位的不同而区分开来,使每一个人各就其位,各行其礼,从而达到人际关系的和谐和社会关系的稳定。在早期,"礼"的主要表现为"仪",即各种各样的外在仪式。通过外在仪式的不同来区分上下、贵贱、君臣的关系。其后,礼仪又发展成"礼义"。礼义的内容主要由人伦之间各种不同的伦理关系准则构成,如君臣上下、夫妇内外、父子兄弟、甥舅姻亲之道等。再后来,又发展为"礼政",礼政的内容包括政治、行政、刑罚等统治手段的政治原则。由此,"礼"越来越被政

---

① 《礼记·祭义》。
② [汉] 许慎撰、清段玉裁注:《说文解字注》,浙江古籍出版社 2006 年版,第 82 页。
③ 《荀子·王制》。
④ 《荀子·非相》。

治化、原则化、价值化、伦理化。

　　礼制，是指由政府推行的、或由礼典一类的文本规定确立的礼的准则，是一种制度化的文化产物。西周是否已有礼典一类的文本规定尚待论证，不过西周礼仪已经制度化并形成一种严密的体系，却是勿须争辩的事实。但周代礼制主要施行于贵族阶层，即所谓"刑不上大夫，礼不下庶人"且周代礼制又主要施行于王畿及一定的区域，并未在全国各地普及。西汉儒生和统治者重建礼制，力图把加工、改造过的"周礼"变成社会普遍的行为规范，又将推行礼制作为巩固"大一统"局面的一种措施和手段。

　　西汉立国之后，以刘邦为首的统治集团因为多起于布衣草莽，因而对朝仪之礼基本一无所知，以至于在朝廷举办的宴会上，朝臣们在多喝了几杯酒之后，"饮酒争功，醉或妄呼，拔剑击柱"。高祖刘邦甚至以之为患。后叔孙通主动进言，要为汉制朝仪，刘邦应允。叔孙通和其弟子制定了具体仪式。朝仪的制定让高祖刘邦享受到了"皇帝之贵"，体现了皇权的权威和独一无二，也让西汉统治者认识到礼制的功能。西汉统治者后来一直致力于推行礼制，其根源可能就在于此。其后，西汉在社稷、郊祀、朝仪等礼制上都呈现出"废秦立汉，宣扬正统与皇权"的特征。礼制通过统治者的推行，起到了宣扬统治合法性、粉饰君权至上性等政治功能，从而维护了西汉政治统治的稳定。在西汉专制政体的塑造下，礼制主要表现为皇权意志的体现。西汉通过采取多种措施在全社会推行礼制教化，其目的就是要让礼制所蕴含的君权至上、等级名分思想对社会产生影响和作用。

　　首先，从西汉皇帝的层面来看，皇帝们最看重郊祀礼制的实施。郊祀礼制，即皇帝作为天之子，对上天的祭祀。郊祀，体现了皇帝和上天的直接联系。《春秋繁露·郊祭》云"天子不可不祭天也，无异人之不可以不食父。为人子而不事父者，天下莫能以为可。今为天之子而不事天，何以异是？"通过郊祀事天，皇帝通过外在仪式等形式确认了自己天之子的地位，从而也宣扬了皇权的合法性，即"君权神授"。据《史记》、《汉书》相关记载，从汉文帝15年亲郊至汉哀帝止，郊祀活动共五十三次，平均近三年一次。同时，西汉皇帝还派遣使者巡行各地推行礼制，通过派遣使者、官吏巡行各地，将皇权的延伸性借助礼制来加以实现。

其次，为了在官僚系统中推行礼制，西汉专门设立了一整套礼官系统。西汉的礼官系统主要有两大子系统。一是以太常为核心的官僚系统，主要职责是执掌礼仪。据《后汉书·百官志》一记载"太常，卿一人，中二千石。本注曰掌礼仪祭祀。每祭祀，先奏其礼仪……"二是由兼具礼仪职能的官僚及其属官构成的系统。据《后汉书·百官志》一记载太尉、司徒、司空等官职都具有一定的礼仪职能。

再次，学校教育承担了在全社会推行礼制的重要职能。自汉武帝"罢黜百家、独尊儒术"之后，学校成为在社会推行礼制的中心之一，学校通过对士人的教育，一方面让他们接受了礼制教化，同时又让他们成为在社会推行礼制的表率，起到一种模范带头的作用。西汉礼制的精神特质就是等级观念，其中皇权处在等级的最高端。推行礼制教化，就是推行以礼为核心的等级观念教育。这种礼制教化培育着民众自觉的认同皇权的至上性，接受西汉政权的正统性，并进而促进了以忠君、孝亲为核心的道德伦理的形成。这对西汉宗族、家庭关系的规范作用和社会秩序的稳定发挥了重要作用。

四　董仲舒教化思想的实现路径

"由于教化是对人的精神的塑造，其目的是要使人获得一种教养，因而，它所关注的东西比单纯地获得某种知识要重要得多，也就是说，教化本质上禀有一种实践目的，教化理论是一种实践哲学学说。"[①] 从周代教化学说的萌芽开始，教化就作为一种实践在进行着，但主要是针对王室贵族的德教实践。在孔、孟、荀那里，因为儒家德教的主张不受为政者的欢迎，所以它在国家范围的推广落实极其有限。到了董仲舒年代，社会已实现了统一，社会经济等也得到了发展并走向了西汉王朝的鼎盛时期。如何将教化理论在大一统的王朝下进行实践，这是摆在董仲舒面前的一个重要课题。董仲舒在继承和丰富了孔、孟、荀重视君王的榜样示范、礼教和乐教的途径外，增加了一

---

① 詹世友：《道德教化与经济技术时代》，江西人民出版社2002年版，第35页。

条"立太学",形成了君王榜样、礼俗和音乐的社会普遍层次的教化、兴办太学和地方教育等多层次的实现体系。

(一)显德以示民,化民以成俗

古人非常看重圣人君子的影响力、感召力,认为圣人君子的言传身教、甚至是庸言庸行都可以化民成俗。董仲舒继承了这一思想,提出了"显德以示民"的德教方法。

董仲舒在《春秋繁露·身之养重于义》中说:"先王显德以示民,民乐而歌之以为诗,说而化之以为俗。故不令而自行,不禁而自止,从上之意不待使之,若自然矣。"① 他所提出的"显德以示民",乃是一种德教方法。这种方法,类同于我们今天所说的身教示范法。董仲舒指出:"孔子曰:君子之德风,小人之德草,草上之风必偃,故尧舜行德则民仁寿,桀纣行暴则民鄙夭。夫上之化下,下之从上,犹泥之在钧,唯甄者之所为;犹金之在熔,唯冶者之所铸。"② 可见,能否化民成俗,关键在于居上位的领导者,能否以身作则,"显德以示民"。故又曰:"尔好谊(义),则民乡仁而俗善;尔好利,则民好邪而俗败。由是观之,天子大夫者,下民之所视效,远方之所四面而内望也。近者视而放(仿)之,远者望而效之,岂可以居贤位而为庶人行哉!"③ 这是说,上行下效,居上位的领导者的一举一动,都会对老百姓产生潜移默化的影响,因此不可不慎重对待。那么,君王怎样才能做到"显德以示民"? 董仲舒以为,必须在"正心"上下功夫。他指出:"故为人君者,正心以正朝廷,正朝廷以正百官,正百官以正万民,正万民以正四方。正四方,远近莫敢不一于正,而亡有邪气奸其间者。"④ 可见,君王只有"正心",才能正万民。所谓"正心",就是要用高尚道德来严以律己,使自己在道德品格方面成为民众的楷模。故又曰:"君者,民之心也;民者,君之体也。心之所好,体必安之;君之所好,民必从之。故君民者,贵孝悌而好礼义、重仁

---

① 《春秋繁露·身之养重于义》。
② 《汉书·董仲舒传》。
③ 同上。
④ 同上。

廉而轻财利。"① 所以，要"显德以示民"，君王必须从自己做起，做到"贵孝悌而好礼义，重仁廉而轻财利"，以此达到化民成俗的目的。

"显德以示民"作为一种德教方法，是对孔子"其身正，不令而行；其身不正，虽令不从"思想的继承与发展。它的积极意义在于要求居上位的领导者严以律己，做到先正己，后正人。这无疑是很正确的，即使到了今天，仍有不可低估的重要价值。各级执政者是以德化民的主要实行者，他们的贤和不贤同德治的施行、实现有直接的联系。《天人三策》曰："今之郡守、县令，民之师帅，所使承流而宣化也；故师帅不贤，则主德不宣，恩泽不流。今吏既亡教训于下，或不承用主上之法，暴虐百姓，与奸为市，贫穷孤弱，冤苦失职，甚不称陛下之意"。

（二）节民以礼，乐成其德

仅有最高层次的君王的表率榜样作用还是不够的，董仲舒认为，要在普通百姓中广泛普及儒家伦理道德，需要开创各种与百姓日常生活息息相关的其他途径，其中，用乡间的礼俗和音乐教化万民就是很好的方式。汉承秦制，也在乡里设立"三老"，三老"年五十以上，有修行，能率众为善②"。行教化是国家选三老的初衷，三老不仅要在修行上起表率，更重要的要对乡里有伤风化的事情负责，否则以"不教诲之过"而获罪。正是因为长老在乡里的影响之大，所以董仲舒在《春秋繁露》中屡次提到要尊老敬老，这是礼制的一个重要表现，"礼之尚右，非尚阴也，敬老阳而尊成功也③"。于是他强调，"仁者爱人，义者尊老"，"敬长老，亲亲而尊尊"，"君者，将使民以孝于父母，顺于长老"④。强调尊老的教化，其实也是对孝道教化的强化与传播。为此，董仲舒把孝廉作为选拔人才的一个重要途径，他

---

① 《春秋繁露·为人者天》。
② 《汉书·高帝纪》。
③ 《春秋繁露·天辨在人》。
④ 《春秋繁露·王道》。

向汉武帝建议:"州郡举茂材孝廉"①,即要求州郡每岁须选举茂才孝廉献送到中央录用,并恢复古代乡评里选的办法。汉武帝采纳了这一建议,元光元年(公元前134年),举"孝廉"成为选举官吏的科目之一,这是孝道教化的政治导向,也是乡里民众舆论的导向,这都有利于化民成俗。

孝悌延伸,就有了各种礼俗的规定,如饮食、服饰、婚丧、祭祀等,都有一定的礼数。董仲舒在给武帝的对策中就讲:"臣闻制度文采玄黄之饰,所以明尊卑,异贵贱,而劝有德也。"② 在董仲舒看来,"改正朔、易服色制度,是振兴礼乐教化的先制。"③ 君臣之间、臣与臣之间的服色不分,就会使朝廷没有规矩、没有尊卑之分。衣服的制作是为了"盖形暖身",但在衣服上"染五采、饰文章",意义就不一样了,这是为了"明别上下之伦,使教前行,使化易成"。君臣之间的关系如此,父子、夫妇等亦有很多的礼数,违反这些礼数就相当于犯罪。对于祭祀求神方面的礼仪,董仲舒也非常强调,如"求雨"和"止雨",要求哪些人参加,穿什么衣服,祝拜几次,需要哪些供品,放在什么方位等,都有详细的规定。④ 礼俗通过邻里相教,口耳相闻,成为无形的乡里守则,具有潜移默化的功效,其对乡民的教化作用不可小视。

除了礼俗,音乐教化的功效也是不可忽视的。在《举贤良对策》中,董仲舒明确强调了乐对于教化的重大作用:"故圣王已没,而子孙长久安宁数百岁,此皆礼乐教化之功也。……乐者,所以变民风,化民俗也;其变民也易,其化人也著。故声发于和而本于情,接于肌肤,臧于骨髓。故王道虽微缺,而管弦之声未衰也。夫虞氏之不为政久矣,然而乐颂遗风犹有存者,是以孔子在齐而闻《韶》也。"⑤

由于乐发于和而内本于情,故能"接于肌肤"、"藏于骨髓",这是"变民也易、化人也著"的原因,也是"王道微缺,而管弦之声

---

① 《汉书·董仲舒传》。
② 同上。
③ 李申:《简明儒学史》,中国人民大学出版社2006年版,第44页。
④ 《春秋繁露·求雨》。
⑤ 《汉书·董仲舒传》。

未衰"的原因，足见乐教影响之深远。音乐是根据人心制作的，王者"功成作乐"，王者受天之命后就要"制礼乐"。王者的德行与音乐一起，被董仲舒视为教化的重要方式，他说："先王显德以示民，民乐而歌之以为诗，说而化之以为俗。故不令而自行，不禁而自止，从上之意不待使之，若自然矣。"① 乐教的提倡与推广，在移风易俗中发挥了重大作用。"乐者，通伦理者也②"，伦理道德是音乐的一个特征，"正声"、"和乐"会培养人的德行，有利于品德的修养。在大一统政权的保护下，音乐教化的推广使儒家的伦理规范得以在一定程度上落到实处。另外，乐以"和"为美，推广音乐教化，道德内容与审美形式得到完美的统一，可以使"人气调和，而天地之化美"③，从而得到"天地之美"的境界。对于礼乐教化，荀子有较高的建树。对于礼乐的作用，孔子考虑的更多的是"立于礼、成于乐"，这是君子理想人格的培养，而荀子在论述"化性起伪"的理论中则明确提出了礼乐教化问题，这是从社会功能的角度针对所有人而言的④。

董仲舒直接继承了荀子的思想，强调礼乐在基层、在民间的移民风、化民俗的作用。董仲舒十分关注礼乐对百姓的教化，他说，"节民以礼"、"成之以礼乐"，否则"民如麋鹿，各从其欲，家自为俗，父不能使子，君不能使臣⑤"，没有礼乐教化，从个人、到家、再到国，都将是没有文明与秩序的。

（三）立太学以教于国，设庠序以化于邑

董仲舒认为学校教育是实行教化的一条重要途径。不但学校兴办的本身就是推行教化，而且通过学校培养出来的人才还能担负起社会教化的责任。所以，董仲舒特别重视兴学设教，认为这是"教化之本源"。他不但建议汉武帝在中央兴办太学，还主张在地方设立庠序，以形成从中央到地方一整套学校教育系统，具体释论如下：首先是重

---

① 《春秋繁露·身之养重于义》。
② 《乐记·乐本》。
③ 《春秋繁露·如天之为》。
④ 蔡仲德：《中国音乐美学史》，人民音乐出版社2003年版，第189—190页。
⑤ 《春秋繁露·立元神》。

视中央官学的兴办。董仲舒指出："太学者，贤士之所关也，教化之本源也①"，将立太学育贤才作为教化之本源。设立太学的直接目的当然是培养人才，但汉武帝在诏书中却将其宗旨确定为"从乡党之化，以立贤才焉"②，而且是把"从化"放在"立贤"之前。因此，董仲舒、公孙弘等人的奏议也是从"乡里有教"谈起，肯定"劝学修礼，崇化厉贤，以风四方，太平之源也"③，并归结到"教化之行也，建首善自京城始由内及外④"。由此提出了置博士弟子的具体方案，实际上是将举办太学作为从京师向四方扩散教化的辐射点。应该说"立贤"和"从化"有着密切的关系，贤才是道德和学识在具体的人的身上的体现，具有活生生的示范性。

国家兴办学校、造就贤才并加以选拔录用，也就是为所有的人提供了效法的榜样和努力的方向，从而导致整个社会的崇学重道，归于教化而崇学重道的风尚反过来又为学校教育的发展提供了充实的社会基础。官学培养出来的人才总是有限的，而教化广施所导致的良好道德风尚的树立，其作用则是全社会性的，几乎是无限的，价值要远大于培养出若干人才。地方官学是促进一方教化的中心场所。"里有序而乡有序，序以明教，庠则行礼而施化焉。"⑤ 汉代地方官学不仅教授生徒，而且面向社会，有的学校更是直接从事推广礼教、移风易俗的活动。董仲舒在太学和地方官学的关系上更强调"兴太学"，认为"养士之大，莫大乎太学"，主张兴太学"以养天下之士"⑥，也就是说朝廷网罗人才基本上可由太学来实现，地方庠序的主要作用是教化。董仲舒认为学校教育成为整个社会教化的一个有机组成部分，对学校教育自身发展又有重要影响。其中之一是私学的兴起。私学虽多为蒙学，但也有不少高层次的办学，而且水平不在中央太学之下。一些经学大师，由于种种原因不能进太学为博士，便私立精舍，私开讲

---

① 《汉书·董仲舒传》。
② 《汉书·武帝纪》。
③ 《汉书·儒林传序》。
④ 同上。
⑤ 《汉书·食货志》。
⑥ 《汉书·董仲舒传》。

堂，著书立说，往往弟子盈门，盛况空前。董仲舒晚年"及去位归居，终不问家产业，以修学著书为事。"①

我国古代很早就有了教育机构，夏代叫校，殷代叫庠，周代叫序。春秋末期，孔子等人的民间教育活动，打破了"学在官府"的局面，私学兴起并迅速扩大，以致到了战国末期私学林立。秦完成统一以后，不允许民间私自教学，把教育权收归政府，具体做法是，教育内容都是法令法规，即"以法为教"；法令政策的传授主要由官吏来担任，不单独设专职教师，即"以吏为师"。秦亡以后，汉代统治者从秦王朝禁止私学带来的后果中汲取了教训，那就是对人们思想意识的控制需要潜移默化的影响，而不是强行干涉。② 因而又形成了官学与私学并立的局面，但是，无论官学与私学，都是要以"六艺之科、孔子之术"为教材。

建立以太学为首的官学体系，以儒经为学习的基本内容，一方面为国家培养了大量的以儒术治国的"贤士"。这是继战国秦汉以来养士之风的一种延续，只是所养之士不再属于某个人，也不是为某个人出谋划策，而是属于国家，并用所学的儒术为治理国家献计献策；另一方面，这些信奉儒学教化的"贤士"担任地方官吏（主要是郡太守）后，从推行礼仪、先教后诛、利用父老整合社会秩序等方面推行教化，影响民风习俗，奠定了以后历代地方官员推行教化的基本模式。《汉书·循吏传》就记载了许多以儒术教化百姓的成功典范。通过学校"养士"，也是董仲舒从国家层面考虑教化的一个重要表现，这使儒家伦理得到了既正规又统一、既规模宏大又成体系的传播，从此，越来越多的普通民众能够受到儒家伦理的洗礼，学校也逐渐成为传播、普及儒家伦理的一个重要渠道和平台。

（四）以仁安人，以义正我

加强自我修养，是指人们发挥自己的能动性、积极性和创造性，开发自己的内在潜能，主动地将社会要求加以"内化"，以加强道德

---

① 《汉书·董仲舒传》。
② 曲铁华：《中国教育发展史纲》，东北师范大学出版社2006年版，第31—32页。

自律，提高遵守社会道德规范的自觉性。董仲舒非常重视自我教育，主张人们应严格要求自己，修养自身。并提出了"以仁安人，以义正我"、"强勉行道"、"迁善改过"、"专一虚静"等自我修养方法。

其一，"以仁安人，以义正我"。董仲舒说："仁之法在爱人，不在爱我；义之法在正我，不在正人。我不自正，虽能正人，弗予为义；人不被其爱，虽厚自爱，不予为仁。"① 这里的"义"，指的是对待自我的根本标准，"义者，我也"，所谓"以义正我"，即在道德修养过程中，应时时以严格的道德标准来要求自己，以明确的伦理规范来约束自己，从而实现"我正"。董仲舒的"义我"观把社会人际关系简单化了，但也体现了他正己以正人的坚决态度，进而阐述了"以义正我"的具体方法：要"自称其恶"、"自责以备"。他说："自称其恶，谓之情；称人之恶，谓之贼"；要"求诸己"，而不"求诸人"，"求诸己，谓之厚；求诸人，谓之薄"。"我有之，而诽诸人，人之所不能受也，其理逆矣，何可谓义？"要"反理以正身"，以伦理规范自己，纠正自己，使自己的言行符合伦理道德的要求。也就是说，人们在处理人际关系时，要严于律己、宽以待人。这是教导人们修己待人的正确态度，是对曾子的"三省吾身"②、孔子的"见贤思齐"③、"躬自厚而薄责于人"④、孟子的"反求诸己"⑤、《礼记》中的"慎独"等思想的丰富和发展。

其二，"强勉行道"。董仲舒认为教化者除了自觉地内省以明道之外，还要积极地"行道"，将自己所体认到的"天意"、"善道"外化，即通过自己的行为表现出来，只有这样，道德修养才会大有成效，正所谓："强勉行道，则德日起而大有功。"⑥ 强调人们的自我道德修养，不仅要有正确的道德认识，更重要的是要在实践中勤勉地"行道"，即践履道德规范。

---

① 《春秋繁露·仁义法》。
② 《论语·学而》。
③ 《论语·里仁》。
④ 《论语·卫灵公》。
⑤ 《孟子·离娄上》。
⑥ 《举贤良对策》。

其三,"迁善改过"。董仲舒认为,人们的道德修养过程实际上就是一个不断"迁善改过"和"兴善去恶"的过程。他强调,人们要完善德性、走向成功,就必须"明善以返道者也"、"返道以除咎"①和"进善诛恶"②。这一思想,在孔子的"过则勿惮改"、孟子的"闻过则喜"思想和后世周敦颐的"迁善改过"、龚自珍的"以教之耻为先"、魏源的"克己之谓强"等思想,起到了承上启下的作用。

其四,"专一虚静"。董仲舒说:"目不能两视,耳不能两听,手不能两事,一手画方,一手画圆,莫能成。……是故君子贱二而贵一。人孰无善?善不一,故不足以立身。"③"夫欲致精者,必须静其形"④。他旨在强调,人们进行道德修养,必须始终好善求义,虚心以求,才能"足以立身"。这既借鉴了老子的"涤除玄览"、"致虚极,守静笃"的思想,又吸收了荀子的"用心专一"、"虚一而静"的思想。虽然含有唯心主义思想的成分,但它要求受教育者在学习过程中要排除杂念、保持头脑冷静,无疑具有一定的合理性。

---

① 《汉书·董仲舒传》。
② 《春秋繁露·重政》。
③ 《春秋繁露·天道无二》。
④ 《春秋繁露·通国身》。

第三章　董仲舒教化思想评析

读史以明志，明史以鉴今，挖掘历史之传统正是为了着眼于当下之现实。习近平同志指出，"中国传统文化博大精深，学习和掌握其中的各种思想精华，对树立正确的世界观、人生观、价值观很有益处。学史可以看成败、鉴得失、知兴替；学诗可以情飞扬、志高昂、人灵秀；学伦理可以知廉耻、懂荣辱、辨是非"①。中国"古代"优秀传统文化与"当代"思想文化始终血脉相连，古代"教化"和当代青少年思想道德教育之间也存在必然之历史关联。探究董仲舒之教化思想，其根本在于寻求其于当代之意义，这就需要对董仲舒教化思想作一基本的分析与判断，以确证其意义，确证其在当代犹有可取之处。

董仲舒教化思想经历千年的传承，渗透于社会生活的各个方面，对中华民族的思想意识及行为规范影响深远，其中无论精华还是糟粕都是根深蒂固的。在深入研究董仲舒教化思想的基础上对其进行评价，应当遵循马克思主义唯物史观的基本原理，在肯定其合理内容与历史进步作用的同时，也要看到其中消极保守的方面，去其糟粕而弘扬精华，全盘否定或全盘肯定，都不利于有效地借鉴和发挥董仲舒教化思想中科学合理的成分，对董仲舒教化思想中所表现出的特点及其历史地位的评价，需要在辩证唯物主义历史观的指导下进行全面而客观的分析。

---

① 习近平：《论中国传统文化——十八大以来重要论述选编》，《党建》2014 年第 3 期。

一 董仲舒教化思想的特点

传统儒家历来关注教化，大多数儒家学者的思想中都包含有教化方面的内容，但董仲舒的教化思想在注重整合前人思想的同时，又对社会现实表现出高度关注，由此呈现出一系列的突出特点，具体体现在以下几个方面。

（一）功能上注重为政治服务

董仲舒的教化思想与汉代政治紧密相关，在功能上注重维护政治秩序的稳定，由此而产生的教化思想也具有较强的实践性。董仲舒教化思想的提出，首先就是基于秦朝灭亡的政治教训，以及汉代治理国家的现实政治需要，秦朝以法家治国而忽视道德教化，所谓的"三老掌教化"也只是严刑峻法，而无关道德教化，太过刚性的暴戾统治导致秦朝政治上的崩溃，引起汉代有识之士的深刻思考，他们希望从秦朝的政治失败中找到政治稳定与发展的长久之策。汉王朝的政权同样是建立在武力征伐基础之上的，但如果任由这种军事化倾向渗透到和平时期的国家治理领域，后果是不堪设想的。董仲舒正是基于当时的政治形势，提出了以教化治国的思想策略，这是一种德育政治化的表现，所以说董仲舒的教化思想具有先天的政治性。

董仲舒的教化思想不可避免的突显其政治性，首先是由于思想学说依赖于国家政治制度作为其自身发挥作用的一种重要载体，国家政治制度在董仲舒教化思想的实施过程中也起到了必要的保障作用。可以说"独尊儒术"局面的确立，正是统治者接受教化治国思想的结果，而"独尊儒术"的推行，反过来又在社会中形成重视教化的共识，并将教化作为衡量治国成效及官员政绩的一个基本标准。董仲舒把先秦的单纯道德教化上升到政治教化的高度，把改良风俗与稳定政治结合起来，具有极强的政治性，这种政治性也体现为，董仲舒的教化思想是在国家政治及文化制度的保障下展开的。董仲舒的教化思想以现实政治为出发点，借以论证施行教化的必要性，为国家长久稳定提供策略，以王道政治的实现为最终理想，对社会政治产生深刻影响。在汉武帝"罢黜百家，独尊儒术"文教政策的支持下，儒学从先秦的诸子百家之一，蜕变成为官方的意识形态学说，其学说的影响也就自然不再局限于思想学术界，而是逐渐渗透到现实政治领域，通过思想理论上的指导与影响，保证封建国家向着正常合理的方向前进，儒家学说的复兴与西汉社会中后期的尊儒运动是相互作用的。自汉武帝始，历代的封建统治者都注重以儒家学说解释各种政治作为，以粉饰自己的王权专制统治，而在这一过程中，儒家学说自身也得到发展，通过为王权的存在提供某种合理性，而将其政治理想渗透于社会的方方面面，对民间社会的进程产生着潜移默化的影响。事实也证明一种思想学说在社会中的盛行，难以脱离现实政治权力的支撑，同样以儒学的发展为例，魏晋时期佛学及玄学在社会中的兴盛，就是与儒学失去政治权力支撑直接相关的，此时的儒学也就相应的失去了对政治生活的指导作用，这又导致了儒学的去政治化倾向，其自身的发展由注重指导现实政治，转向为更多考虑理论本身的发展完善，以至于发展到宋明时期出现心性儒学这样一种与董仲舒时期政治儒学截然不同的方向。从政治对学术发展正反两方面的影响来看，正是由于汉武帝时期对董仲舒儒学的浓厚兴趣，才使得其教化学说得到大力推行并逐渐发展为政治教化儒学，其思想学说也就不可避免地带有强烈的现实政治倾向。

  正是由于董仲舒的政治化儒学与中国传统社会的王权主义之间具有如此紧密的联系，所以有学者据此认为以政治化后的儒学为主导的汉代政治文化"遗失了先秦儒家的真精神"，其中首要的就是以"政治批判"、"社会良知"以及"文化批判"为内容的先秦原始儒家"批判精神的遗失。"[①] 如果从现实层面考察汉代政治实践中的儒家思想，工具性的色彩显然十分明显，这种状况同先秦儒家理论中的治国思想有着相当大的反差。但是落入现实的思想绝不能等同于思想家的思想原貌，董仲舒教化思想中影响汉代政治的那部分不能同董仲舒全部的教化思想画等号，更不能代表董仲舒思想文化的真精神。徐复观先生认为董仲舒的思想精神可以分为两部分来看待，"一是董子为适

[①] 韩星：《秦汉政治文化整合中儒学思想的变异》，《孔子研究》2006年第5期。

应大一统专制政治趋于成熟的现实状况，从儒学中发展出一套肯定此体制的合法性和合理性旳思想理论，这一部分内容构成他天道哲学的现实目的；但董仲舒在为封建王权存在的合法性进行论证的同时却又不止步于政治现实，而是力图给此体制以新的内容和新的理想，董仲舒的前一做法，因为适应了专制政治自身的要求，所以收到很大的效果，而后一做法，因为实际上是与前一做法不能相容的，所以必然是落空的。"① 这种观点在某种程度上可以解释董仲舒思想的内部矛盾，事实上，即使是政治化后的儒学，仍不缺乏内在的批判性，也并非完全是专制王权帐下俯首帖耳的奴仆。现代新儒家学者蒋庆甚至认为，以董仲舒为代表的今文经儒学的真精神恰在于它的批判意识，是真正能代表儒家精髓的玄门正宗。② 总之，在大一统的时代背景下，董仲舒的教化学说得到了当局统治者的认可推行，这对于儒学的发展具有重要意义，可以说是由董仲舒完成了儒家以孔孟荀为代表的传统教化思想向政治化、实践化的教化思想进行转变的关键一步，并且构建了中国传统社会中教化思想体系的基本结构。

董仲舒教化思想的政治性使其在施行过程中体现出一种实践性。"由于教化是对人的精神的塑造，其目的是要使人获得一种教养，因而，它所关注的东西比单纯地获得某种知识要重要得多，也就是说，教化本质上禀有一种实践目的，教化理论是一种实践哲学学说。"③ 从周代教化学说的萌芽开始，教化就作为一种实践在进行着，但当时还主要是针对王室贵族的教化实践，到了孔孟荀那里，由于儒家教化主张不受当政者欢迎，所以教化在国家层面的推广落实极为有限。而董仲舒所处的年代，已经实现了社会政治的统一，社会经济也得到了发展，并走向西汉王朝的鼎盛时期，如何将教化理论在大一统封建王朝下进行实践，这是摆在董仲舒面前的一个重要课题。董仲舒在继承孔孟荀的礼乐教化等传统途径之上，又增加了诸如"立太学"这样的教化措施，形成了君王示范、礼乐教化、兴办太学、人才选拔等相

---

① 徐复观：《两汉思想史（第 2 卷）》，华东师范大学出版社 2001 年版，第 183 页。
② 蒋庆：《政治儒学：当代儒学的转向、特质与发展》，生活·读书·新知三联书店 2003 年版，第 11—57 页。
③ 詹世友：《道德教化化与经济技术时代》，江西人民出版社 2002 年版，第 35 页。

结合的多层次教化体系。首先，君王在董仲舒的思想中是社会教化的最高倡导者，其本人应当躬身实践教化的宗旨和内容以感化社会民众；其次，虽然教化是君王的施政目标，但具体实践还是主要依靠地方的作为，所以西汉政府常采取派遣官员巡视及表彰奖励等措施来推动地方教化，如汉武帝元朔元年（公元前128年）诏言："公卿大夫所使，总方略，壹统类，广教化，美风俗也。"① 这明确了各级官员负有推广教化、改良社会风俗的使命；第三，为了加强教化思想的实践性，董仲舒还将儒家思想与选士制度相结合，以此来提高各级官员的道德素质以便更好地推广教化，在选拔人才的过程中又使得儒家伦理道德观念逐步被社会所接受和认可，并自觉遵行。正是一系列具体的制度措施，在实践中保证了董仲舒教化思想的实际效果，通过这些制度措施，董仲舒的教化思想在获得国家政权制度性支撑的同时，也在社会生活中体现出高度的实践性，董仲舒通过制度化的形式实践了先秦儒家所推崇的教化理想。

总而言之，董仲舒是以封建地主阶级利益为重的思想家、教育家、政治家。而在阶级社会里，人的思想意识必然具有阶级特性，这种特性是由人的阶级地位决定的，反映着本阶级的特殊利益和要求。在董仲舒的政治教育目标中可以看出，君王是执掌了国家最高的权力，有选贤任能之权，接受天命对百姓施以王教之化。上至国家制度的制定，下至百姓教化内容的选择都是凭王意、自王出，民众只能从之。因为这是上天赋予君王的职责与权力，"可求于天"、不可违逆。在下位的臣与民，相对于君来说，就是卑贱之位，而"阳灭阴者，尊压卑也，固其义也"②，无论是掌有国家些许权力的臣，还是处于完全被统治地位的民，都要忠顺于君，如若以下犯上，不顾纲常，就是不可饶恕之大罪，这也是上天警示的。董仲舒借助于天道，站在地主阶级的立场，为地主阶级谋求最高的政治权力。他的"教化堤防说"要防民之欲、禁民之欲，把"万民"放在了统治者的对立面，设"堤防"来防止百姓追求利欲，也充分体现了阶级性。

---

① 《汉书·武帝纪》。
② 《春秋繁露·玉英》。

(二) 形式上注重整合前人思想并体现时代特色

汉初儒家在很大程度上传承了先秦时期儒家学说的方法和主张，但到董仲舒时却通过将阴阳五行等学说揉入儒学之中，融合当时社会转型期产生的各种新变化，建立了天道哲学，无论在形式、内容还是方法上，都使儒家的教化哲学发生了某种程度上的转变。董仲舒很重视对前人思想成果的吸收借鉴，这种吸收借鉴是在儒家学说的基础之上对诸子百家的融合，正是在这种融合中实现了儒学的新发展，表现为对社会现实的高度关注，以及对时代思潮的高度适应性。董仲舒立足于教化所进行的思想整合是成功的，正如学者所言，"在他那里，百家之学不是机械地、简单地合并、混杂在一起，而是经过甄辨、选择、改造，而被统摄整合入儒家学说，成为贯彻和实现儒家基本价值理念的辅助因素，从而达成以儒学为主体和核心的有机统一"。① 这一时期的儒家思想经过董仲舒的改造，不仅在最本原处得到了发挥，而且更加切近政治现实，适应了现实政治的需要，进而使儒学发展成为深入到社会政治生活中每一角落的大众哲学，实现了"儒学独尊"的局面。显然，儒学的发展以及它在中国传统社会中日益扩大的影响与董仲舒的改造密不可分。

首先，董仲舒吸收先秦儒家的学说为教化建立理论基础。董仲舒的教化思想是以人性论为主要依据的，在这方面他重点考察了先秦儒家两位代表人物孟子和荀子的学说，并在对两者人性学说进行批判借鉴的基础上，提出自己对人性的看法，即认为人性中有善有恶，所以人性也存在向善向恶两种趋势，这不同于孟子和荀子的人性学说。以这种人性学说作为理论基础，董仲舒认为教化可以发展人的善性而遏制人的恶性，进而提出了自己的教化理论，可见董仲舒的教化思想注重对已有学说的分析考察及合理借鉴。除此之外，董仲舒的教化思想还直接继承汉初陆贾、贾谊等人的学说，在汉初普遍重视对亡秦教训进行总结的基础之上，进行再思考，对汉初思想家的认识加以肯定并进一步深化发展，提出了若干推行教化的具

---

① 张平：《董仲舒与中国传统文化思想的整合》，《河北学刊》1998年第4期。

体措施。

其次，董仲舒反思现实政治实践而主张教化作为治国之策。这体现为董仲舒对前人思想在现实政治实践中效果的反思，董仲舒主张教化治国，其中又以刑罚作为教化的辅助手段，正是对法家和道家治国学说的实践进行反思后所得出的结论。法家学说的"以法为教"在秦朝的残暴统治以及道家学说在汉初政治社会中的"无为而治"使董仲舒明白，它们都不适合作为封建大一统政治下的社会治理之策。在对两种治国思路进行反思的基础上，董仲舒认为教化与刑罚都有其存在的必要，二者殊途同归，所以主张以教化为主，辅以适度的刑罚扩大教化的效果，最终达成社会和谐的理想境界。

最后，董仲舒结合时代特色对教化思想进行形式改造。在董仲舒生活的时代，阴阳五行学说作为一种解释自然现象的权威理论，在社会中具有广泛的接受度，董仲舒在这样的背景下，将阴阳五行学说作为其天道哲学观的基础，并用于论证教化思想的合理性。结合社会中普遍流行的阴阳五行说，董仲舒为教化的施行建立了"天"的终极意义，也为教化渲染了一丝宗教色彩。经过这种"包装"的教化思想不仅由于阴阳五行学说本身的神秘性而带有了某种不可违反的权威性，而且使得社会民众对教化的认可度大为提高，这正是因为教化的提出符合一般民众的逻辑思路，易于理解和接受，从而有助于教化真正在全社会范围内的展开。

总之，董仲舒继承汉初叔孙通、陆贾、贾谊一脉，以西汉现实的政治情况为着眼点，对儒家思想进行革新改造，以适应时代的发展、以适应现实社会政治和统治者的需要。董仲舒教化思想比起前人，更具有社会现实性，更注重为社会政治的稳定和统治者服务。西汉初期社会现实上：贫富差距拉大、骄奢淫逸之风弥漫、礼义悖乱、利欲当行，诸侯国尾大不掉，威胁中央统治，社会矛盾激化，容易暴发农民起义；同时国家承秦制，实行中央集权、君主一人专制的制度，作为统治者自然希望一人独尊，万民臣服。针对这些复杂的社会形势，伦理道德上有了诸多新要求：纲纪有序、尊卑分明、正义反利、教化节欲……董仲舒认识到国家只有依靠道德教化这样的"牧师"职能去让万民从思想上认同统治者的观念，才能社会稳定。所以董仲舒在政治教育目标上以"三纲"为核心,对从家庭到社会中的诸人提出了明确的尊卑的要求;又在教化目标上以"五常"为核心,对人的普遍道德提出规约,要求守纲纪,顺服于社会、君王。即每个人在这个社会中所处位置不同,要各安其位,各修其德,而这些要求都是上天的要求,不可违逆。董仲舒提出的教化思想,为执政者在国家统一却矛盾凸显的情况下稳定国家统治,提供了非常具有实践操作意义的、高效的方案,非常具有社会政治的现实性。

(三) 内容上注重对儒家人文主义精神的传承

虽然董仲舒对儒学的改造在功能上更加注重服务于现实政治,表现出强烈的政治性和实践性,但不应据此而将董仲舒的思想完全定位为一种迎合帝王欢心的统治术,其中包含着的儒家人文主义传统同样不容忽视。作为一种统治性的学说,儒家思想何以在被统治者采纳之后,随即也被整个社会所认可与接受。与此相对照的是,法家思想虽然被统治者所信奉,但却始终无法在民间推广,最终没有赢得人心。这其中深层次的原因就在于,即使是政治化之后的儒学,所关注的也不仅仅只是统治的实用性,而是始终在人文价值方面追求着理想的实现,始终没有放弃对优良社会政治生活的追求,它给每个人以社会良善的希望,也使儒家思想最终能与法家之术相区别,获得其统治整个社会的合法性。

诚如徐复观先生所提到的那样,虽然武帝喜欢的是董仲舒教化思想中"应帝王之学"的那一部分,但董仲舒自己却没有放弃在理想与价值层面的探讨,这些内容赋予了董仲舒思想更为深远的意义。董仲舒在他的天道哲学中提高了王权的地位,这似乎是更重视与天道相通的君道,但是如果我们从中国传统政治思想所讨论的天人关系这一命题发展的内在理路来分析,不难发现,从西周周公所强调的"敬天保民"开始,思想家的理论重点就在于"虚于敬天,重在保民",这种人本主义精神始终都是传统天人关系命题中的核心价值。董仲舒哲学中"天"的概念,显然是要为人类社会政治生活提供一个必然性的前提,借天道求人道的理论特色正是对发端于西周以来,中国传统政治思想中人文主义的延续与弘扬。从天、君、民三者的关系来看，董仲舒一方面主张"屈民而伸君"，另一方面则主张"屈君而伸天"。这方面的内容前文已经有所论述，这里再次提及所要强调的是，在董仲舒的思想中，"天"居于首要的位置，其基本内涵就是人类社会必须服从的道德法则，君王在天人关系中处于中介地位，强调对君王的服从，也就是强调对道德法则的服从。但必须说明的是，只有完全接受天意教化的君王才是理想的君王，才具有合法性的普遍约束力，也就是说，在董仲舒教化哲学中所设想的理想君王，因为与"天"相通，所以他是"善"的化身，这样的君王与韩非等法家所设想的善于玩弄权术的君王相比较，显然代表了不同的政治理念。而对于道德意义上"善"的追求，正是先秦以来儒家一以贯之的目标，也是儒家可以从根本上异于法家之术，并获得社会整体认可的最根本原因。

循着追求道德意义上的"善"这一思维路径，董仲舒的教化思想强调"仁义法"。在董仲舒看来，"仁"与"义"仍然是社会政治生活中最首要的价值，"所以治人与我者，仁与义也。以仁安人，以义正我。故仁之为言人也。义之为言我也。言名以别矣。仁之于人，义之于我者，不可不察也"[1]。"以仁安人，以义正我"可以视为对君王提出的价值规范和行为要求，虽然在汉代现实的政治生活中，董仲舒所坚持的仁义原则影响较小，但对于后世儒者的影响却是巨大的。董仲舒"正其谊不谋其利，明其道不计其功"[2]的弘道意识，正是对先秦以来儒家传统道义论的继承和发展。虽然后世宋儒不承认董仲舒在道统中的地位，但是在对待道义问题的方向上，却是与董仲舒惊人的一致，因此可以说，先秦儒家的人文精神与批判意识，在董仲舒的思想中并没有断裂，不同之处在于，董仲舒的思想实际上是以一种超验的方式使其得以延续，从而使先秦儒家所强调的道德法则更具有必然性和绝对性，而董仲舒的论述方法，也把传统儒家的教化思想发展到一个更具形而上学色彩的阶段。所以，董仲舒对先秦儒家思想的改造虽然巨大，但深入其思想深处，董仲舒并没有放弃先秦儒家所坚持的

---

[1]《春秋繁露·仁义法》。
[2]《汉书·董仲舒传》。

人文主义精神。从某种程度上说，儒学之所以能够力压百家，成为中国传统的主流思想，不仅仅在于它迎合了现实政治的需要，而更在于儒学自身的人文主义精神，最终指向追求社会与政治生活中的良善，它在这一点上最根本地符合了整个社会的心理需要，这种对人文主义的追求在董仲舒的教化思想中得以延续。

（四）方法上注重多样性与系统性以形成教化合力

董仲舒的教化思想是寓教育和感化于一体的青少年思想道德教育体系，具体落实方法的多样性和系统性是其显著特点之一，这主要表现在以下几个方面：

其一，注重统治阶级内部君王和官员相结合推行教化。君王和官吏作为封建统治阶级，在社会当中居于核心地位，其具体事功直接关系着教化在社会中的影响，具有强大的感召力。西汉社会尚处于封建社会初期，政治分工尚不完善，专门化程度也不高，君王通过自己至高的权威地位，可以培养民众向善的观念，身体力行引导民众致力农耕、遵守孝道，从而培育良好的社会风气。各级官吏在日常行政中，也注重教化的施行，既是官吏又是师儒，以此使教化学说得到深化与扩展。在具体方法上，汉代采取皇帝诏书与官府文告的方式，宣传教化政策或培养良好社会风气，对社会民众起到了引导或制约的作用。此外，董仲舒本人也直接参与教化活动，司马迁称其"下帷讲诵，弟子传以久次相受业，或莫见其面，盖三年董仲舒不观于舍园，其精如此。进退容止，非礼不行，学士皆师尊之"①，这不仅说明了董仲舒令人钦佩的敬业精神，还体现了其极佳的教学效果。

其二，注重学校教育与社会教化相结合推行教化。随着学校教育在西汉社会的逐步发展完善，其在教化方面也发挥着越来越重要的作用，而整个汉代社会浓重的教化氛围，也为学校教育的进一步发展提供了环境，"汉代学校教育作为整个教化的一个有机组成部分，对学校教育自身的发展也有重要影响，避免学校教育走贵族化道路，而逐

---

① 《史记·儒林列传》。

渐形成办学途径多样化的特点。"① 汉代学校教育的宗旨或办学目标是与教化一致的,"太学者,贤士之所关也,教化之本源也。"② 当时的统治者也将学校育贤才作为教化的本源,汉武帝在招收博士弟子的诏书中,将直接目的归于"崇乡党之化,以厉贤才焉"③,与培养人才相比,显然更重视政教风化,通过中央太学的建立,将教化辐射到地方。学校培养出的人才成为教化成果的一部分,这部分人才广泛参与到国家政治生活中,为一般社会民众提供了榜样,引导社会更加关注儒学,进而归于教化,这种尚儒风气又为学校教育的发展奠定了基础。汉代学校教育在培养人才的同时,对社会良好道德风气的形成也有重要作用,总体而言,学校教育作为社会教化的一个重要组成部分,对教化的达成具有重要意义。

其三,注重在刑罚运用中与儒家精神相结合推行教化。董仲舒以阴阳学说为指导阐述了其"德主刑辅"的基本治国思路,不仅如此,儒家温润的教化思想还渗透入严酷的刑罚之中,使刑罚真正作为教化的辅助手段而存在,具体表现在汉代通过"春秋决狱"而实现的法律儒家化。董仲舒本着《春秋》"贵志"的基本思想,以儒家伦理道德纠正过于机械严苛的现实刑罚,对教化目标的完成起到潜移默化的作用,并且得到汉武帝的肯定,"春秋决狱"也逐渐成为汉代司法的基本原则,进而成为整个封建时代的基本司法准则,法律儒学化是董仲舒教化思想在社会中成功推行的一种有效辅助手段。此外,董仲舒还认为"道者,所由适于治之路也,仁义礼乐皆其具也"④,也就是将"礼乐"视为推行教化的有效措施,他尤其重视"礼"在维护"贵贱有等,衣服有别,朝廷有位,乡党有序"的封建等级制度方面的重要作用,封建礼制也成为推行教化的得力工具。

上述方法在董仲舒的教化思想中都有提及,通过综合运用,在汉代社会形成了良好的教化效果,保证了董仲舒教化思想在现实生活中

---

① 李国钧、王炳照:《中国教育制度通史》(第1卷),山东教育出版社2000年版,第410页。
② 《汉书·董仲舒传》。
③ 《汉书·武帝纪》。
④ 《汉书·董仲舒传》。

形成合力，从而得以普遍推广。

（五）效果上具有鲜明的理想主义色彩

董仲舒教化思想，一方面董仲舒借天道赋予了君王在上的绝对的权力，在下的无论官吏还是百姓要做好"臣民"、"顺民"，没有独立自由意志而言，即"屈民而伸君"；但另一方便还是借助天道对君主提出了诸多道德上的要求，甚至有些言论是站在民的角度对君主提出的要求，如仁德爱民等思想，这两个方面看似矛盾，其实董仲舒都在指向一个理想化的政治局面：君握重权需具至德，百姓大臣服从君主、不违其德，那么上下和谐，天下大顺。这是董仲舒的"理想国"，在君主专制的体制中，无论是君、臣，还是民，都要遵守规则，不越其位，各修其德、上下一心。董仲舒设定的教化层级，其中的尊卑有别，上下等级森严为统治者欣然接受，但真正道德上的要求，统治者做到的又有几何？

至于官吏大臣，董仲舒提出国家依据天道运转，设120名官员即可辅佐君王统治国家，而这120名官员的选拔主要依据德行，"高者列为公侯，下至卿大夫，济济乎哉！皆以德序"，皇帝依据官员的德行高低来分配职位的次序。国家要考核官员的德行来授予官职，而这一点同样具有理性化的色彩。因为在封建专制的等级社会中，现实并非如此，地主阶级官吏通过盘剥百姓、兼并土地迅速积聚财富，却枉顾民之生存，"富者奢侈羡溢，贫者穷急愁苦"而这样的局面，只要是在阶级社会中都不可避免。所以说，董仲舒德育目标的设定从上到下都具有鲜明的理想主义色彩。

总体而言，董仲舒教化思想中反馈出来的融合性、现实性、阶级性、理想性等特点是由董仲舒所处的时代决定的：西汉正好处于文化大一统时期，在大一统中又见文化的多样性，所以其德育目标有鲜明的融合性，融合各家所长形成"新儒学"；西汉又是由先秦分封制向秦汉君主专制政体过渡的阶段，面临的现实问题很多，经济上、政治上的错误决策给道德规范提出了一系列新的要求，所以董仲舒注重从现实的角度阐发教化目标，具有现实性；董仲舒又处于阶级社会，他本身就是封建地主阶级的代表人，所以其教化目标中的阶级性有其自身的根据；最后，董仲舒对上至君王、下至百姓都提出了相应的教化目标，但是现实往往惨淡，所以说董仲舒的教化目标具有很大的理想性。

二 董仲舒教化思想的历史贡献

汉王朝中央集权统一国家形态的最终完成，为董仲舒教化思想的形成及其在全社会范围内的推行提供了前所未有的历史契机，这是董仲舒之前的思想家们所不曾有过的历史际遇。孔子和孟子由于所处时代在政治上的四分五裂，所以只能以私人讲学的方式践行自身理想，强调依靠自身修养提升道德水平，这种教化实践对其所处时代的影响自然也就较为有限。荀子的教化注重对象的全面性，通过礼法并用，由"礼不下庶人"转变为主要针对社会民众的礼乐教化，从国家和社会的高度全面思考教化，也顺应了历史即将统一的发展趋势。在前人的基础上，董仲舒真正站在统一国家的立场，认识教化的重要性，分析了教化的功能、目标与原则，通过潜移默化的教化活动缓和了阶级矛盾，并为汉王朝选拔了一批德才兼备的人才，在与中央集权相适应的各种政策制度中，体现了教化的新思路，从国家层面进行教化的传统肇始于此，自此以后，"有德与无德不仅是判定统治者个人品行优劣的标准，也是判定一个王朝统治优劣的标准"[①]，董仲舒为汉武帝在大一统政治局面下有效治理并巩固政权，提供了一种有效的新方案，但其教化思想的贡献远不止于此，具体而言，董仲舒教化思想的贡献体现在以下几个方面。

（一）提升统治者的道德素质，促进社会稳定与发展

董仲舒所处的时期，正值政局动乱的时期，匈奴入侵，诸侯分据，农民起义等。这个时候统治者急需要一种文化武器为自己正名，武装自己，得到民众的支持。而董仲舒为了满足统治者的需要，顺势提出了道德教化思想及其他思想主张，并被汉武帝所采纳。董仲舒的

[①] 吾淳：《中国社会的伦理生活》，中华书局2007年版，第35页。

教化思想的核心就是提倡统治者用道德教化来治理国家，安抚百姓。它对当时朝代的意义深远，对于思想道德的发展也有积极的推动作用。

董仲舒将教化放在十分重要的位置上，强调了其对于治国安邦的重要性。为了满足统治者的需要，董仲舒还将伦理、政治主张等与道德教育结合在一起，将德育的高度上升到政治的成败。实际上德育对于个人品行的提高和良好社会风气的形成有很重要的作用。个人的道德水平与社会的道德水平息息相关，若每个人都重视德育则政治就会成功，国家就能兴盛。反之则会导致社会的动乱，国家的衰败。

在董仲舒眼里，一个和谐的社会，必定是仁义盛行的社会，对百姓的教化都要以道德为核心内容，通过"渐民以仁，摩民以谊，节民以礼"① 最终实现"教化行而习俗美"。当人们受到传统道德思想的熏陶和教化后，就算国家没有制定较为苛刻和严厉的刑法，只要国家明令禁止，就绝不会出现违背之人和违背之事。董仲舒认为，对民众进行教化，除了传统的仁义道德的言教之外，统治阶级还必须要躬亲示范，树立榜样，这就是所谓的言传身教。他强调，统治者只有处处躬亲示范、严于律己，才能够保证国家的长治久安，才能够营造风清气正的良好社会风气。对于君民之间的关系，孔子也曾经说"君子之德风，小人之德草，草上之风必偃"②。在这里，董仲舒借用此语，分别以"草"和"风"来形容民、君之德，君王的一言一行都会深刻地影响到民众德行的形成，就如同风朝哪个方向吹，小草就会随势而动一样。他认为统治者应当放弃暴政，主张以德服人，不仅使人口服，更要心服，使民众从内心深处顺从君王的领导。王者的一项重要职责就是对百姓进行教化，如果统治者不能洁身自好、垂先示范，那么就没有资格谈什么教化民众。董仲舒要求贤能之人都要进太学学习，接受新儒家的教育，使他们树立要以儒家的传统道德教化民众的意识，这样一来再派他们去为官才能肩负起教化百姓的责任。想到了这层关系，董仲舒决定在大一统的基础上改革官吏制度，大力促进太

---

① 《汉书·董仲舒传》。
② 《论语·颜渊》。

学的普及和推广，并且官吏也成为被培养的对象，这样做的根本目的是禁锢人们的思想，维护封建统治者的利益，以便于加强统治。他对古代教育的贡献除了兴办太学之外，还有规范了养士制度，将养士由私家属性改成了为国家服务的公家属性，自此之后太学成为国家教育的最高学府。董仲舒以道德教化作为突破口，提倡用一种缓和的手段来治理国家，这符合当时的时代背景，有利于缓和不同阶级之间的矛盾，对当时经济的发展，国家的统一起到了重要的作用。

对西汉社会来说，董仲舒的教化思想有其进步意义。任何不同的思想都是不同的社会历史发展到一定地步之后的产物，历史唯物主义认为，衡量一种思想的总的社会历史作用，应当是从当时的历史条件出发，看它是促进当时社会历史发展的，还是相反。董仲舒教化思想，主张百姓的顺命、服从，就本质来说，是代表和维护了君主专制制度下统治阶级的利益的，这确实是他思想的历史局限；但是董仲舒教化思想对于维护当时西汉建立的中央集权制度的稳定是也有积极作用的。董仲舒教化思想的各个部分都是以其面临的西汉社会现实为根基的，关注并紧紧围绕社会现实展开教化的阐述，最终以王道社会的稳定统治为其现实归宿。

董仲舒面对的是西汉分裂与统一并存的政治局面，文化多样性发展的局势，这样的社会背景弊病深藏，人心不齐，社会矛盾凸显，不利于当时社会的稳定统治。而董仲舒面对这样的社会形势，提出了"独尊儒术"，为西汉设计了一套具有明确政治针对性的教化思想，使得全国有了一个统一的明确的指导方针，使得上至帝王、下至百姓有了一个统一的灵魂，天下有了一致的统一法则，这对巩固汉王朝的封建统治、维护社会的统一稳定、维持国家的统一团结、增强举国民众的凝聚力有着非常重要的作用。例如董仲舒教化目标中的仁义、忠孝思想，他将家国同构，由家至国，这样提出教化思想具有明确的现实针对性。同时，董仲舒虽然立足于封建统治，强调臣、民的顺服，但是他也看到了为君之德的重要性，对君王的道德上提出了一系列要求，这也是他在君权至上的社会里眼光独到的一步。除此以外，他站在大一统形势下，提出"罢黜百家、独尊儒术"，逐步实现了西汉王朝文化意义上的大一统，巩固了西汉政治上的大一统，形成了汉民族的"共同心理状态",使得中华民族的传统文化、道德规范在此定型。其实,原本董仲舒就处在与先秦的诸位儒家学者不一样的社会环境,西汉时期的经济、政治、文化环境都处于历史的转折之时,呼吁着伦理道德的转变,而这样的大变革时期,是先秦学者们从未遭遇和经历的,他能站在西汉社会统一、中央集权这一特殊的社会制度层面来思考道德教化问题,也是他超越前人的一步。

(二) 初步构建了中国古代教化思想的完整体系

在先秦诸子时期,经过长期的争鸣与发展,逐渐形成以法家、道家和儒家为代表的三大治国理想,其中法家要求以法为治,道家则强调清静无为,唯独儒家主张柔和的教化治国。董仲舒在历史实践的基础上认为,法家思想在秦朝施行所带来的冷酷暴戾最终导致亡国,道家无为而治思想虽有益于汉初的社会恢复,但却不利于封建统一王朝的巩固,通过对汉初经济、政治、文化方面新变化的思考,董仲舒以天道哲学和人性论为理论基础,较为系统地提出了教化的目标、原则和功能,在以全体社会成员为教化对象的基础上,区分君王、官吏和民众三个层次,相应地提出了教化内容,初步构建了中国古代教化思想的完整体系。

董仲舒思想的突出特点,就在于以教化为主线或核心精神,这也标志着经过多次的努力尝试之后,儒家教化思想在治国策略中最终胜出。儒家思想借助政治权力的有效辅助,得以与具体的制度措施相结合而在全社会推广,这又反过来稳固了汉王朝的政治统治,儒家思想在汉代社会中所形成的深厚社会基础,也使得后世封建国家在治国策略的选择上,更倾向于儒家学说。

(三) 在儒学的发展史中起到承上启下的历史作用

对儒家思想的演变来说,董仲舒教化思想起到了承上启下的作用,上承先秦儒家,下启程朱理学,推动了儒家思想的革新发展。

董仲舒通过教化思想将儒学的兼容性明确化、正规化、合理化,使儒学练就了较强的应变能力,能随时代的发展而发展,这就为儒学在封建社会长期居于主导地位奠定了坚实的基础。董仲舒承继了先秦儒家以"仁义"为主的道德规范；政治教育目标层次下，君王要做到仁德爱民，为人臣子要做到敬、忠、廉、正，为子要做到孝、顺等；在教化目标层面下，要做到"仁、义、礼、智、信"等"五常"……这些教化目标层面都是与先秦儒家一脉相承的。只是，董仲舒在继承先秦儒家基本要义的底子上，博采众长，把其他学派的要义加入了儒学思想中，构建了与先秦儒学不同的、富有时代特色的、重新焕发生机的"新儒学"体系，使儒学在新的历史时期重新焕发活力。

在这新儒学体系中，董仲舒一反先秦温和的人际关系，而是倡导绝对化的人伦、社会关系，切实地为统治者治政提供了方向。而这点又为董仲舒之后的思想家所继承，特别是程朱理学。董仲舒把社会道德教化的目标的根源归结为"天"，天是神秘的，唯心的，不可捉摸的，而程朱理学与此一脉相承，宋明时期把社会道德教化目标的根源引向了"理"、"天理"，从"理"更加深刻地阐发了"三纲五常"这样的封建伦理道德是不以人的意志为转移的。程朱理学比起董仲舒更注重将修德与治政紧紧相连，使修德变成了治政的目的。

董仲舒教化思想注重从社会现实出发，论证教化的必要性及意义，最终又以维护社会秩序及保证政权巩固为目的和理想，他对儒学的这种发展，使得汉代的儒家学说更关注现实政治生活，重在为国家的长治久安提供智慧，董仲舒学说中"教主刑辅"的治国思路以及"三纲五常"的教化原则等，都为之后儒学的发展规定了主题和方向，对后世儒学的发展影响深远。更为关键的是，儒家学说在董仲舒的努力之下，终于利用国家统一的历史契机，完成了"为帝王师"的政治追求，随着汉武帝"罢黜百家，独尊儒术"政策的确立，儒家学说成为此后一千多年封建社会的官学，对历朝历代治国理念的确定及具体制度的构建，都具有深远的影响。如果说儒家学说的基本精神是由孔子、孟子和荀子确立的，那么正是董仲舒使这种基本精神被封建统治阶级乃至整个社会所接受和认可，这种由先秦原典儒学向统一王朝教化儒学的转变，奠定了董仲舒在儒学发展史中承上启下的历史地位。

总体而言，在这个上承先秦、下接宋明的过程中，从董仲舒开始，儒学逐渐被官学化、经学化，儒家在改革中越来越适应封建政治制度，儒学独尊的地位日益凸显，在董仲舒这个转折点上，"儒家文化从鲁、邹的区域文化逐渐发展为影响到整个中华文明的主流文化"。这样的过程中，儒家学派存在和发展的坚实的社会基础逐步被奠定，儒家传统治国安民的政治理想也可得以实践，儒生在儒学发展的环境中也可积极入仕，参政议政，而这些正是先秦儒家们孜孜以求的。董仲舒逐步开启了儒学与政治的结合，对儒家思想的发展起到了推动的作用。

（四）对中华民族文化的深远影响

对整个中华民族的文化史来说，董仲舒的教化思想，初步构建了中国古代教化思想的完整体系。先秦时期，诸子百家争鸣，各家学说争辩激烈；再经过长期的发展，各学派间思想相互融合，在董仲舒之前形成了法家、道家、儒家三足鼎立的局面，这三者的思想也是当时主要的三大治国思想，法家倡导严格的法纪、道家主张无为而治、儒家强调仁德治国；至董仲舒，他面对秦朝严苛酷法导致的亡国境地，又看到西汉初期后道家无为政治的无力感，他将强调以法治国、等级有差的法家，主张无为而治、顺应天道的道家和倡导仁爱教化的儒家这三家思想糅合，形成了富有创新意义、更具有政治实际意义的"新儒学"，并以此作为他宣扬教化的根基，提出了富有文化多样性、融合性的德育目标思想。通过"独尊儒术"的政策，更是将其构建的教化思想体系上升为国家官方意识，为后世传承，使得中国古代教化有了一个统一的标准，统一的灵魂。

并且，到了董仲舒处，在其教化思想的指导下，在其道德教化思想的宣扬下，中华民族精神可以说基本完成和定型了。西汉"独尊儒术"之后，在封建大一统文化体系推行后，董仲舒设计的各层级的德育规范不仅被各家各派的学者广为接纳，而且被当时和后世的君主、百官、万民所遵从并践行，逐渐渗透到全民族所有社会民众的思想观念和言行中，深深根植于中华民族儿女的血肉肌体中，逐步形成了共同的民族心理，民族意识、民族伦理、民族价值观、民族精神等。具体而言，如董仲舒倡导的"仁义"思想，其基本含义是爱人、爱万物、爱四夷等博爱思想，在这样的仁义思想浸润下，中华民族历代都培养了一大批志士仁人，如范仲淹、岳飞、陆游等，都具有爱国、宽厚、仁爱、友善等诸多美好品格。又如董仲舒倡导的"礼"，维护社会秩序的道德规范，而中华民族素来以礼仪之邦见称，这显然与董仲舒为代表的儒家思想对礼仪的塑造分不开。除此以外，还有忠孝、诚信、节义等思想对中华民族精神产生了深远影响。董仲舒是中国文化发展史上富有转折意义的一环，促进了先秦到秦汉伦理道德的转变，对中华民族文化影响深远。

（五）强化了"大一统"理念，有助于中华民族统一观念的形成

董仲舒尊奉儒学宗旨，阐发儒家教化思想，促进了当时思想文化的统一与发展，对汉代社会起着"一统"与"安定"的作用，有其历史意义，特别是对于中华民族统一观念的形成，产生了深刻影响。

经历了春秋战国时期政治上的四分五裂与思想上的百家争鸣，"大一统"成为秦汉时期的历史主旋律，但这一时期政治领域统一格局的不稳固以及统一思想尝试的屡遭失败，使得封建王朝的统治者始终在寻找一套能够统领政治格局并统一思想领域的意识形态，《吕氏春秋》及《淮南子》等作品的出现，就是封建统治阶级在这方面努力进行尝试的结果，但真正完成这一时代任务的是董仲舒。董仲舒认为儒家典籍《春秋》中的核心精神就是"大一统"，通过将这种儒家学说中本就具备的统一精神融入封建政权建设当中，结合社会民众的认识水平和接受能力，董仲舒借助教化，将儒家的"大一统"思想投向社会，奠定了中华民族的统一基础。汉武帝正是在"大一统"思想的指引下，对内保证政治局面的稳定，对外通过抗击匈奴实现统一帝国的巩固，在思想界更是经由"罢黜百家，独尊儒术"的政策实现了全社会对儒学的认同，进而实现对以儒家学说治国的封建政权的认同，又在此基础上形成民族认同，并最终形成了中华民族的统一意识，这一点对后世影响最为深远。从董仲舒开始，后人认识到国家发展的基础是统一，统一才能保障国家安定，一旦国家分裂则可能导致动乱的发生。由此可见，"在中华民族的文化词典里，维护或者恢复国家统一，反对分裂，一直被视为民族大义和最高表现"①。当国家面临分裂危险的时候，发扬"大一统"精神对维护国家统一、阻止分裂有着十分积极的作用。当国家受到外来强敌入侵的时候，发扬"大一统"精神，可以鼓舞人民团结一致共同抵抗侵略，保卫家园。

中国社会在汉政权之后，经历了魏晋南北朝这一动荡时期，但是政治上的这种无序与混乱，非但没有产生思想意识领域的分裂，反而是加强了民族之间的融合，进一步促成了统一民族意识的形成。这正是由于这一时期的统治者，无论是汉族还是少数民族，都以"大一统"思想作为政治工具，进而主张天下统一，在这一过程中加强了各个民族对于"大一统"理念的信仰，正如台湾学者李威熊所言，"统一思想，归本儒家。便是要使全国人有一致的信仰，让大家在相同的目标下，致力于共同的利益，所以统一思想是有其必要的。……它给我们带来了一个安详而有层次的社会，使我们的国家二千多年来始终能维持大一统的局面，不像面积与中国等大的欧洲，一直四分五裂，国家居然有二三十个之多，由这一点可以看出儒家文化的博大能容。它对国家的统一、民族的发展具有不可磨灭的贡献。因此，我们平心而论，董仲舒统一思想，尊崇儒术的呼吁，其功当多于过。"② 应当说，董仲舒在中华民族的融合与推动中华民族统一意识形成的过程中发挥了重要作用。

毋庸置疑，董仲舒的教化思想在中国教化史上具有非常重要的地位，无论是对教化学说本身的发展，还是对儒家学说的命运转折，甚至是对人们深层社会心理的形成都有着巨大的影响。董仲舒的教化学说因为得到政治权力的支持而得以在全社会范围内进行推广实践，使教化获得了完整的意义，这是对先秦儒家教化学说的重大突破。当然董仲舒的教化思想也存在着一些缺陷，以马克思主义唯物史观的基本原理为指导，不难发现董仲舒思想中带有的历史局限性。

---

① 封祖盛、林英男：《开发与封闭》，河北人民出版社1987年版，第118页。
② 李威熊：《董仲舒与西汉学术》，台湾文史哲出版社1978年版，第162—163页。

三 董仲舒教化思想的历史局限性

每个时代都有每个时代的精神，每个时代都有每个时代的价值观念。董仲舒教化思想产生于封建社会，就其本质而言，是代表和维护封建专制制度下统治阶级利益的。阶级上的局限性，造成了董仲舒教化思想具有一定的历史局限性。

我们在评价董仲舒的历史作用时，应该以辩证的态度去对待董仲舒及其学说。在董仲舒学说传承过程中，存在种种误读，主要表现为两种情况。一是历代封建统治者为维护其统治，片面地将董仲舒思想中维护、巩固封建统治，为封建统治辩护的内容称之为董仲舒思想，出现一叶障目的错误倾向。二是后世儒家从各自社会和自身利益出发，巧用董仲舒思想中的糟粕，对董仲舒思想进行片面的或错误的解读，歪曲董仲舒的某些思想，造成人们对董仲舒思想的误解，甚至对后世社会的发展产生某些不利影响。我们在研判董仲舒教化思想的当代价值和实现其现代转换的过程中，需坚持正确的态度和科学的精神，厘清正误，对其进行正确的评价和认识，既看到其维护封建统治的阶级本质，又认识到其思想的精华和光辉，做到有鉴别地对待和有扬弃的继承。

（一）忽视个体差异性而使得教化方法空泛化

与西方主要倡导的个人自由主义的传统不同，中国传统道德规范的观念是以血缘家庭为根基的，讲求以家族为基础的群体主义，主张个人对集体的服从性，个人几乎没有独立的价值，很少关注人本身的个体生命和自我的自由。董仲舒身处西汉封建社会这样的时代，教化目标上对人的道德规范同样没有脱离这样的设定，甚至自己人为地加强了这样的设定。董仲舒把先秦时期双向的君臣、父子、夫妻等关系加以绝对化，扼杀了人伦自然天性。在先秦时期还是"从道不从君、从义不从父"，可以有个体的思考、选择，到了西汉时期董仲舒之处，就演变为"臣不可以不忠"了。再传承至宋明时期的程朱理学，"三纲"的绝对化思维更为严重，宋明时期把"三纲"完全看作了不可改变的"天理",变成了"存天理、灭人欲"①。整体上的价值观念表现为权威主义,服从性,所以梁漱溟说:"在中国没有个人的观念,一个中国人似不为自己而存在。"② 这是董仲舒等人处在封建等级社会的阶级性导致的,阶级性、等级上的局限不可避免地造成了董仲舒对德育目标认识的局限性,没有关注到个人的自由,或者说,根本就不需要人性的自由、个体的觉醒,他们需要的是安于统治的"顺民"。这样专制、禁欲的道德观念在明中叶时就受到了一批如李贽、顾炎武等早期启蒙教育家的批判,开始主张关注人自身的价值;特别是自鸦片战争始,从国门大开起,西学东渐;到近现代新思想、新价值观的萌发,人们的主体意识逐渐觉醒。到现今,以民主、自由、平等、和谐等观念为核心的社会主义核心价值观成为主流的思想,这都体现了社会众人对人的个体生命的关注,意在促进民众价值观念的转变,自我意识的苏醒。

总之,合道德的教育总是以人为着眼点,关注人本身的价值,是出自人性的,人民接受合道德的教育,可以获得自我实现的满足感,而非被拘束的压迫感。不能因为最终的目的看似正确、看似有意义,就采用不合乎道德性的手段,还标榜道德。虽然董仲舒的德育目标思想对于维护封建统治稳定有重要意义,但从这点上来说,他蔑视人性的自由本身就是不道德的。

(二) 遵从权威与民主平等的冲突

董仲舒教化思想太过强调等级观念,并且这种等级有差、尊卑有别的思想为后世千年传承,早已深入内心。但近现代以来,人民由于自我意识的觉醒,逐渐认识到所谓的等级、阶级是不合理的,只有民主平等的、能够体现个人意义的思想才是进步的思想,但是自古以来屈从于权威的奴性不是一朝一夕可改的。所以,在这个古今文化、中西文化交汇博弈的现代化过程中,国人的内心多有无奈屈从权威与向往民主平等的冲突,而此冲突的根源主要在于董仲舒提出的"三纲五

---

① 《朱子语类》卷四。
② 梁漱溟:《中国民族自救运动之最后觉悟》,美国学术出版社 1971 年版,第 86 页。

常"对人性的压抑。董仲舒在德育目标设定时强调在君王之下的人要安分守己、忠君、唯上等,这种臣民、顺民思维的惯习已经成为历史文化中的内核在历史的流传中代代相承,人民已固定了依赖的思维、缺乏个人独立的人格,缺少主张自己权利的勇气。在如今,这样的思维不仅体现在个人身上,还体现在教育上、政治上等各个层面。如教育中,在高考的指挥棒下,在应试教育形势的逼迫中,青少年学生所受的教育几乎还是坚持传统的封闭模式,固守不合时宜的僵化的内容,给学生灌输的还是公认的价值观、世界观;又如在政治中,某些治政官员仍是官本位意识浓厚,还做不到真正的民主。在董仲舒的论述中,个人要服从权威,教育、政治等都要顺从权威,这种思想延续到现代并未断绝。这样的奴性思想是人类文明的阻碍,对崇尚民主自由的公民教化的展开有着不利影响。总之,传统的道德观念在天崩地解;新型的价值观逐渐占有主导地位,中国传统的教化在中西文化、旧新文化的碰撞中急需转型,在转型中的人却百般煎熬,难以适应。这种难以调适的古今、中西价值文化的冲突的根源就可追溯至董仲舒教化思想的提出,是董仲舒教化思想的提出传承了千年,一步步内化为中华民族的血肉。

(三) 依附政治与求道弘道的抉择

董仲舒教化思想倾向于对政治的依附性,不复先秦孔孟求道弘道、追求真理的精神。西方人称知识分子为"社会的良心",并认为他们是人类基本价值的维护者[①]。但是董仲舒教化思想的提出,使得知识分子追求真善美的精神在依附政治中逐渐丧失。原本在先秦儒家"从道不从君"思想的指导之下,先秦的儒家文人们并不站在政治的一方,而是保有自己的独立性,甚至为了"道",站到了政治的对立面。如孔子的思想不为统治者接受时,他便开始周游列国、著述讲学,走向了自己的一条路。但是在董仲舒之后,虽然"独尊儒术",儒学在政治中的地位变得史无前例的高,但是思想上已不复孔道追求

---

① 冯自变:《先秦时代的知识分子——士》,《太原师范学院学报(社会科学版)》1991年第4期。

"道"、真理的本色。董仲舒教化思想强调完全忠诚于君主、强调的是顺服，这样的情况下，学者们不自觉的也会去迎合、依附于统治者。长此以往，儒士讥讽笑骂、针砭时弊的勇气和锐意不复当初，最终演变为"高情千古《闲居赋》，争信安仁拜路尘"，表面高尚却背后谄媚、文章已不复见其为人的伪君子比比皆是。在封建专制社会，大多数知识分子对文化的传承与创造遵循的是统治者的意志，而非真善美的真理。其实，作为知识分子，更作为教育家，不说站在政治的对立面，也应该与政治保持些许距离，因为教育不是政治的附属品，也不为宗教所遮蔽，从这个层面来说，知识分子真正的悲哀不在于不得重用，不在于潦倒一生，而在于放弃自我、依附权力，丧失了求道、弘道的高贵之气。真正的知识分子应不为政治权力所左右，这样创造出来的文化成果才能成为历史的精髓，才能真正不朽，而其人才能成为真正的大师，才能产生出真正伟大的人民。

（四）大量的封建因素暴露了教化功能的局限性

教化是由一定社会通过有计划地组织和影响受教者，使受教者接受并遵循社会道德规范和价值标准的一系列活动。董仲舒所代表的是新兴封建统治阶级的利益，这种鲜明的阶级性表现为，在教化的具体内容上包含着大量的封建因素，这些封建因素的存在，替代了原本维持人们正常关系的情感因素。董仲舒通过推行"三纲五常"的教化原则，使原本以"亲亲"为基础推广至"尊尊"的社会关系发生重心转移，更加强调君臣、父子以及夫妻之间的尊卑关系，这种封建制度下新型社会关系内容的确定，是以牺牲更加符合人性的情感基础为代价的，而对于其中君臣之间的关系，董仲舒也进行了封建化的改造，孔子在论述君臣关系时，说的是"君使臣以礼，臣事君以忠"[①]，这里强调的还是君臣间的双向互动，本质是建立在情感与诚信之上的朋友关系，所谓"君臣，朋友其择者也"[②]。这与后来君臣关系间"忠臣不事二主"或"君叫臣死，臣不得不死"这样的封建为臣之

---

① 《论语·八佾》。
② 《郭店楚墓竹简》，文物出版社、荆门市博物馆1998年版，第3页。

道，简直是天壤之别，而这种转变正是由董仲舒开始的。

此外，董仲舒在主张行教化的同时，提出辅以一定的刑罚措施，既要"明教化以成性"，又要"正法度以防欲"，提出"损欲、防欲、禁欲"，虽然董仲舒反复强调"任德不任刑"，但这仍无法掩盖其推行教化的重要功能就在于防民欲。在董仲舒看来，人的情欲如"水之走下"，若不加以节制是很危险的，他认为汉代社会"弃其度制而各从其欲"，导致"富者愈贪利而不肯为义，贫者日犯禁而不可止"，因此主张"人欲之谓情，情非度制不节"①，而要控制民众欲望，就必须有相应的刑罚制度，因此董仲舒主张"爵禄以养其德，刑罚以威其恶"②，从而达到"以防民欲"的目的。在先秦儒家那里，最多也只是讲到"节欲"和"寡欲"，而且这是对在上者和在下者的共同要求，但到了董仲舒这里，统治者和被统治者由于阶级地位的不同显然处于对立状态，因而主张要防止民众欲望的发展，用教化和刑罚来设置堤防，以防止人们为了追求利欲而犯上作乱。这种在教化功能上体现出的阶级局限性，较之先秦来说，不能不说是个退步。

（五）借助迷信因素削弱了教化方法的科学性

董仲舒教化思想中包含着的迷信成分，主要体现在作为教化思想理论基础的天道哲学。董仲舒借鉴先秦阴阳家"阴阳五行"的基本思想，论证其教化学说的合理性，也使得其中的迷信成分不可避免地渗入到教化内容之中。董仲舒喜好阐发"天"之深意，其教化思想中客观唯心主义思想过于浓厚，太过强调天道对人道的干预。并且太过虚无的唯心主义思想渗透在董仲舒的德育目标中，也减弱了教化的科学性。董仲舒在论述教化思想的过程中，在借助天来引证时，人为地赋予了"天"以丰富又深刻的内涵。《春秋繁露》中主要从三个方面对"天"的内涵进行了阐释：一是"天"的本质意义，即自然之天。此"天"主导着自然界、宇宙运行的自然规律和运转，包括冬去春来季节更替、日夜交替周而复始、日月星辰运行规律等等。如

---

① 《春秋繁露·度制》。
② 《汉书·董仲舒传》。

"天，万物之主"，这样在当时认识水平比较低的时代，为各种人类难以控制、难以解释的自然现象提供了一种相对容易接受，又看似合理的解释。二是神圣化了的"天"，神圣化后的天具有人的意志，这一层面的天不仅主宰着天地万象，更主宰着人事万千。这样试图将自然之道、天道与人道相结合，给人事寻求令人信服的天道依据，如"日月食并告凶，不以其行"①从日月食这样的反常的天道系统运行来附会人间的吉凶祸事，有意识地将与"天"有关的一些规律性的现象或者反常的特殊现象与人类社会秩序相联系。三是崇高化了的"天"，将道德赋予天，天具有至德，如"天仁也"②。人受命于天，人的德性也来自于天，天是人道德的最终依据。但不管董仲舒从哪个层面来解释天的存在，他都想把"天"摆在最高的位置，要树立"天的权威"，即"唯天为大"③，天是人和世间万事万物的本源，所以天道就是人道最高依据。在董仲舒用天道来牵强附会人之德时，就掺杂了过多的迷信内容。

　　董仲舒教化思想在内容上的这种局限性，首先是由当时落后的自然科学水平造成的，自然科学水平的落后又限制了人们的认识能力，这直接造成了迷信的方法与机制在董仲舒的教化思想中发挥着基础性的作用。此外还有来自统治阶级的考虑，封建君王希望通过教化培养顺民，以使民众安于现状，相信现存统治秩序的合理性，而将这种合理性归之于天意，又是最能被社会所接受的，因此大量的迷信机制和手段进入了董仲舒的教化体系之中，董仲舒思想中的迷信内容通过教化得以社会化，这在一定程度上助长了社会中本就存在的神秘主义迷信风潮。在这种情况下，为了保证教化思想中其他观念被社会所接受，董仲舒又不得不借助更多的迷信要素与机制使民众信服，这就极大程度地削弱了教化内容的科学性。

　　此后的封建统治者也多采取迷信方式，以论证自身政权的合法性并维护统治地位，"在董仲舒之后，汉代社会思潮的神学化倾向十分

---

① 《春秋繁露·身之养重于义》。
② 《春秋繁露·王道通三》。
③ 《论语·泰伯》。

严重，利用各种迷信手段实施教化思想，致使教化方法中掺入了大量的非科学的机制和因素"①。东汉时期，董仲舒所倡导的今文经学成为官学并逐渐谶纬化，谶纬经学的兴盛代表了汉代儒家思想的僵化与衰落。"谶"是"诡为隐语，预决吉凶"②的神秘预言，大部分都是些隐语，据说这些谶语可以"验"，即有征于前，有验于后，某件事在其发生之前就有征兆，某些怪异现象会被认为是某件事将要发生的预兆。"纬"是相对于儒家传统的"经"而言的，据纬经所言，孔子作六经之后，又恐怕后人不能完全了解，所以又作了一些补充的著作，与"经"相对，称之为"纬"。实际上只是后人以附会经书的形式写的新书，而谎称是孔子等古代圣人所作，其目的不过是为自己的著作加上"经"的名号，以引起社会的重视，所以纬经也被后代儒家学者认为是"伪经"。"谶"与"纬"本为二途，"谶"不必依附在"纬"之下，"纬"的内容也可以不用"谶"来表达。但在董仲舒之后，天人感应和灾异学说使经学越来越神秘化、庸俗化，谶语也借此大量进入到儒家经学之中，"谶"与"纬"逐渐合流，谶语和纬书都渐渐地盛行，大量的谶语出现在纬经中，纬经中的大部分也都是一些神秘的谶语，"谶纬的内容虽然神秘、繁杂，但其实质精神仍然是以董仲舒为代表的今文经学的学术思想为基础的，尤其是对天人感应论作了进一步发展。"③ 谶纬中大量地引用了《春秋公羊传》和董仲舒《春秋繁露》中的文句与思想，之所以出现这种情况，很大程度上是因为董仲舒思想中的迷信内容为这种学说的发展提供了可以利用的条件，这种庸俗学说的发展严重削弱了教化内容的科学性，决定了儒学在之后一段历史时期内的沉寂。

（六）政治现实的虚伪消解了教化方法的实效性

董仲舒的教化思想往往以权威的面貌出现在社会实践中，这种权威性一方面来自于由迷信思想的神秘性所造成的，在人们思想观念方

---

① 王炳照、郭齐家：《简明中国教育史》，北京师范大学出版社1987年版，第87页。
② 《四库全书总目提要·经部·易类附录》。
③ 周桂钿、李祥俊：《中国学术通史（秦汉卷）》，人民出版社2004年版，第189页。

面的某种束缚；另一方面则来自于体现教化内容的制度或方法，其本身所应当具备的某种合法性和公平性。但在封建社会中，由于阶级间对立关系的存在，加之统治阶级的虚伪性，使其往往采取欺诈的手段来维持统治秩序，这就不可避免地使现实中教化方法的制度合理性受到破坏，在一定程度上削弱了教化的实效性，使教化方法成为封建政治虚伪与欺诈的挡箭牌和遮羞布，董仲舒教化思想所赖以推行的各项制度措施本身所具备的制度合理性，也就难免沦为封建统治阶级欺骗普罗大众的工具。

例如董仲舒将儒家教化思想与封建选士制度相结合而形成的"郡国岁举之制"，原则上要求，按照个人在孝廉等方面的道德修养与人格素质进行选拔，并据此委以官职。这种制度本身所具有的合理性，引导社会民众按照教化思想的要求，自觉接受"三纲五常"等封建伦理道德标准，并在生活中践行儒家的忠孝道德观念，努力学习儒家经籍，以期待凭借制度的合理性而进入仕途。然而在制度的现实运行中，更多体现出的却是封建政治的欺骗性，这些制度在现实中，往往被大的官僚望族所操纵，他们以出身门第作为选拔依据，一般的民众即使完全符合选拔的标准，也很难得到举荐，这使得大量无德无才，而仅仅依靠门第出身的官宦子弟，以及为获得提拔而努力结交权贵的沽名钓誉之徒，往往能够得到举荐，并据此在社会政治生活中占据重要位置，长此以往，汉代社会也出现了"举秀才，不知书；察孝廉，父别居；寒素清白独如泥，高第良将怯如鸡"①的尴尬状况。董仲舒教化思想中的许多操作机制，正是由于受到现实政治的这种负面影响，而难以长期稳定的发挥应有的教化作用，随着儒学发展到东汉时期的日渐教条化，其愚民和伪善的消极影响，也最终引发了魏晋时期玄学对儒学的反动，这种物极必反的事实从根源上来看，正是由于封建政治的虚伪与欺骗所造成的。

以上是对董仲舒教化方法所存在的历史局限性加以简单地概括，虽然董仲舒教化方法存在这些或那些问题，但却不意味着其教化方法就对我们现代思想道德教育方法创新没有任何意义，正如古人说的那

---

① 《抱朴子·审举》。

样,"见贤思齐焉,见不贤而内自省"①,这些问题同样会给我们以极具现实意义的启示,它将时刻告诫我们,现代青少年思想道德教育如何才能科学有效地使用、选择和创新方法机制,关键的就看我们是否能以谦虚的学习态度和客观的研究态度对待董仲舒教化思想所存在的这些问题,只要我们能够真实地尊重历史、尊重教化方法自身的发展历史和时代背景,我们必将从多个角度或层面获得宝贵的良益。

因而,我们说,董仲舒之教化思想,在当代依然有其价值所在,亦同时具备消极之影响,对此我们要在马克思主义和中国特色社会主义理论的正确指引下,详加考察与区辨。对于董仲舒之教化思想,既不能全盘之否定,亦不可全盘之肯定,正确的态度应该是:在区辨中继承其有益成分,在创新中发展其合理因素。

总之,对于儒学与时俱进之态势及其需要,梁启超先生尝言:"四书五经之义理,其非一一可以适用于今日之用,则虽临我以刀锯鼎镬,吾犹敢断言而不惮也"②。这是我们对待传统思想文化应有之态度,亦是我们对待儒学、对待董仲舒教化思想应有之态度,就是以创新发展之当代解读以期推动儒学之重获生机,这种解读实质上就是架起传统与现代、儒学与当代社会之间的桥梁。

---

① 《论语·里仁》。
② 梁启超:《新民说》,中州古籍出版社1998年版,第105页。

第四章 当代青少年思想道德教育现状分析

梁启超在《少年中国说》一文中曾慷慨激昂地指出:"少年智则国智,少年富则国富,少年强则国强。"青少年作为时代的接班人,身上担负着国家的未来、民族的希望。在经济高速发展、社会日新月异的当今时代,青少年作为朝气蓬勃,具有开拓进取精神的特殊群体,成为未来社会发展的中流砥柱,承载着国家繁荣、民族复兴的时代重任,饱含着整个社会的殷切期望。新时代形势下如何培养青少年成为党和国家高度关注的问题。俗话说:"思想决定行为。"青少年的思想道德直接关系着国家的未来走向,青少年的培养问题首先面临的就是思想道德建设问题。然而,随着我国市场经济制度的深入发展,新经济形势下的青少年思想道德建设却面临新的窘境。

一 当前青少年思想道德教育现状

当前,我国的青少年思想道德教育工作不断加强,相关的政策法律不断健全,物质保障更加有力,教育队伍也日趋专业化,与此同时,青少年思想道德教育工作也取得了积极成果,主流思想道德在青少年中仍然占据主体,尤其是在近几年发生的重大自然灾害和重大事件面前,青少年表现出来极高的责任感。但是还应该看到,青少年思想道德教育主体的主导作用还不强,青少年思想道德教育工作在教育理念、教育内容、教育方法等方面还存在着很多亟待解决的问题,这些都是我们今后青少年思想道德教育研究和实践工作的重点,也是推动新时期青少年思想道德教育工作取得更好成绩的基本依据。

(一) 当前青少年思想道德表现的特点

当前，青少年整体思想道德水平呈爬坡趋势，综合素质不断提高。当然我们也必须清醒地看到，各种信息爆炸、思想多元化、信仰模糊，使他们面临着很多困惑、引诱、陷阱，面临着思想道德危机。思想道德危机，实质上是道德信念的危机，是道德权威性的下降以及由此引起的道德自律或道德约束力的弱化。[①] 所以，青少年思想道德教育问题至关重要，应当引起社会、人们和教育工作者的高度重视。解决任何一个问题的前提和基础就是首先对这个问题要有正确深刻的认识并对其进行全面的分析和把握，然后再对症解决问题，为教育和培养健康全面发展的人才做好理论和实践准备。

1. 可塑性强

青少年思维敏捷，记忆力强，兴趣广泛，情感丰富，精力充沛，没有形成固定的世界观、人生观、价值观等，个性倾向也尚未定型，这些特征都很容易使他们吸收和接受来自各方面的信息和诱导，思想道德的可塑性极强。"染于苍则苍，染于黄则黄"是对青少年可塑性强的直接写照。青少年良好思想道德素质和行为习惯的培养，教育引导至关重要。他们就像一张白纸，人生的着色才刚刚开始，单纯的意识和强烈的求知欲使他们很容易"近朱者赤，近墨者黑"。在这一阶段，家庭和学校是青少年活动的主要场所，不一样的生活环境就会有不一样品行的孩子。早在两千多年前，伟大的思想家孟子的母亲就用实际行动向我们证明了这一点。孟母之所以三迁而定居，就是想给孩子寻找有利于培养他学习和生活的环境，因为她明白，环境是塑造孩子行为习惯的前提因素，孩子在小的时候形成的品行和习惯将会影响和陪伴他一生。现在，并不是要求家长们都学习孟母，一定要居住在文化气息浓厚的地方，而是强调家长们一定要自己首先树立起从小培养和塑造孩子品行的意识，然后也让孩子们慢慢地加强自我要求和自我约束。在学校教育方面，我们常会听到"整顿校风、班风"之类的话，校风影响和塑造着整个学校学生的精神面貌，而同一学校的不

---

① 孙云晓：《习惯决定孩子命运》，新世纪出版社2005年版，第56页。

同班级，学生们的精神面貌也会不一样，这正是向我们证明了青少年可塑性强的特点。这一阶段的培养和教育，会使他们首先形成心理定式，进而外化为行为习惯。例如：美，就是崇尚道德，讲究德行；丑，就是淡漠纪律，违背道德等。

2. 自我意识逐渐成熟

自我意识是人对自身的认识和态度。它由自我认识、自我评价、自我体验和自我控制等因素组成。[①] 自我意识单从青少年思想道德素质发展的角度来看，即强调自我道德修养的自控能力和反省能力。自我意识的形成与逐渐成熟，青少年会越来越准确的知道自己的长处和短处。知道自己的长处，可以增强其自信心，使之有勇气去克服困难，实现目标；知道其短处，可以有意识地加以克服或扬长避短，使之变劣势为优势。人的自我意识并非是从青春期才开始出现的，毫无疑问，这一特点从青少年开始就表现得越来越明显。由于自我意识的发展，青少年对认识自我表现出极大的兴趣。这种兴趣集中表现在关注个人的自我形象、自尊心有较大发展、重视内在品质的养成等。由于社会的不断开放和人与人交往的日益频繁，与以往的青少年相比较，当代青少年有了更多的条件和机会较早的、广泛地接触社会，更加近距离的受到周围人们的影响，热衷于别人如何看待、评价自己，然后从别人对自己的态度和评论中了解自己，认识自己。这一特点，既是道德行为自我强化的基础，又是提高道德修养的手段，作为教育者，无论是家长还是老师，一定要充分利用青少年这一特殊时间段，让他们更多地参加群体活动或社会实践，因为在人与人的接触过程中，每个人都会有自己的得失感受和体验，他们可以对自己做一番冷静的、认真的回顾和思考总结，审视以前对自己的认识和定位是否正确，有没有夸大或缩小自己的优缺点，有没有过高或过低估计自己等。这样，使青少年逐步具备实现理想中的自我所需要的知识技能和思想品质，改正现实自我的认识和言行的偏离度，通过自我教育来加快自己进步的过程。

---

① 孙云晓：《培养一个真正的人》，同心出版社 2004 年版，第 145 页。

3. 时代感明显增强

学生时代是青少年价值观和道德观形成的重要时期，在社会多元化与市场经济的社会大背景下，多种价值观念与多元化的利益都会对他们的道德观念造成冲击。青少年时期是学习的阶段，这个年龄段的他们更容易接受新观点、新事物和新思想，再加上当今社会信息技术的飞速发展，会接触到各种价值观念，在没有正确引导的情况下他们很容易受其影响。新时期青少年有更强的求新意愿，更大的创新渴望，更迫切的展示自我和实现自我，展现出鲜明的时代特点。积极参与各种活动竞赛、追求标新立异的活力让整个社会呈现前进发展的态势。

4. 参与意识较强

在社会多元化和市场经济的社会大背景下，人们把经济利益作为主要追求的目标。在当代青少年身上体现了自主、独立、勇于创新、思维活跃、富有创造力的个性特征。他们思想十分活跃，渴望民主，向往自由，积极学习各种先进的理论思想，对于社会管理和政治生活有着强烈的参与意识和要求。他们主动让自己融入社会，在社会实践中，丰富见识，锻炼能力，提高实践能力，渴望得到别人的理解、尊重和信任，对民主作风和民主管理表现非常向往和追求，但由于长时间的校内学习涉世较浅，缺乏社会经验，很难发现许多复杂现象的本质所在，有时候会犯纸上谈兵的错误或者被一些不良用心的人所利用。

5. 道德认知水平较高

新时期成长起来的青少年经过长期的教育学习在道德理论方面水平普遍较高，但是由于很少实践，常常造成知行脱节即"高知低行"现象。《中国青年报》曾在青年人中进行过一些调查。其中，在调查青年最厌恶的社会现象时，回答结果最多的是"腐败"，人数比例高达 83.55%。但是，在问到"如果行贿能够解决你急需解决的问题时，你会不会行贿？"仅仅有 24.9% 的人回答不会或者肯定不会。而回答"肯定会""看情况""说不清"的人数则分别占到了 18.82%，34.79% 和 21.2%。当代青年中存在的道德理论与道德行为的巨大反差在青年学生中也普遍存在。由此可见，当代青少年有着高水平的道德认识，但是却存在着高认识低参与的问题。

（二）当前青少年思想道德及其教育中存在的主要问题

尽管我国青少年思想道德素质有了明显的提高，但是，我们还是不能满足现状和放松警惕。关注青少年的健康成长，笔者认为既要看他们茁壮成长、积极向上的一面，也要关注他们成长中出现的问题。在某种程度上关注问题可能比歌颂成长更为重要。唯有关注问题、研究问题、进而解决问题，才能确保青少年的思想道德素质日趋完善，为他们的健康成长保驾护航。下面，我们从主观和客观两个方面来分析青少年思想道德及其教育存在的主要问题：

1. 主观方面，即青少年自身方面

思想道德就是人们在行动时表现出的稳定特征和倾向，受一定思想体系的影响和社会道德规则的约束。思想道德素质是人的灵魂，指引人生的方向，因此，青少年构建良好的思想道德素质至关重要。当前各种社会思想文化相互交融激荡对青少年的思想道德素质带来巨大的影响。总体上，青少年的思想道德状况是积极、健康、向上的，但是仍然存在一系列问题。

（1）知行脱节化

这是青少年在思想道德方面存在的普遍问题。以《小学生守则》、《小学生行为规范》和《中学生守则》、《中学生行为规范》为例，据调查显示：70%以上的学生会把内容记得非常熟练，90%以上的学生在依据其内容设置的问卷考查上都是合格，其中多数为优秀。但是在后续的观察和采访中却出现了孩子们把理论上认同的道德规范很少变为自觉的道德行为，不能落实到行动中去。"爱国守法、明礼诚信、团结友善、尊老爱幼、勤俭自强"等名言警句成了嘴巴上的老熟人，行为上的陌路者。具体表现为：在思想品德考试时能交上令人满意的答卷，日常生活中却相差甚远；老师在时能勉强遵守道德规范和纪律要求，无人监督时便原形毕露；有些学生在学校是个好学生，尊敬老师，团结同学，热爱劳动，回到家里便变成了"小皇帝""小公主"。良好的思想道德品质必须通过实践去完成。要做到这一点，就要注意把提高思想认识，树立道德观念与养成良好的行为习惯结合起来，真正做到言行一致，知行统一。否则，青少年思想道德教育只能是水中的月亮。

（2）道德意识淡化

当代青少年的道德意识状况主流是积极、向上的。他们关心国家大事、关注社会热点，与祖国的发展同命运、共呼吸。但是不可否认，青少年中的确存在政治思想淡化的问题。主要表现在：一是政治信仰迷茫、理想信念模糊。青少年对自我的价值和意义认识不清，人生方向朦胧、信念归属迷茫，不谈信仰、不谈理想。青少年自我认同危机引发信仰危机，成为精神无所依托的流浪儿。与父辈相比，他们没有远大理想和政治抱负，缺乏为理想奋斗和献身的精神。二是对思想政治理论不感兴趣，没有学习的热情和动力。有些青少年对国家的政治文明，经济发展不甚了解，对建设中国特色的社会主义知之甚少。三是对国情的认识不清楚，否定历史和现实，不能客观公正地评价党和政府的各项大政、方针、政策。有些青少年思想偏颇、行为过激，对社会上出现的党政干部腐败问题如权钱交易、以权谋私、违法乱纪等行为痛恨不已，并为此否定党的领导，看不到党的建设的长期性、复杂性和艰巨性。

（3）人生价值观念偏差

当今时代，多种文化思潮交融激荡。互联网已成为思想文化的集散地，腐朽落后的文化和有害的信息也乘机传播，对青少年思想道德的发展产生负面影响，加之社会上一些不良现象的耳濡目染，青少年的人生观、价值观呈现出多样性、功利化倾向。一些青少年追求金钱和物质享受、崇尚自我、崇尚权势、淡化了集体意识和法制意识。具体表现在：一是追求个人主义价值观，淡化集体主义价值观。他们遵从自我意识，信奉个人价值，标榜特立独行，表现了强烈的个人主义色彩。"人不为己，天诛地灭"的日常生活口号反映出青少年为实现自我价值，不择手段。他们崇尚个人主义，高举"个性"、"风格"的旗帜，与社会主流所倡导的奉献精神、服务观念、责任意识等的集体主义价值观形成了冲突。二是价值选择多样化，倾向于功利主义。青少年的思想观念处于不断的发展变化，他们的价值观选择呈现出多样性、功利化倾向，如信奉金钱至上、追逐名利、贪图享受等。部分青少年轻视奋斗，重视利益，对金钱、权力等无限的向往，把物质享受视为人生追求的目标和最大的幸福，反映了他们生活目标的功利化和世俗化。

（4）传统伦理道德观念淡薄

当前，大部分青少年对传统文化批判地继承、发扬，积极弘扬民族传统美德，勇于担当，责任心强，认真履行现代公德。但也有一些青少年忽视对传统文化的学习和借鉴，对传统美德不屑一顾，不遵守社会公德，缺乏社会责任感。主要表现在：一是漠视社会问题。奉行事不关己，高高挂起的消极态度。二是不能信守传统家庭伦理美德。特别是在独生子女家庭中，青少年养尊处优，是家庭中的"太阳"，全家人围着转，养成"皇帝"、"公主"的脾气，出现发号施令，颐指气使的现象。三是在人际交往方面，疏于沟通，缺乏尊重、理解、信任，不能换位思考，替他人着想，不能宽容他人错误、包容他人缺点，人际关系不够和谐。四是心理承受能力较差，经受不起挫折。青少年在家庭的百般呵护下成长，几乎没有经历生活中风雨的洗礼。一旦遇到困难，难以独自面对、处理，就会放弃，缺乏百折不挠的进取之心。道德意识本应该和每个人都是如影随形的关系，可是受社会上不良现象和影视作品的影响，大多数学生认为道德的功能在于社会关系、人际关系的协调上，忽视了其最本质的作用，即净化心灵和陶冶性情。道德意识淡薄的现象具体表现为：一是极力崇拜和模仿影视作品里的"哥们义气式"的友谊和"黑帮老大式"的英雄，对学校每学期组织的宣扬爱国、亲情、道德类的教育影片却无丝毫兴趣；二是以自我为中心，与自己无关的事决不关心；三为是非观念模糊，对最基本的美与丑、善与恶、对与错不能准确辨别，像"厚黑学"、"不得不知道的潜规则"等论著也得到了不少中学生的追捧等。更让人痛心的是，孩子们对校园和其他公共场所里的道德行为提示语也是视而不见，对大声喧哗、乱扔垃圾等行为从不认为有何不妥。具有道德意识是人们进行道德行为的基本条件，一定要引起重视，否则青少年思想道德素质会日复一日年复一年地随着道德意识的淡薄进入可怕的恶性循环。

（5）价值取向功利化

价值取向功利化是青少年思想道德素质最突出的一个问题。功利化的价值取向说明青少年的价值观已经出现了问题，前面我们已经提到这一年龄阶段人的可塑性非常强，正确的或者是错误的价值观都会影响到青少年的心理定式。国门对外开放，思想百家争鸣，市场经济的快速发展，优胜劣汰的残酷竞争，这些都极大地推动了我国综合实力的提高，人们生活水平的改善，但是，由于各方面因素的影响，其产生的负面作用也随处可见。尤其对青少年确立正确的人生观、价值观产生了巨大冲击。具体表现为：一是重利轻义。在所调查的中小学中有一个共同的现象，就是家庭条件好的学生比家庭条件差的学生会更受同学们的欢迎和喜爱，大家都以他或她为中心，交朋友，原因就是可以分享高级玩具、高档学习用品甚至美味的零食。二是自私自利。很多青少年只注重自己的利益，很少关心他人和集体，对集体活动或学校组织的社会公益活动怨天尤人，缺乏热情。有的老师反映有的学生甚至班干部也是有利于自己的事情抢着干，难办的事情都是推给在班上默默无闻、老实巴交的同学。三是享乐攀比。社会的不良风气也影响了孩子们的财富观念，只看重钱的作用，据统计，在校学生课间讨论的话题几乎都跟"吃、喝、玩、穿、用"等消费有关，这是多么让人不可思议的现象。

2. 客观方面，即外在教育方面

（1）教育环境存在问题

当前思想道德教育机制处于错综复杂的思想道德教育环境中，而且环境的消极影响不容忽视。第一，全球化深入发展和深化改革开放的环境导致部分青少年的社会主义信念动摇；"全球化"的概念虽然是作为经济术语出现，表示全世界范围内市场的统一化，但其实质却是一场全方位、多角度的、由西方资本主义发达国家推行的一场经济、政治和文化的扩张和同化运动。因此，有人宣言全球化为全球化资本主义或新全球化资本主义。为了向世界宣扬资本主义自身的优越性和物质财富的充裕性，资本主义在向外扩张的时候，利用各种手段包装自身，如完善、发达的社会福利制度，自由、民主的政治作风、发达的科学技术及雄厚的资金等，都作为自己的招牌；相反，像我国一样的社会主义国家，却肆意放大社会转型所出现的社会问题，贬低社会主义建设所取得的成就。如国民信仰缺失、贫富差距过大、社会腐败、政治垄断等。这些现象使青少年受到强烈震撼，逐渐漠视社会主义制度的优越性，产生对社会主义信念的怀疑、动摇，甚至羡慕、崇拜资本主义。第二，全球化深入发展和深化改革开放的环境削弱了部分青少年的民族情感和爱国意识。在全球化过程中，国际组织和跨国公司是发达国家把自己的触角延伸到其他国家的手段，其力量是单一的国家和民族难以驾驭的。全球化的实现，带给任何一个民族、国家的变化不仅是现有经济发展方式，甚至对社会心理和伦理道德等方面会产生更深刻的影响。我国国内的继续深化改革也是顺应世界潮流的深刻变革，必然会造成社会部分的不适应和优胜劣汰，一些阴暗的社会黑角也会置于放大镜之下，暴露在所有人民面前。马克思早就指出，"由于开拓了世界市场，……各民族的精神产品成为公共的财产。民族的片面性和局限性日益成为不可能"① 这就意味着伴随经济全球化进展，资本主义国家实现政治全球化和文化全球化，削弱和淡化了青少年民族情感和爱国意识。第三，全球化深入发展和深化改革开放的环境催生信息市场和舆论导向的挑战。信息全球化是全球化的衍生物。信息全球化是依靠计算机和网络的迅速推广和发展来实现的。互联网如今已经深入我们的生活、工作和学习，成为人们获取信息、相互交流最重要的途径和手段之一。青少年群体对于网络的依赖性，比例也是越来越重。截至 2010 年 6 月，我国总体网民规模达到 4.2 亿，其中 19 岁以下的青少年网民占网民总人数的 31%，学生网民占网民总数的 30.7%。互联网上的信息良莠不齐，既有有益的、科学的内容，也有有害的信息垃圾，尤其是资本主义国家凭借网络信息优势，输出大量的西方思想体系中的极端个人主义、拜金主义、享乐主义和消极衰颓的人生观，使得我国主流价值观的疏导和传播受到阻碍。"西方利用互联网对我们侵袭、腐蚀、进攻。他们推行文化帝国主义、传媒帝国主义，强势文化的渗透导致民族文化安全受损。"②

---

① 马克思、恩格斯：《马克思恩格斯选集》（第 1 卷），人民出版社 1995 年版，第 276 页。
② 张耀灿：《经济全球化与思想政治教育的创新》，《思想理论教育导刊》2001 年第 12 期。

（2）教育理念存在问题

思想道德教育理念，即思想道德教育主体对思想道德教育的整体把握，包括态度、思想及观念等。它决定着思想道德教育内容、思想道德教育方法和思想道德教育工作机制。思想道德教育理念不是凭空产生的，而是依据不同时期的时代特征和思想道德教育自身规律的发展而产生的。分析我国当前青少年思想道德教育工作的理念主要存在三大问题：第一，思想道德教育理念广而不细，"一刀切"倾向明显。首先，长期以来，对于青少年的思想道德教育目标以中学思想道德教育大纲为标准，思想道德教育目标过于宽泛宏大，反馈性不强；其次，对于青少年的思想道德教育工作一般主要集中在学校，思想道德教育机制内的思想道德教育阵营过于狭窄化，没有真正在思想道德教育理念上形成"大思想道德教育观"。家庭配合不足，社区还存在空白，社会环节有效作为不够；再次，在思想道德教育管理理念上一刀切，将学生看成是一个没有区分、没有层次的整体，缺少尊重青少年主体的差异性和道德要求的层次性；最后，关于思想道德教育内容的理念上，仍然存在着思想道德教育与生活分离、学校与社会脱节的问题。这样造成的后果就是使青少年思想道德教育单一依靠专门的思想道德教育课程、思想道德教育机构（政教处、思想道德教育处）来实施，从完整的生活中割裂，不能够与社会、生活融为一体。第二，"重智育轻思想道德教育"的传统误区仍占主导地位。当前思想道德教育的地位在现实中不容乐观，尤其是学校的"唯智主义"在升学、应试教育的压力下，依然盛行不衰。由此，家庭、学校、社会关注的都是青少年的学习成绩，"考考考，老师的法宝；分分分，学生的命根"一句青少年之间盛行的"顺口溜"说明了"智育"在教育中的垄断地位。校园中的"宠儿"都是"尖子生"，却忽略青少年人格的成长和德性的养成。实现人的全面发展对于青少年是获益终身的。"思想道德教育是实现人的全面发展的一种具有根本性意义的方式或路径，为人的全面发展提供了根本原则，方向和基本的价值取向。"[①] 第三，教育方法创新不足。思想道德教育的教育方法就是教

---

① 陈意珠：《我国青少年学校德育成效研究》，福建师范大学，2008年。

育主体为了实现既定的教育目的而在教育活动中对青少年所采用的手段、方式。在青少年思想道德教育过程中，方法的运用至关重要，因为"没有任何一种力量能够强制处在健康清醒状态的每一个人接受某种思想。"① 过去，我们在青少年的思想道德教育上积累的很多切实可行、操作性强的教育方法，有效地推动了我国青少年的思想道德教育工作。但是改革开放以来，经济、社会的迅速发展和深刻变化，青少年的思想道德状况呈现出了许多新特点，市场经济的发展使得青少年的主体意识、平等意识、民主意识增强，而网络等传播媒介的应用与发展，使青少年接受社会思潮的方式趋于多元化、感性化、散点化。这些新情况新问题要求创新原有的教育方法，但是许多思想道德教育工作者仍然习惯于沿用以前的工作方法，降低了教育活动的实效性。

（3）教育主体存在问题

第一，青少年成为"灌输"对象，遭遇"客体化"地位；青少年思想道德教育机制的对象自然是青少年群体，然而伴随时代的发展，如今的青少年却有着极其复杂的心理和生理特点，带有鲜明群体特征，仅仅依靠专门的思想道德教育课程、思想道德教育机构（政教处、思想道德教育处）来实施外在影响，重单向灌输，轻双向交流，缺乏平等性和民主性。思想道德教育者仍习惯于将主流意识形态的思想道德要求采用理论宣传、理论讲授等方式灌输给青少年，而青少年则处于被动接受的地位，教育活动往往采取的是我讲你听、我说你做的方式，高、大、空的说教很多，感染力弱。教育活动中，教育者处于主导地位，居高临下，亲和力不足，而青少年的主体性难以发挥。重共性，轻个性。由于受环境、自身条件、受教育程度等多重因素的影响，青少年的素质结构不可能完全一致。传统的工作方法主要是将社会需要的主流的意识形态、道德规范统一的灌输给青少年，这种教育多是不问对象，不分层次，不考虑个体的差异，针对性不强，吸引力不足。这种重共性，轻个性的教育方法，因缺少对个体的关注，缺

---

① 马克思、恩格斯：《马克思恩格斯选集》（第3卷），人民出版社1995年版，第426—427页。

少与青少年的交流与沟通，严重束缚了青少年的个性和天赋，不利于解决青少年思想道德中存在的实际问题。手段传统、单一。随着社会的发展和科技的进步，电脑、手机在青少年中间不断普及，改变了青少年的认知方式、生活方式，青少年更加倾向于用现代化的手段对他们进行教育，这从客观上要求改进思想道德教育的手段。但是现在有很多的教育者仍然停留在用传统的面传口授的方式对青少年进行思想道德教育，手段单一，科技含量低，越来越不能满足青少年的需要，教育效果不明显。相当一部分的青少年对于思想道德教育主流价值观的"灌输"，采取的是"左耳进，右耳出"的策略。学校中专门的思想道德教育课程，初中的思想品德课或者是高中思想政治课程，是对青少年进行思想道德教育教育的专门阵地，却也被相当一部分青少年视为"休息课"或是"睡觉课"，理所当然地被归于"副科"一类（相对于应试要求的"主科"而言）。同样，对于学校组织的思想道德教育活动，更是应付了之，完全偏离了思想道德教育的本质要求，成为"形式化"、"花架式"的评价指标。把思想道德教育理念当作"工具"，没有结合对象"需要"。目前的青少年思想道德教育理念还处于旧制度主义范畴内，把思想道德教育作为外在的形式，去"生搬硬套"每一个活生生的青少年个体。思想道德教育施行者把思想道德教育理念当作握在手里的工具，并没有去设身处地地关注青少年个体的道德兴趣、当前的道德发展水平和道德需要，脱离青少年本身。也就是说，思想道德教育施行者的观念需要转变，应该把符合社会要求和青少年健康发展的道德需要逐步内化为他本身的自我意识，在对话和平等的前提下，交流思想道德教育主旨，付诸道德影响。"所谓对话，是指主体双方从各自的理解出发，以语言为中介，以交往、沟通、意义为实践旨趣，促进主体双方取得更大视界融合的一种交往活动。"①

第二，教育内容脱离青少年生活实际。科学有效的青少年思想道德教育的内容应该是依据科学的青少年思想道德目标和青少年的实际相结合而制定的，但是现实的情况是我们所制定的目标没有充分考虑

---

① 聂荣鑫：《定向对话：一种新的德育模式》，《思想理论教育》2002年第2期。

到青少年的实际,还是停留在底线教育内容的灌输层面上,即将马克思主义科学世界观和方法论、社会主义和共产主义的理想、爱国主义、集体主义、为人民服务,以及社会公德、职业道德、家庭美德等内容灌输给青少年。从教育的超前性和导向性角度来看,这种教育无疑是正确和必需的。但是仔细分析之后不难看出,这种教育内容仅仅是从社会需要的角度出发的,因而常常是脱离青少年生活的实际的,缺乏对社会现实的回应,缺乏解释力和生命力。这种脱离青少年实际的教育内容最终导致两种结果:一是青少年很抵制对他们进行的思想道德教育,二是青少年成为理论的巨人、行动的矮子,思想意识与行动不相符。以至于青少年在接受了这些正确的思想道德教育走向社会之后,在社会现实面前却是那么的不堪一击,出现了很多不可思议的现象:我们强调社会公德,但是很小的孩子就学会了送礼走后门,公交车上不让座的孩子很多;我们宣传爱岗敬业,但是当工作只是一种生存的手段的时候,大家追求的只是自身利益的最大化;国家越是提倡到西部去,到基层去,大家反而越是削尖了脑袋往大城市里钻,据中国青年报的一项对高校大学生的调查显示,大学生们最想去大中型企业谋职业。

第三,青少年思想道德教育工作的评价系统不完善。青少年思想道德教育工作的评价系统是由评价指标体系、评价程序、评价结果、激励约束机制构成的一个有机整体。从类型上划分可以分为评价青少年思想道德教育工作者的评价系统和评价青少年的思想道德品质的评价系统两种。评价系统是青少年思想道德教育工作的重要一环,一个切实有效的青少年思想道德教育工作的评价系统是青少年思想道德教育工作落到实处、取得实效的重要保证。青少年思想道德教育工作的评价系统经过多年的发展,评价指标体系日臻完善,但是这一评价系统也存在一些问题,其中最为突出的是整个评价系统最核心、最关键的部分——青少年思想道德教育工作的激励约束机制的作用不明显。另外,对青少年思想道德素质的评价趋于表面化。对青少年思想道德素质进行全面客观的评价,这不仅是对青少年的评价,也是对教育者的教育活动的评价,因为青少年的思想道德状况是之前的思想道德教育活动的结果,因而对青少年的思想道德素质的评价显得意义十分重大。但是目前对青少年思想道德素质的评价流于表面化,其中一个突出的表现是学校对学生的思想道德鉴定简化为一张纸、几句话,即使学生的表现再差,学校处于各个方面的考虑也会让学生通过鉴定顺利毕业;另一个突出表现是政审的表面化,在青少年的上学、就业、参军等过程中,政审也演变为盖章签字,而没有实质性的约束力。这种表面化导致青少年的思想道德品质的形成缺乏一种外在的压力,而更多的是靠青少年的自觉,这就容易导致青少年因为缺乏评价系统的约束而无法形成良好的思想道德品质,甚至误入歧途。

第四,各教育主体的教育联动机制尚未形成。学校、家庭、社会是青少年思想道德教育的三个最主要的教育主体,三大教育主体在教育活动中承担着不同的教育角色,共同构成了青少年思想道德教育活动的生态系统。但是长期以来,我国思想道德教育大多采取以学校德育为唯一途径的封闭形式,而学校、家庭、社会德育之间协调不够,全社会关心和支持未成年人思想道德建设的风气尚未全面形成,还存在种种不利于未成年人健康成长的社会环境和消极因素。① 学校、家庭、社会三者之间缺乏默契配合,三大教育主体的教育活动未形成合力。所谓交通警察,各管一段,一方面,三大教育主体在教育目标、教育内容、教育方法等上存在着很大的差异,有时甚至还存在着很多相矛盾的地方,如学校提倡青少年要学习雷锋精神,但是在家长看来学习成绩才是最重要的,学习雷锋已经过时了;另一方面,青少年的思想道德教育工作对学校的依赖程度很高,全社会关心和支持青少年健康成长的风气还没有完全形成,许多家长认为孩子送到学校,学校就有责任把孩子教好,但是学校则认为只要学生离开学校,对学生进行思想道德教育就是家庭和社会的事情了,家庭和社会的负面影响不是他们要考虑的事情。

(4) 是教育机构存在问题

第一,思想道德教育专门人员权责意识淡薄,兼职人员的思想道德教育合力意识欠缺,难以形成覆盖面广泛的思想道德教育合力。我国当前的思想道德教育机构除了制订国家思想道德教育政策法规的国

---

① 吴德刚:《加强青少年思想道德教育的思考》,《教育研究》2008 年第 7 期。

家直属的专门机构外,思想道德教育的专门部门及人员一般都集中在各级各类的学校内。由于思想道德教育工作是一项长期地、连续地、反馈时间很长的育人工作,所以在思想道德教育专门部门内,有一部分专门的思想道德教育人员工作意识慵懒,不讲求工作的时效性和专业性。此外,思想道德教育兼职人员,即思想道德教育机制内除学校外的其他思想道德教育阵地环节如家庭、社区和社会等,这些思想道德教育工作者,配合学校思想道德教育形成"影响最优化"的思想道德教育合力意识仍然有待提高。即使在学校内部,除去专门的思想品德课进行集中思想道德教育外,在大多数学科的教学过程中,还缺乏思想道德教育影响的渗透。为此,在发挥专门思想道德教育课作用的同时,要大力挖掘其他课程的思想道德教育价值,特别是把自然科学的学科与思想道德教育熏陶结合起来,吸引青少年的兴趣。主导是由主和导共同组成的概念,主是指主体、为主、主要的,导是指指引、带领、启发。引导就是主体统领全局,使活动向着特定的方向发展。所谓思想道德教育者的主导作用是指思想道德教育主体在教育过程中发挥其积极作用,使教育活动朝着既定的目标发展。青少年思想道德教育主体的主导作用是建立在教育者与教育对象之间广泛联系的基础之上的,这种主导作用表现为把握教育活动的发展方向,控制整个教育活动的发展过程,保证整个教育活动收到预期的教育效果。但是目前教育者的主导作用却呈现出减弱的趋势,教育的导向性不足。青少年思想道德教育者作为社会主流思想道德意识的传授者,他们必须首先能够把握青少年思想道德教育的方向,为青少年思想道德意识的形成发挥导向作用。马克思主义政党历来十分重视教育者的这一导向作用。列宁指出:"在任何学校里,最重要的是课程的思想政治方向。这个方向由什么来决定呢?完全而且只能由教学人员来决定。"① 邓小平同志也指出:"一个学校能不能为社会主义建设培养合格的人才,培养德智体全面发展、有社会主义觉悟的有文化的劳动者,关键在教师。"② 但是由于教育者的主体素质较低,造成教育活动的导向

---

① 《列宁全集》(第45卷),人民出版社1990年版,第249页。
② 《邓小平文选》(第2卷),人民出版社1994年版,第108页。

性不足。如思想道德教育工作的特殊性要教育者要有一定政治敏感度和分辨是非的能力，但是一些教育者的政治素养不高，在一些问题上不能给予青少年正确的引导。再比如青少年思想道德教育活动要求教育者要以身作则，为青少年的思想道德意识的形成树立榜样，但是一些教育者却说一套做一套，大大降低了教育的效果。

第二，对教育者教育工作的激励约束机制不健全。教育者激励约束机制是指以科学的指标体系为标杆，运用公正的评估程序，对教育者的教育活动进行评价，并以评价的结果作为奖惩的依据从而保证青少年思想道德教育的实效性的运行机制。建立激励约束机制首先可以调动教育者的积极性、主动性、创造性，使教育者认识到自己的工作成绩和不足，在此基础上经过综合比较，为选拔评优提供客观可信的依据。但是现在的问题在于对教育者教育工作的激励约束机制不健全，出现了只评价不奖惩，或者只奖励不惩罚的现象，不能对教育者形成一种外在的压力，青少年思想道德教育评价系统的激励、选拔作用无法真正发挥作用，由此引发了一系列的问题，如教育者不重视青少年思想道德教育工作，工作缺乏动力，方法缺乏创新等，直接降低了青少年思想道德教育的实效性。

（5）是教育实践存在问题

第一，"知、情、信、意、行"环节铺垫分离，"内化"比率低。青少年思想品德的形成是在外界环境综合作用下，内在的知、情、信、意、行诸要素不断转化、巩固和发展的过程。形成一定的思想道德教育认知是道德品质的基本发端；道德情感是知、信、意、行的"催化剂"；信是知、情、意、行的强大精神动力；行才是知、情、信、意的外在表现和结果。思想道德教育过程不仅仅是思想道德教育认识过程和思想道德教育思维过程，学生思想品德的最终确立，要通过"行"即思想道德教育行为体现出来。思想道德教育中的实践性恰恰充分给"行"提供了广阔的空间，这一点在欧美国家及亚洲的日本、韩国都给予了充分的重视。如日本把加强"心"的教育放在首位，让学生在宽松的环境中参加各种生活体验；韩国通过设置"道德教室"，注重"养成教育"。在我国当前的青少年思想道德教育活动中，"知、情、信、意、行"各环节的相互铺垫和转化并不统一，产生了分离。青少年群体受到思想道德教育,"内化"比率低。因此,我们不但要形成外部制约机制,也要重视受教育者的内在转化过程。第二,"思想道德教育情境"创设缺失或简单化,"自觉的强化"难以实现。知—情—信—意—行的环节只有循序渐进地实现转化和发展,并不断巩固品德行为的锻炼,使之养成品德行为习惯,这样,道德认知、道德情感、道德信念、道德意志得以巩固,才能真正形成具有稳定倾向性的思想品德。这说明,道德品行或者道德习惯,尤其是青少年的道德行为,需要我国的青少年思想道德教育机制对内部各环节学生的实践活动引起重视。"通过实践创造对象世界,改造无机界,人证明自己是有意识的类存在物。"① 如社会倡导发起的科技、文化、卫生三下乡活动、利用大众媒体对青少年进行思想道德教育教育的实践活动等;各级各类学校开展的各种文体活动、社团活动、志愿者活动等;家庭内部长辈经常对青少年进行的善、孝等品德的教育等。但是这些以活动为载体的思想道德教育工作很多并没有真正细化,存在着简单化、形式化的倾向。特别是思想道德教育评估的环节,存在着虚假的一面,这样的活动学生"看在眼里,参与其中,却无从收获"。另外,我国的思想道德教育实践活动在开展的范围和质量上也有待提高。第三,教育实践活动的控制力不足。青少年思想道德教育的主导作用要求教育者要能够将青少年引导到活动中来,二者双向互动,使教育活动成为一个共同参与的过程,这要求教育者要更新教育内容,创新教育方法,充分利用新兴的教育载体,但是由于教育理念的落后,教育内容、教育方法脱离青少年的生活实际,导致很难将青少年吸引到教育活动中来,降低了教育者对青少年思想道德教育活动的控制能力。第四,新兴教育载体的利用效率低。青少年思想道德教育活动要真正展开并取得实际效果,教育者就必须运用一些可以承载、传递教育目标和内容的形式、手段,如报纸、演讲比赛等,而这些形式、手段就是思想道德教育活动的载体。过去我们习惯于运用广播、电视、报纸等载体对青少年进行思想道德教育,这些教育载体是

---

① 马克思、恩格斯:《马克思恩格斯全集》(第1卷),人民出版社1995年版,第6页。

与过去自上而下的垂直的教育模式相适应的,青少年获取信息的渠道是单一的,获取的教育信息是统一的,这种教育在过去信息技术不发达的情况下是有效的。然而随着电脑、手机等的普及,网络时代深度介入青少年的生活、学习之中,青少年获取信息的渠道变宽,获取的信息更加多元,传统的那种仅仅依靠一元教育载体的自上而下的教育模式受到挑战。目前的教育在迎接这一挑战时的准备是不充分的,主要表现为对新兴教育载体的利用效率低,使用成本高。如我们对网络的使用总是滞后于网络本身的发展,我们建设的红色网站的点击率低,我们建立的博客、微博等的关注度不高,作用范围小,受众少,但是使用这些载体却耗费了大量的人力、物力、财力,使用成本高,最终导致对教育载体的利用效率低下。这些都是我们在开发新的教育载体的过程所出现的问题。第五,思想道德教育实践成效甚微,难获自我教育能力。我国有句古话,"受人以鱼不如授人以渔",意思是施恩者赠予具体事物,只能解决一时的"燃眉之急",而若是传授获得的方法,这样的恩惠是更长久的。道德是一种能力,也符合这个规律。要想使青少年对象发自心底地自觉践行心中的道德信念,思想道德教育施行者,一定要在对青少年进行思想道德教育的同时,指导青少年学习自我教育的策略。尽管青少年普遍积极参加校内外实践活动,这种结果却是在外在的要求与制约下进行,这种实践活动"传授"被贴上了"一次性"的标签。如果要使受教育者永远享受德育的果实,那就要使其学会自我教育的能力,发挥思想道德教育的功能提升和发展自身的道德能力。"自我教育应该是在教育者的启发和引导下,受教育者对自己的品德表现进行自我认识、自我监督、自我克制和自我改正"。[①]

二 当前青少年思想道德问题的成因分析

(一) 家庭思想道道教育出现偏差

家庭是青少年健康成长的温馨乐园,父母是青少年的启蒙老师,

[①] 王曼等:《日本"小小善意"运动对中国青少年德育的启示》,《北京青年政治学院学报》2010年第2期。

也是青少年终生的老师。父母的教育对孩子终生的发展有重大的意义。孩子的思想道德品质的形成及发展深深地打上父母的思想道德品质的烙印。父母为孩子所创造的家庭环境氛围，父母所秉持的思想道德观念，父母所向孩子灌输的为人处世之道等，潜移默化地影响着子女的思想道德形成及发展。

现代家庭多为独生子女家庭，孩子更是承担着其他家庭成员更甚是整个家族的希望，家长对子女的成长和教育都非常重视。同时，家庭教育的狭隘和偏差使青少年出现了很多思想道德问题。其主要表现有：

其一，父母过度关爱，忽视了孩子思想道德品质的发展。随着人们生活水平的不断提高，父母越来越重视孩子的物质生活，却忽视了孩子精神方面的需求。家长鉴于自己的经济实力尽量去满足孩子的物质要求，本无可厚非。然而家长过分的溺爱，无原则的迁就，无形之中纵容了孩子对物质享受的无尽追求。当青少年迷恋网络游戏的时候，家长是否关注其心理的需求、满足，是否对其展开深入细致的思想道德教育，是否采取积极有效的措施来疏导他们的思想及行为显得尤为必要。一旦家长随其性、任其然，不仅是不负责任的表现，更是对孩子的迁就、纵容。青少年在家庭教育的贫瘠的土壤上怎么能够像幼苗一样茁壮成长呢？因此父母不仅应为青少年创造丰富的物质生活，更应为他们创造丰富的精神生活，从而让青少年获得双重丰富的物质生活与精神生活。家长对孩子过于溺爱，缺乏理性的爱，最终酿造了他们成长道路上畸形道德品质的形成，诸如蛮横、任性、自私、无知、独立性差、唯我自尊等思想品质。究其缘由，家长是问题青少年的始作俑者，也正是家长一手一步一步扶持他们登上贪图物质利益，追逐个人享受的巅峰。

其二，望子成龙，成绩至上。由于受社会大环境和"应试教育"的影响，再加上很多家长或者素质低下，不懂教育；或者忙于事业，无暇关照；或者方法陈旧，效果欠佳。但是在考虑孩子的前途，谈起他们的教育目的时，大多数家长还是最关心孩子的学习成绩。在家长的观念中，培养孩子成才就等于智力开发，所以，各种各样的文化课辅导班、特长培训班越办越红火。而对孩子某些不良言行举止却不加管教。殊不知，21世纪的优秀人才，应当是思想道德素质、科学文化素质、身体心理素质和审美艺术素质的有机统一体。其中思想道德素质居于主导地位，是灵魂，对其他素质的提高起着定向、激励和保证作用。

其三，淡化美德教育，渗透社会"潜规则"。家长是孩子永远的老师，也是生活中相处时间最多，关系最密切的人。有时，家长会不自觉地用成人看社会的角度来教育孩子，认为一些传统美德或社会公德都是一些"中听不中用"的东西，出于对孩子的"爱护"，灌输给他们一些不恰当的观点，如自私自利、搞人际关系、阿谀奉承等。

其四，父母忽视自我学习，影响了自身思想道德素质的提高完善。一方面由于社会、政治、经济、文化等客观条件的制约与局限，父母曾经接受的思想道德文化教育同当下青少年所接受的思想道德文化教育存在巨大的差异。另一方面青少年由于好奇心强、求知欲旺，更快地接受新鲜的事物及先进的思想观念；父母或忙于工作生活，忽视了自身的学习充电及思想道德的发展完善，或由于自身知识能力的局限，未能熟练地掌握网上操作的技术而落伍于网络时代。为此，家长必须放下架子，学习、掌握网络技术，借助网络这一高效便捷的学习工具，虚心学习先进的思想道德教育理念，以科学的思想道德观念来武装自己的头脑，引领自己的行动，切实提高自身的思想道德素质。

其五，父母缺乏协作精神，家庭思想道德教育难以取得实效。父母没有足够重视学校、孩子同龄伙伴及网络等大众传媒各种力量对青少年思想道德健康发展的正面教育影响功能，却过分负面地对待青少年同伴群体及网络等大众传媒，仅仅依靠自身有限的力量对青少年进行思想道德教育，这样孤军作战，势单力薄，实难奏效。第一，家长没有积极主动联系学校，架起彼此间的桥梁，形成一股教育的合力，共同对孩子实施一致而有效的思想道德教育，只是急切地关注孩子在校的学习成绩。当孩子的学习成绩出现问题的时候，父母就会找学校老师查究原因；孩子思想品质的发展，却得不到父母的足够重视，孩子在学校的思想道德表现出现了问题，违反了校纪班规，直到学校老师找上门来和家长协商教育管理孩子，父母才会手忙脚乱地"头痛医头，脚痛医脚"，疲于应付。第二，家长强化、放大了孩子同龄伙伴的负面影响，总担心孩子在和他们交往活动中会受到不良影响，而弱化、忽视了同龄伙伴对孩子的正面激励引导作用。青少年同龄伙伴由于年龄、兴趣、爱好、思想认识和行为方式的大体相同，彼此间有较高的心理认同和接纳。由于青少年的心理具有不稳定性，在彼此的交往过程中，其个人的态度、情感、价值观、道德认知等容易受到同龄伙伴的影响，进而影响到青少年的道德行为。群体伙伴难免良莠不齐，与不良同龄伙伴或罪犯的长久、密切地交往，自然会受到不良影响以至于走向违法犯罪。这在一定程度上的确会阻碍青少年思想道德的发展及完善。但是只要积极正确地教育引导，青少年同龄群体的思想道德必将朝着积极健康的方向发展。第三，对于网络等大众传媒，孩子缺乏父母正确的引导。一方面父母对孩子上网存在认识上的误区，认为孩子上网就是玩耍，不务正业，浪费了时间。父母应该转变观念，认识到网络主要是人们获取信息与知识，服务于学习、生活的工具。利用网络，青少年可以轻松、自由地学习。在这种没有压力的学习环境中，青少年作为学习的主人，发挥其积极性、主动性、创造性，实现学习效果质的飞跃，促进青少年知识能力的提升。另一方面，青少年心理不成熟，容易依赖网络空间和网络文化，在不良信息和文化面前缺乏辨别是非、美丑、善恶的能力，没有得到父母及时而科学的指导。

（二）学校思想道德教育效果不尽人意

青少年思想道德品质是在后天的培养教育中形成的。学校是青少年思想道德品质培养的主阵地。然而各级各类学校重智育轻德育、注重社会需要和价值、追求理想化的道德完人的现象较为突出，严重削弱了其在青少年思想道德教育中的核心作用。

1. 思想道德教育边缘化

随着我国现代化进程的持续发展，急功近利的思想在全社会普遍蔓延，功利主义色彩在学校教育教学中日渐浓厚。各级学校为了追求自身的利益和得到社会的认可和褒扬，不惜一切手段追求学生的高分和学校的升学率，教育评价的绝对尺度是学生的分数，衡量的标准物化。教育成为获得物欲的工具，忽视了对学生美好思想道德品质的培养。在一些教育工作者看来，青少年的自由全面发展固然重要，但是更重要的是让他们学好各科知识，将来考个好大学，找份好工作，挣到好多钱，过上物质富裕的生活，这才是教育的本分。人们对物质幸福生活的追求大大压到了对精神世界提升的追求。受这种教育价值取向功利化影响，人们敷衍或鄙夷青少年思想道德教育，认为开展思想道德教育工作是浪费时间或是讲空话。青少年思想道德教育在无形之中就被边缘化了，削弱了思想道德教育的实效性。一些青少年学生由于未能取得较好的成绩，而被老师冷落和歧视，受到同学的奚落和忽视。他们因自信心受挫而逐渐丧失了学习的兴趣，步入网络虚拟世界，在网络自由、平等的交往中重拾自尊、自爱、自信。

2. 思想道德教育工具化

思想道德教育课堂上教育者只注重宣讲正确的思想理论和道德规范，采用单向的思想道德知识灌输，把青少年学生当作知识的容器，好像饲养员喂鸭，不管鸭子是否吃饱，强行把饲料填进鸭嘴，吃也得吃，不吃也得吃。这种"填鸭"式的教学方法具有奴役性、控制性、霸权性，否定了青少年的主体能动性，忽视了对青少年人格、尊严、权利应有的尊重，忽视了青少年思想情感等方面的实际需求，这是一种简单、僵化、不人道的思想道德教育。这种只注重社会需要与社会价值的思想道德教育，忽视青少年的个体需要与个体价值，无视青少年的精神世界、独特个性和成长中的现实困境，追求目标是把他们统一塑造成符合社会规范的标准件。这种工具化的思想道德教育的内容严重脱离学生的现实生活世界，并且因为失去丰富多彩的生活世界的滋养变得虚空。青少年根本无法用所学到的思想理论来解决生活中出现的道德冲突，觉得思想道德教育内容那样的抽象、空洞而失去兴趣。

3. 思想道德教育理想化

思想道德教育者把青少年当作加工的对象，把青少年看作是可塑造的"产品"，有其规格和标准。思想道德教育目标是生产出标准的"产品"。这种标准强调整齐划一的"完人"的教育目标，对青少年的要求一刀切，无视青少年的实际情况，忽视他们的自尊、情感、态度、个体差异性。在这种教育目标指导下，青少年被培养成同一模式的"完人"。作为青少年很难达到道德完人的要求。青少年在道德实践中遵守了基本的道德规范，在教育者看来，距离极致完人的思想道德标准甚远，并提出更高的要求，让他们不懈地努力、永无止境的追求完人的思想道德行为。青少年产生厌烦的情绪，觉得遵守道德规范是一种负担。思想道德教育的目标不应该是培养毫无思想道德瑕疵的道德完人，而是培养生活世界中的具体的人，源于生活又高于生活。

（三）社会传统道德观念受到挑战

今天的发展，是对历史继承前提下的发展，否则，发展就变成了"无源之水无本之木"。传统不是怀旧的情绪，而是个人和国家生存的必要。没有传统，任何一个国家或民族就没有情感的归宿，就没有灵魂所依托的根本。越先进的国家，越有能力保护自己的传统，进而对自己越有信心；反之，越落后的国家，传统的流失就越厉害，对自己的定位与前景越是拿捏不定、进退失据。

1. 经济全球化、信息一体化带来的消极影响

全球化进程中，并不是全球不分种族、地区和各种不平衡，共同进入"游戏规则"。事实上，它是以资本主义发达国家凭借现代技术和市场为手段，将另一些欠发达或是发展中国家，直接卷入其中。我国就属于是后者的情况。伴随全球化的不断扩展和深化，欠发达的国家或是发展中国家是摆脱不了资本主义国家生产关系的影响的。因为全球化在某种意义上，是以西方话语为主导的全球化。欠发达国家或发展中国家只有接受西方发达国家的不平等的规则（如市场化），才有可能获得生存空间和发展机会。因此，"在这样一个全球化的背景下，欠发达国家走上了一条'全球化现代化西化'的骑虎难下的道路"全球化对于发展中国家而言，承受的压力是远远大于发达国家的。尤其表现为对爱国主义和民族精神的对抗元素充斥其中。全球化并不排除差异与多元的存在，但在某种程度上，西方资本主义国家用规则和市场利益以及意识形态作为标准，让发展中国家人民，尤其是青少年作为自己与发达国家价值趋同的内化需要。这大大削弱了青少年爱国主义和民族精神的信仰。对于西方的价值观，我们应该坚持鲁

迅先生的"拿来主义",即吸取精华,如竞争观念、创新精神、效率意识等;剔除糟粕,如拜金主义、商品拜物教、极端个人主义等。社会主义市场经济快速发展所带来的负面效应。经济全球化实质上是全球范围的市场化过程,经济全球化客观上要求在世界范围内遵循市场的客观规律。众所周知,我国社会主义市场经济体制还不健全,我国的经济结构还存在着转型的缓冲,现行体制中不适应全球化要求的结构调整是不可避免的。西方资本主义国家趁机利用各种方式进行的"西化"活动都对青少年德育产生极其不利的负面影响。处在转型期的青少年群体,身处这个社会,会充满着质疑、不信任、冷漠甚至堕落,这些都是国家社会大环境的不完善、错综复杂的形势因素对青少年带来的负面效应。

2. 社会主义市场经济快速发展所带来的负面效应

随着改革开放的不断深入和综合国力的快速提高,目前,我国正处于社会转型期,这需要很长一段时间,在这一期间,社会现象出现多样化,如社会成员的利益关系、生活方式、社会组织形式、经济成分等,这些势必会影响到青少年的思想道德教育。其中最值得我们关注的是国际国内大环境中对我国主流道德观念带来巨大的冲击,传统美德受到挑战,青少年思想道德教育的氛围明显弱化。一方面,市场经济的最直接的价值表达是以物化结果论成败。这种意识作为一种潜规则,对青少年道德价值的发展带来了物质化和现实化影响,一切以利益为中心。当青少年从校园走出来后,众多不确定因素造成了他们在思想品德和伦理道德等方面的困惑,对传统的道德观,如诚实守信、无私奉献、团结互助等产生了怀疑,而相对滞后的教育理念和手段也难以有效解决青少年思想道德的问题。在各种思想和舆论的冲击下,人们很难听到优秀传统道德观念的竭力呼唤。与之前青少年的良好精神面貌相比较,享乐主义、拜金主义、自私自利、极端个人主义等消极思想正在当前青少年群体中滋生。另一方面,虽然党和国家一直强调精神文明建设和物质文明建设两手都要抓、都要硬,但我们明显感觉到物质文明建设的热度到目前为止还是高于精神文明建设的。以广播、电视、网络、报纸等大众传媒为例,几乎都是纯商业性质或纯娱乐性质的,社会公益只占了很小一部分,声音的弱小或登出位置的隐蔽已经很难引起人们的注意。德育氛围本来就是一种潜移默化的教育方式，是提高青少年思想道德素质的有效途径。社会环境就是一个大染缸，如果这个染缸里盛满了真、善、美，我们还会担心青少年会出现各种各样的思想道德问题吗？

3. 网络世界的诱惑

网络的诱惑性主要表现为新颖性、奇异性、成瘾性。新颖性是指网络内容与形式的不断更新，奇异性是指网络内容与形式的奇特怪异，成瘾性是指网络内容与形式具有引诱、迷恋的作用。网络信息的新颖、奇异符合了青少年追求新异的心理需求。青少年迷恋网络游戏，沉迷黄色信息，满足网络交往等，在网络空间形成信息的满足，就会受网络信息的左右、控制，这意味着青少年网络成瘾形成，他们成为网络的附庸和奴隶，丧失了主体性。青少年进入网络空间本来是自由、自主的行为，但是在网络的诱惑下不能再主宰自己的生命，丧失了自由、自主，陷入不安和焦虑之中，进而影响到青少年的现实生活。

在网络生活更民主，信息文化更多元的网络时代，一方面青少年的自我意识不断增强、情感日益丰富，思维的独立性、批判性增强了，思想道德发展的主动性、能动性、潜能性、独特性、进步性、创新性，决定了他们是社会生产的生力军和后备军。另一方面，青少年的思想还不成熟，科学的世界观、人生观、价值观还没有形成。受强烈好奇心的驱使求知欲极其旺盛，但是由于自身知识经验欠缺、道德自控能力较差，批判性思维尚未真正形成，思想道德的发展难免受到网络的冲击和侵害。主要体现在以下方面：第一，青少年自我认知能力增强。网络时代，青少年的主体性增强，他们将自己视为独立的主体，不依附于某个集体或社会，从自身的需要出发，选择、生成自我的追求。很多青少年关注自己的学习、生活，倾向于功利化，却忽视了精神世界的构建，放弃崇高，耻言理想，淡化信念。第二，青少年对网络信息难以取舍，理性批判、批判选择能力尚未真正形成。青少年在上网浏览信息的过程中出于好奇之心往往会受到一些色情、暴力的网站诱惑，身心受到不良影响，心理变态，走向犯罪的道路。另外，青少年的好奇心驱使他们遨游在网络信息的海洋里，面对百花齐放、百家争鸣的思想道德观念，广泛地接受众多的思想观念，容易引起思想的混乱，导致缺乏己见。这往往会造成青少年强化狭隘的思想认识，疏离了事实本身。第三，青少年思想道德意志薄弱，思想道德自控能力较差。受同龄伙伴的影响和从众心理暗示，青少年选择上网，接触网络之后，一发而不可收，迷恋网络聊天、游戏等，深陷虚拟的网络世界而失去自我控制，以至于做出极端行为。现实生活中青少年感觉到压抑的情感，通过网络虚拟的世界，尽情地宣泄失衡的情绪，毫无顾忌地展示自我，进而殃及祸害到他们的现实生活。青少年在网络游戏的世界里体验到刺激、愉悦，找到自我，实现自我，在网络交往中享受思想的交流，得到情感的慰藉。特别是青少年受网络色情画面、暴力动画、娱乐游戏的诱惑而迷恋网络，严重阻碍了青少年思想道德的健康发展。

　　网络时代，文化丰富多彩，各种文化如传统文化与现代文化、中国文化与西方文化、主流文化和非主流文化的融会激荡，对青少年思想产生了深远影响，进而冲击到青少年道德品质的发展。第一，网络时代引起价值相对主义。网络时代，多样化的文化给予青少年选择的自由。青少年摆脱了一元文化的束缚，获得心灵的解放，在不危害社会和他人的前提条件下，自由地选择自己的思想观念和行为方式。但从某种意义上来说，网络时代的多样性文化又引起青少年迷茫于多样性的价值观，造成青少年价值观选择的困惑，进而引发价值相对主义。从而导致青少年模糊了道德行为规范，觉得怎么做都行，有其合理性。第二，网络时代引起思想道德冲突。传统文化强调思想道德教育的目标是培养具有优秀思想道德品质的个体，塑造个体至善至美的思想道德素质。这种崇尚统一价值观的文化境遇中，追求统一的思想道德要求，青少年的思想道德从一而终，不会引发什么争议。网络时代的多样性文化强调没有绝对价值，没有绝对权威的思想文化，道德选择完全在于个人；强调个体的自主、利益和追求，忽视和否定了社会需要、集体利益；认可多种思想文化及价值观，缺乏主导文化思想的引领，导致青少年各行其是，淡化整体和全局观念，甚至造成以自我为中心的个人主义、利己主义、极端个人主义，对集体主义的价值导向形成冲击，在国家、集体和个人三者之间的利益出现矛盾时，不能做出正确处理。网络时代的多样性文化思想引发了青少年在现实生活中出现思想道德的冲突。

三 借鉴董仲舒教化思想，加强青少年思想道德教育的可能性和必要性

习近平总书记强调，"抛弃传统、丢掉根本，就等于割断了自己的精神命脉。博大精深的中华优秀传统文化是我们在世界文化激荡中站稳脚跟的根基。中华传统美德是中华文化精髓，蕴含丰富的思想道德资源。不忘本来才能开辟未来，善于继承才能更好创新"。董仲舒教化思想的超越性、当代社会发展的特征使董仲舒教化思想现代转换成为可能和必要。

（一）现代青少年思想道德教育借鉴董仲舒教化思想的可能性

在道德教育中借鉴董仲舒教化思想不仅是必要的，而且是可能的，其依据主要表现在以下几个方面：

1. 董仲舒教化思想的超越性使其现代转换成为可能

董仲舒教化思想是辉煌灿烂的中华民族优秀传统文化的核心内容之一，其思想的精华内含中华民族的基本精神，是中华民族优秀传统文化传承的主要组成部分。从阶级归属方面讲董仲舒的教化思想是为封建统治服务的，在不同的历史发展阶段上，即使在封建社会，学者们对待董仲舒及其学说的态度不同，有时甚至截然相反，但在当代社会主义中国，董仲舒的学说依然能够引起人们的浓厚兴趣，究其原因在于其理论的超越性。

董仲舒教化思想内容丰富，体系完整，其对公民个人道德素质提高和完善自身发展，振奋民族精神、增强民族向心力、凝聚力，协调社会秩序，构建和谐社会，培育和践行社会主义核心价值观意义重大。首先，重视在教化中遵循人们思想意识形成的特点。董仲舒教化方法之所以能够在两千多年的时间里都在古代思想道德教育方面占据重要地位，很大程度上还在于教化方法确立基础和实施的指导观念中包含着重要的合理因素，那就是重视人性对人的思想和行为影响作用

的考量。人性是在人类成长过程中形成的逐渐的综合性的心理特征，它既有人的自然性因素在其中，也有社会性因素在其中，其中，社会性因素在人性中往往占有支配性的地位，其中经济因素、主要的就是所有制形态在人的社会性的成型中起着决定性作用。在中国古代社会里，土地私有制是占主导地位的所有制形式，这种经济制度对人的自私自利性的形成具有决定性影响，在经济与社会基本制度不能发生根本性改变的时候，人们的自私自利性的形成是不可避免的，而在没有什么能改变人们的这种普遍性的心理特征的情况下，最好的做法就是把这种因素纳入到我们思考的范围内，否则，任何思想、任何设计都可能是脱离实际因此会无效的。董仲舒教化方法之所以这么重视对人性及其影响因素的考量，原因即在于现实生活的真实情况使然，更重要的在于它的理论基础之一就是人性论，它是建立在人性论设想的基础之上的，这使得教化方法从其产生直到它在具体实践中的运用，都时时刻刻地关注人性和人性对人们思想态度形成与变化所具有的影响作用。这样，就保证了思想道德教化方法在实际教化过程中不会因为对人性缺乏必要的实际考量而处处碰壁，并通过对人性存在的历史性把握而使得教化方法发挥实际效用有了切实的立足点。即使现代社会，在现实生活中，如果我们不能以人性论观点来看待任何一定事物时，我们对人的行为就很难理解，特别是在长期的生活经验不断积累的情况下，人们越来越重视人性因素在人的存在和发展与生活中所具有的不可忽视的作用。我国思想道德教育在过去受过错误观念的影响，认为所谓的社会主义制度的建立就可以使人性问题消失了，在教育思想的生产和方法的使用与设计上都无视人性的消极影响依旧存在的现实，造成了思想政治工作在实践中出现了很多假、大、空等不切实际的问题，现在大家都认识到了这个问题，而董仲舒教化方法以其千百年的成功实践为我们现代思想道德教育提供了反思与借鉴的资源。

其次，重视对教育对象的内心感化。思想道德教育或道德教育等活动的关键在于对人心情感的控制和引导，董仲舒就认识到人的情感在思想态度方面的重要作用，强调以情感人，通过对人的情感的触动引发人的内心思想的变动，实现教化对象对外在思想观念的内在转化。因此，董仲舒教化很重视通过利用日常生活细节来打动人心，强调对教育对象内心的感召，这决定了董仲舒教化方法在实际教化过程中必须要达到对人心情感的控制以实现对人的内心的感化。人的思想问题不是强行的灌输就可以改变的，我们每一个人从出生之时起，便生存在一种既定的文化环境中，但这不意味着我们会从一开始就自觉地接受这局面，也不意味着我们一旦接受了这种思想文化格局我们便会甘于受这种文化的指导或束缚，特别是作为一种特殊的生物，人生活得越久，其见识越广，他就会有越强的主动的、自觉的思考能力与意愿，其反思能力与判断是非的能力也就越强，因此，人是非常容易改变自己的被别人所教育给的思想、态度的。那么，在这种情况下，最有效的方法在于使这些被教授的思想态度有一定的情感基础，从对象的内心层面打下基础，为了做到教化的有效性，董仲舒教化方法讲求施教的层次性，既从道德情感层面入手，又在此基础上加以政治观念的教化。在这个过程中，教化对象在低层次程度的时候，往往是直接接收基本道德观念的教化，例如在童生阶段从孩童的心理情感的实际出发，向他们教授仁义孝友爱等基本人伦观念，在此基础上继续传达与之相谐和的更具道德政治意义的社会礼教规范，这样就保证了统治阶级所要树立的思想政治观念与规范有了坚实的心理与情感的接受基础，从而提升思想道德教化的实际效用。而现代思想道德教育的一大严重问题就是无视思想道德教育推进层次性的客观存在，往往对各年龄阶段的教育对象实施同样内容的思想道德教育，特别是直接灌输政治、道德观念，根本就不去考量教育对象的实际情况，也不会为灌输这些政治、道德观念培养对象的接收心理和情感。这样，所灌输的政治、道德观念根本就不能在教育对象内心扎下根，更不可能转化为实际行为，特别是在利益发生冲突的情况下，国家所倡导的各类价值规范往往无法发生正面作用。从根本上这不在于现代思想道德教育所传达的思想价值观念本身，而在于我们无视思想接受是需要一定的心理情感方面的基础条件的，一个不知道什么是爱的孩子，你硬教他去爱党、爱祖国、爱社会主义，这可能嘛，但是你要先培养她爱妈妈、爱护自己的小朋友、爱护自己的长辈，等等，你教她爱党、爱祖国、爱社会主义就是可能的，因为思想道德教育从根本上讲就在于对人们正常健康情感的培养和塑造，而这时需要一定必要的心理、情感的基础的。董仲舒教化方法恰恰在这方面做得很成功，很重视对人的内心情感的感化、控制、培养和引导，但由于我们长期忽视了对董仲舒化方法必要的尊重和学习借鉴，我们确实没有发挥出古人为我们留下的文化资源的所具有积极价值来。

第三，由行致知与以知导行的统一。道德教化或思想道德教育的根本目的在于培养人们的一定的思想态度，在于使人们忠实地遵循社会已定的价值规范，从而在行为活动上达到合乎社会秩序与道德规范要求的程度，实现社会生活的有序，因此，道德教化或思想道德教育的根本在于实现人的行为的合乎规范性。所以，实现教育对象思想和行为的一致就是至关重要的。在剥削阶级占统治地位的社会里，道德教化的核心目的就是为了通过对人们思想的控制进而达到对人们具体实践行为的有效控制，从而保证现实的统治阶级统治秩序的稳定，保障剥削制度在社会生活中发挥出支配性作用以实现其各种利益。这样，统治阶级不但要使社会大众接受那些体现着他们意志与利益的思想政治观念和道德规范，还必须要保证这些体现着他们意志与利益的思想政治观念和道德规范在社会大众那里内在化，即成为大众内在心理和态度的不可分割的部分，并由此导致社会大众各类行为的合乎社会规范要求。但问题是人们的思想和行为常常是会脱节的，思想道德教化涉及人的思想和行为两个方面，更容易在实践中形成知和行的脱节，如教育者说一套做一套，受教育者所学的思想知识和道德规范也很难在利益冲突发生时发挥出对行为的直接决定作用。正是较早地认识到这个问题，更是由于中国人重视人的实际行为的传统的影响，我国古代社会的统治阶级在实施思想道德教化过程中特别强调思想道德教育必须要做到知与行的统一，因为不能转化为实际行为的思想传达是没有什么实际意义的，这决定了董仲舒教化方法不是以思想道德观念的简单性知识传达作为自己的目标，它要达到的目标是实现教育对象的实际行为都能符合这些思想道德观念的要求，实现社会之人彼此间关系的协和与社会秩序的稳定与有效。因此，思想道德教化方法在实际中是非常注重促成主体的实践行为与所传达思想的一致性，由教育主体的示范性行为来向教化对象树立价值观念的权威性，使大众觉得这种行为所体现的精神是善的，是人们应当接受、也是值得人们积极践行的，这就是由行致知；同时，教化方法更加积极地鼓励教化对象在实践中坚持教化所传达的思想观念，把思想转化为实际行为，这就是由知致行。思想道德教化方法在实践中坚持由行致知从而保证了由知致行的可能性和现实性，通过对由知致行的鼓励促进了人们由行致知的强度，在实践中实现了由行致知与以知致行的统一，这极大地提升了思想道德教化的真实性和有效性。

第四，重视说服与压服的统一。说服与压服是思想道德教育最基本的教育模式和基本途径，说服强调以情、以理来触动对象思想感情从而使之按照主体目的方向发生转变的教育模式，因此，说服是以教育对象自觉自愿的转变自身的思想态度为显著特征的，正因为是自觉自愿，其教育效果也更加明显和真实，而在实际生活中说服所发挥的影响力也更为持久和有力；而压服则是指以外在力量优势强迫或威胁教化对象改变自己的思想态度的思想道德教化方式，施教者凭借在权力、权威以及社会地位、资源等方面的相对的优势性而迫使教育对象接受教育主体所要传达的思想意识、道德观念与行为模式，这样，教化对象的思想态度的转变不是以对象对该种思想道德观念或行为模式的认同而达成的转变。压服这种方式很直接，效果在相当程度上很明显，但问题是它所取得的效果都是建立在一定的外力强势或利益威胁的基础上的，一旦这些条件和资源丧失了，那么这些教化效果很可能随之消失，因为受教育者对那些思想观念的接受并不是建立在自己自觉主动地认同这些思想观念的基础上的，因此那些思想观念也不可能真正地成为他们内化了的心理特征。但是这种思想道德教化方式很简单，成本很低，只要教育主体具有那些可以迫使教育对象屈服的资源，就可以使教育对象的思想态度至少是在表面上向着他所要求的方向变化。而说服相较而言更加的文明和有效，其教化成果也更为稳定和持久，但问题是它的成本比较高，难度比较大，为了说服一个人改变自己的思想将花去很多时间和精力，所以我们现代的思想道德教育表面上强调说服，强调以理服人和以情感人，而实际上却往往只采取压服的方式，因为这便于突出教育者的成果。而古代思想道德教化方法的优势之一就在于它不单纯地强调对人的思想的压服,也不过于依赖说服的模式,而是把两者有机地结合在一起,而决定说服和压服何者为主时,则是依据教化对象自身的思想态度的实际情况,这就使得教化方法往往能够真实地获得实际性的教育效果。几千年来,我们中国人一直都在坚持以德服人、以理服人的做法,也就是在坚持着说服的做法,这就是为什么古人一旦接受了社会主流思想道德观念之后便一生都无法改变的原因,甚至连以死相胁都不在乎,原因就在于除了使用压服的方式外,说服方式也是在道德教化中被广泛使用的。

董仲舒教化方法自身所具有的优势当然不只这么几方面,但无疑这些方面都是极为重要和非常突出的。在我国两千多年的历史长河中,学术界对董仲舒的研究伴随着时代的变迁、学风的转换而不断发生变化,对董仲舒及其思想的评价也随之起伏不定。近代以来,西方列强强行侵入我国,不仅破坏了封建政治统治和经济制度,而且带来了文化的入侵,国人开始向西方学习并质疑 2000 多年的中国传统思想,尤其是儒家文化倍遭挑战,几乎被全盘否定。作为儒家文化的重要组成部分,董仲舒的教化思想也遭受严重危机,其教化内容、教化形式和德育精神遭到深刻冲击。经过 20 世纪初的新文化运动和六十年代的"文化大革命",董仲舒教化思想遭受的偏激批判达到登峰造极的程度。但在几经浩劫之后,董仲舒的思想并没有走向毁灭,反而表现出顽强的生命力,焕发出勃勃生机。尤其是改革开放以来,伴随我国经济的发展,儒家文化日益被人们重视,在世界范围内产生巨大影响,成为走向现代化的重要推动力量。有人曾预言"儒学文化将成为 21 世纪世界文化中心"。越来越多的人研究儒家文化,董仲舒思想由于其本身所蕴含的超越性特点,从 80 年代以来倍受学者们重视,一度掀起董仲舒研究的高潮。

董仲舒思想复兴的原因诸多,大致有二:一是在董仲舒思想尤其是其教化思想中包含着超越时代的内容,仍然适用于今天的社会主义道德建设。二是董仲舒教化思想的方法和途径对今天的道德建设有重要的借鉴意义。道德教育是一种直指人们心灵的潜移默化的教育,它既需要外在的道德环境的优化、道德理论的宣传和说教,更需要个体内在的自我修养和道德认知,道德的形成、完美人格的实现是后天的

"积伪""化性"的结果。任何一个时代的发展都需要借鉴、吸收和传承优秀传统文化。这不仅是不同时代思想的消解、磨合和碰撞,也是历史的积淀,是人类宝贵的精神资源和精神财富。

2. 党和政府重视对传统文化的批判继承

我国党和政府历来重视对传统文化的批判继承。党的早期领导人陈独秀、李大钊等都有着非常深厚的传统文化修养,在传播马克思主义的初期,他们便注意探寻如何将其与中国传统文化相结合。[①] 此后,我们党的历代领导人都非常注重将中国传统文化为时代所用,相继发表了多篇重要讲话并发布了多份政策文件,为构建中国特色社会主义和谐社会奠定了坚实的基础。毛泽东曾说:"中国长期的封建社会中,创造了灿烂的古代文化。清理古代文化的发展过程,剔除其封建性的糟粕,吸收其民主性的精华,是发展民族新文化提高民族自信心的必要条件"[②],并提出了"古为今用"等对待中华民族优秀传统文化的方法论原则[③],这一方针有效指导了建国初期的社会主义文化建设,并将继续在当今的文化建设工作中发挥不容小觑的作用。

改革开放以来,中国大力发展社会主义市场经济,邓小平同志在此背景下继续重视继承和弘扬民族传统文化中的优秀精华。邓小平认为,只有在前人或古人,中国人或外国人的实践经验基础上,我们才能"概括、提出新的理论。"[④] 江泽民在20世纪90年代提出要"继承和发扬优秀的民族文化传统,大力繁荣社会主义的教育、科学、文化事业"[⑤],进一步丰富和发展了毛泽东、邓小平关于继承民族优秀传统文化的思想。党的十七大上,胡锦涛同志代表第十六届中共中央委员会作报告时提出,文化是凝聚一个民族的阵地,新时期,我们要注重弘扬中华文化,丰富人们的精神文化生活,建设属于中华民族的

---

① 仲泉:《马克思主义中国化与传统文化——纪念中国共产党成立90周年》,《贵阳市委党校学报》2011年第2期。
② 毛泽东:《毛泽东选集》(第2卷),人民出版社1991年版,第707页。
③ 毛泽东:《中国共产党在民族战争中的地位》,《毛泽东选集》(第2卷),人民出版社1991年版,第534页。
④ 邓小平:《邓小平文选》(第2卷),人民出版社1994年版,第57—58页。
⑤ 中共中央文献研究室:《十四大以来重要文献选编(上)》,人民出版社1996年版,第625页。

精神家园，提升我们的综合国力。当今时代，随着改革开放的不断深化，我国社会思潮多元多变，文化交流日益频繁，能否发挥优秀传统文化的思想凝聚作用，关乎我国文化建设事业的成功与否。[①] 习近平同志在多个场合展现了对传统文化的重视，他的系列重要讲话为继承与弘扬优秀传统文化指明了方向，对于增强国人文化自省与自信有着至关重要的作用。对于中华优秀传统文化的继承和发展，习近平同志曾作出了详细的阐述和全面的部署。

十八大以来，我们党将对中华优秀传统文化的重视推向了历史新阶段。2014年9月24日，习近平总书记在人民大会堂出席纪念孔子诞辰2565周年国际学术研讨会暨国际儒学联合会第五届会员大会开幕会并发表了重要讲话，他对中国优秀传统文化的内涵与价值进行了阐述："中国优秀传统文化的丰富哲学思想、人文精神、教化思想、道德理念等，可以为人们认识和改造世界提供有益启迪，可以为治国理政提供有益启示，也可以为道德建设提供有益启发。对传统文化中适合于调理社会关系和鼓励人们向上向善的内容，我们要结合时代条件加以继承和发扬，赋予其新的涵义"，[②] 令国学界欢欣鼓舞，引起与会学者的强烈反响。

在以上这些思想的指导下，我们党和政府在制定思想道德教育发展战略、实施思想道德教育的过程中秉承了继承和弘扬中国优秀传统文化的原则。20世纪90年代，党中央先后通过《爱国主义教育实施纲要》和《中共中央关于进一步加强和改进德育工作的若干意见》。《纲要》提出"要进行中华民族优秀传统文化教育。"同时阐明，中华民族在创造灿烂中华文明的过程中，形成了具有强大生命力的传统文化，其内容博大精深，不仅包括了哲学、社会科学、文学艺术、科学技术等方面的成就，而且蕴含着崇高的民族精神、民族气节和优良道德，这笔丰厚的文化遗产是进行爱国主义教育的宝贵资源，要把中华民族优良道德传统与社会主义实践相结合，形成有中国特色、体现

---

① 吴雁：《多元文化激荡与军校爱国主义教育》，硕士学位论文，第四军医大学，2009年。
② 习近平：《在纪念孔子诞辰2565周年国际学术研讨会暨国际儒学联合会第五届会员大会开幕式上的讲话》，《人民日报》2014年9月25日第2版。

时代精神的价值标准和道德规范。进入新世纪,高校思想道德教育面临着全新境遇。

2004年10月,中共中央、国务院发布了《关于进一步加强和改进大学生思想政治教育的意见》,这是新世纪高校思想道德教育的纲领性文件。《意见》明确指出,"深入开展中华民族优良传统和中国革命传统教育",就是希望大学生能从传统文化中汲取营养,培养团结统一、爱好和平、勤劳勇敢、自强不息的精神。"文化无论是作为一种观念形态,还是作为人类精神的物化形式,既是人们自己创造的,又无时无刻不对人的精神世界、生活方式产生潜移默化的影响,塑造人的灵魂。"党的十八大报告提出:"提高国家文化软实力",文化软实力关键在于传承,中华优秀传统文化是文化软实力的根基和源泉。

2011年10月18日,中国共产党第十七届中央委员会第六次全体会议通过《中共中央关于深化文化体制改革推动社会主义文化大发展大繁荣若干重大问题的决定》,指出优秀传统文化凝聚着中华民族精神和中华传统美德,对当今的中国来说,是宝贵的精神财富,是发展社会主义先进文化的扎实基础,是建设中华民族共同的精神家园的有力支撑,应当将建设优秀传统文化传承体系作为文化体制改革的重要内容。[1] 我们党全面认识中国传统文化,坚持"取其精华、去其糟粕,古为今用、推陈出新",在弘扬传统文化的同时注重对传统的保护和对文化的普及,通过对优秀传统文化的当代价值不断深入挖掘,使其成为当今社会激励人们奋勇向前的精神动力。

2013年11月12日中共十八届三中全会通过了《中共中央关于全面深化改革若干重大问题的决定》,强调要完善文化管理体制,提高文化开放水平,增强针对中华优秀传统文化的教育。教育部于2014年3月印发了《完善中华优秀传统文化教育指导纲要》(教社科[2014]3号),以文件形式正式确立了全面展开中华民族优秀传统文化教育之方略。该"指导纲要"强调:"加强中华民族优秀传统文化教育,是深化中国特色社会主义教育和中国梦宣传教育的重要组成部

---

[1] 张立文:《弘扬中华和谐文化 建设中华民族共有精神家园》,《光明日报》2008年4月8日。

分，是构建中华优秀传统文化传承体系、推动文化传承创新的重要途径，是培育和践行社会主义核心价值观、落实立德树人根本任务的重要基础。"要求各级教育部门要把优秀传统文化教育作为一项战略任务来抓，中华优秀传统文化教育之重任也理所当然地落到了思想道德教育身上，成为思想道德教育之历史任务，指出："大学阶段以提高学生对中华优秀传统文化的自主学习和探究能力为重点，培养学生的文化创新意识，增强学生传承弘扬中华优秀传统文化的责任感和使命感"，从宏观上提出了中华优秀传统文化教育的指导意见。①

2017年1月中共中央办公厅、国务院办公厅又印发了《关于实施中华优秀传统文化传承发展工程的意见》，指出：贯穿国民教育始终，把中华优秀传统文化全方位融入思想道德教育……推动高校开设中华优秀传统文化必修课，在哲学社会科学及相关学科专业和课程中增加中华优秀传统文化的内容，第一次以中央文件形式专题阐述中华优秀传统文化传承发展工作，突出了政策、制度层面的保障机制。这也是本论文选取在中国儒学史、教化史占据重要地位的董仲舒作为研究对象的重要依据之一，即主动承担中华民族优秀传统文化之研究与教育。

3. 国外道德教育很重视对儒家思想的吸收继承

作为我国优秀传统文化的儒家思想，在国外也备受推崇，一些国家把它作为重要的道德教育资源。日本和韩国很信奉儒家伦理，在经济上获得了巨大成功，这就证明儒家思想可以同现代化并存，并使后者保持健康和文明。新加坡正是看到了这一点，于1983年正式在中学三、四年级开设《儒家伦理》课程，是世界上最早将儒家思想纳入课程体系的国家。韩国在初中阶段开始系统讲授儒家伦理，强调忠孝和互助团结精神，韩国学校道德教育始终贯穿着儒家伦理的主线，是除新加坡外，保留和坚持儒家伦理的国家。可见，儒家思想在国外的道德教育中有着一定的影响力。有人曾说，如果人类要在21世纪继续生存下去，必须回头去吸取儒家思想的智慧。可见儒家思想在国

---

① 《完善中华优秀传统文化教育指导纲要》，中华人民共和国教育部，2014年3月26日。

外的影响力。既然国外都那么重视儒家思想的道德教育价值，作为中华民族，我们更应该看到儒家思想的价值，将其应用到现代道德教育中去，使道德教育更富有成效，更具民族特色。

（二）现代青少年思想道德教育借鉴董仲舒教化思想的必要性

中国有着悠久的历史和深厚的文化底蕴，这些优秀的传统为今天中国走向现代化提供了坚定的文化基础和精神保障。儒家思想沉淀了中华民族两千多年的优良传统和历史经验，是整个中华民族智慧的结晶和文化的创造，它虽然产生于封建社会，不可避免地带有封建色彩，但它的许多精神在今天依然具有超越历史的生命力。董仲舒教化思想是儒家优秀传统文化的重要组成部分，其思想中契合当代社会的内容，在今天建设中国特色社会主义先进文化过程中，依然可以绽放光芒。改革开放三十多年来，中国社会发生了急剧变化，科学技术发展迅猛，知识更新加快，以信息技术为核心的科学技术发展，改变了我们的学习、生活、生产方式。青少年们的价值理念和行为方式已经有了新时代的特点，传统的思想道德教育理念与方法已经渐渐脱离了现实，难以再满足青少年思想道德教育的需要，已经无法保证为社会主义现代化提供思想道德素质过硬的全面人才，青少年思想道德教育面临着一些挑战和问题，这也是青少年思想道道教育创新的必然要求。

1. 应对新时期环境变化的挑战

从国际环境看，我国对外开放的进一步扩大，为青年学生了解世界、增长知识、开阔视野提供了更加有利的条件。同时，由于西方敌对势力对我国一定的西化、分化的政治倾向，一些资本主义腐朽没落的文化思想观念会对青年学生产生不良的影响。从国内环境看，社会主义市场经济的深入发展和改革开放的不断深化，使得就业方式、社会经济成分、利益关系、分配方式和组织形式的日益多样化，为青年学生的全面发展开阔了一片新的天地，顺应时代发展的新思想、新观念不断充实着青年学生的精神生活。但是，在经济快速发展的同时，我国社会道德生活却出现了一些问题。比如道德滑坡、欺骗活动、一些领域诚信缺失、假冒伪劣屡禁不止，甚至有所蔓延。另外极端个人主义、享乐主义、拜金主义的滋长,以及营私舞弊等消极现象也都时有发生。这些都给青年学生的成长与正确价值观的形成带来了不能忽视的负面影响。

全球化带来的挑战。全球化的迅猛发展,使得世界各国紧密联系在一起。在这股全球化的浪潮中,任何国家想要发展都不可能闭关锁国。只有以开放的态度与各国相互联系,相互合作,相互依存才能实现自己的发展与进步。"对于任何一个社会或国家来说,成功的意识形态不仅能够起到让人们认同现行制度的功能,起到维护社会发展与国家稳定的作用,还能够树立一种准则,帮助人们在现实社会生活中作出相应的价值判断。西方社会深谙此道,当不能在政治制度等方面对我国做出直接性的强制和控制的时候,它们往往从意识形态领域进行渗透。"[①]一方面,以美国为首的西方国家俨然已经把全球化作为其实现文化渗透的途径,不断推行西方的意识形态,弱化民族意识,淡化国家观念,企图让人们失去民族认同感。另一方面,受资产阶级个人主义、享乐主义、拜金主义等各种腐朽的价值观念和生活方式的影响,青少年的世界观、人生观、价值观出现混乱,陷入价值观模糊的状态。

市场经济带来的挑战。市场经济也是一把双刃剑,一方面极大地推动社会生产力的发展,为经济发展注入生机和活力,但另一方面,利益机制的驱使也产生负面效应。市场是没有头脑、没有灵魂的。没有头脑,就有盲目性,会陷入无政府状态。没有灵魂,就不讲公平,不讲道德。在现实的市场经济活动中,见利忘义,物流横行,道德受到贬损的现象到处可见。市场经济的价值规律在支配经济有效运行的同时,也可能使人们不适当地用于一切领域,导致权钱交易等腐败现象的产生,使人们的价值观发生扭曲。市场经济一方面激发了人的自主意识、竞争意识、效率意识和开拓进取、创新的精神,另一方面带来的是青少年的社会公德和道德自律意识一定程度的下降,使青年学生在道德评价与道德行为中出现了困惑与迷惘,从而使我们传统的道

---

① 方振宇:《网络"虚拟社区"对当前思想政治教育的影响及对策》,首都师范大学,硕士学位论文,2004年。

德标准受到挑战。市场经济造成了就业和分配方式多样化、组织形式多样化、经济成分多样化，归根到底是利益的多元化。机制的不同，分配方式的不同都增加了人们心理的不平衡、不满意。在利益多元化的条件下，如何寻找个人利益、集体利益和国家利益的结合点，树立全社会的共同理想，制止个人主义的膨胀，引导人们树立起社会主义核心价值观，是摆在我们面前的时代课题。

  青年学生特点变化带来的挑战。目前，青少年思想政治状况总体呈积极、健康、向上的良好态势，价值观、人生观、世界观主流取向进取、务实、积极。同时，由于青少年生活环境的自由性和活动的多样性，造成了青少年行为方式和价值观念的复杂性和多样性。在正确认识青少年思想政治状况时，既要肯定主流思想积极健康的一面，又要看到他们消极矛盾的一面，及时发现、解决问题，引导他们健康成长。当前青少年的政治态度较鲜明，行为较理性，但在一些深层次问题上存在模糊、错误认知。随着改革开放的逐步深入，青少年从自身感受与国内外环境的对比中，深刻地体会到没有共产党就没有新中国，坚持中国共产党的领导是实现中国特色社会主义和中华民族伟大复兴的唯一道路。他们坚定的拥护党的政策、方针、路线，高度认同中国特色社会主义理论。但与此同时我们也要看到，随着市场经济的深刻变革、西方思想文化渗透的加强，不可避免地会影响青少年的思想道德。少数同学在共产党领导国家命运以及坚持马克思主义的指导地位等问题上，还存在一些模糊、错误的认识。当今，青少年思想活跃，创新意识较强，获得信息的途径多样化并善于利用网络来获取新的信息，但是对信息的筛选和甄别能力还较弱。随着改革开放的不断深入，我国与外国的交往不断增多，西方的价值观念、思想文化、生活方式也随之涌向中国。与此同时国内随着市场经济的不断发展，就业方式、分配方式、利益关系日益多样化。人们的价值观念和自主选择性明显增强。当代青少年求新求异的意识比较强，思想非常活跃，善于接受新潮流、新事物、新看法。据调查，大部分学生认为当前青少年的竞争意识和自强精神比较强。但是，也有不少学生自主能力较弱，自我控制力较差，心理素质不高。青年学生普遍反映，学习紧张，生活节奏快，就业竞争激烈，心理压力大。因恋爱受挫、环境不适应、人际关系不协调等原因产生的心理障碍甚至走向极端的事件，也时有发生。

董仲舒教化思想对优秀人格的培养恰好可以对这些负面影响起到理想的引航作用。因此，积极向青年学生开展心理健康教育，重视他们的心理卫生，关心他们人格的健全发展是现如今青少年思想道德教育不可或缺的内容。青年学生主流的人生观、价值观积极正确，追求自我价值的实现，但现在社会竞争日益激烈，青少年在遇到挫折后情绪容易急躁，甚至出现过激行为。改革开放与社会主义市场经济体制的建立为青年学生的发展提供了更加广阔的舞台。但同时，他们也需直面竞争，而好的心理道德素质则是他们成功的前提与首要条件。就业与学生的利益、前途直接挂钩，成为青少年普遍关注的问题。

2. 培育和践行社会主义核心价值观的需要

党的十八大报告明确指出要"倡导富强、民主、文明、和谐，倡导自由、平等、公正、法治，倡导爱国、敬业、诚信、友善，积极培育和践行社会主义核心价值观"，这为加强青少年思想道德教育指明了方向。青少年主动去培育和践行社会主义核心价值观是落实"把立德树人作为教育的根本任务"的重要举措，同时也为青少年思想道德教育提出了新要求、新目标。古人云："玉不琢，不成器；人不学，不知义。"一个人的道德品质需要长期的教育和培养，整个社会的道德风气也需要精心的培育和引导。在生活点滴中践行社会主义核心价值观，强化道德养成，注重道德践行，切实把社会主义核心价值观贯穿于社会生活各个方面，增强青少年对核心价值观的情感认同，把价值认同和道德实践结合起来，逐步形成良好的意志品质和道德风尚。通过青少年的自我认识、自我体验不断提高道德认知能力、判断能力和选择能力，主动接受、践行"三个倡导"，并内化于心、外化于行，真正转化为自身的价值观念和价值取向，让青少年成为社会主义核心价值观的践行者和引领者。通过思想道德教育理念、方法、内容和机制的不断创新，逐步提高学生道德认知能力、陶冶道德情感、培养道德意志，能有效提高思想道德教育的实效性，真正把培育和践行社会主义核心价值观落到实处。

3. 适应经济发展新常态的需要

经过多年的发展，我国已在 2011 年成为了仅次于美国的世界第二大经济体。而当前，我国经济增速处于回落状态，经济下行压力增大，经济发展呈现出新常态。但是也需要看到，在新常态下的经济结构优化、增长动力切换、制度环境改变，机会要比过去大得多。马克思主义认为，经济基础决定上层建筑。青少年思想道德建设作为修筑上层建筑的手段之一，在经济新发展的背景下也遇到了新机会。在经济发展新常态下，市场得到更大的发挥，而市场经济的深化要依靠诚信，这就需要加强人们的思想道德建设，尤其是未来市场经济的主力军"青少年"。因此，青少年思想道德建设需要在其发展的过程中找到属于自己的新常态。

4. 顺应精神文明建设新阶段的需要

精神文明建设是社会主义现代化建设的题中之义，为物质文明提供必要的智力支持和精神支柱。在党和国家的高度重视下，各类精神文明创建活动如雨后春笋发展势头良好。当前，我国的精神文明建设已经发展到了一个新的阶段，精神文明与物质文明的协调发展构成了树立"三个自信"实现中国梦的坚实基础。与此同时，精神文明建设已经处在推动我国"四个全局"战略的重要位置，其必要性与迫切性不言而喻。青少年思想道德建设是精神文明建设的重要组成部分！而青少年是社会主义事业的接班人，从某种程度上说，青少年思想道德建设工作的好坏直接关系着精神文明建设的成败。在精神文明建设发展的新时期，青少年思想道德建设无论在内容上还是形式上都需要与其相契合，从而成为精神文明建设的推进器。

5. 满足青少年精神新需求的需要

在看到人类文明取得重大进步的同时，我们也不能忽视一些社会病症：随着经济大发展、大繁荣带来的物质文化充裕，人们对精神文化的需求逐步提升。青少年对新事物表现出极大的热情！对于精神文化的需求在内容、载体、形式等方面呈现出多层次、多元化等特点。但同时，由于青少年在心智方面还未成熟，抗挫能力、辨别能力较弱，容易受到心灵伤害，更有甚者转化为心理扭曲。一些青少年在思想上空虚，精神上颓废，于是有人打架、吸毒、酗酒、误陷邪教深渊而无法自拔，有些人甚至走上了自杀的道路。这些与人类文明的进步形成了极大的反差。

青少年时期对一个人来说，是人格塑造的重要时期！也是世界观、人生观、价值观形成的关键时期，针对他们在这一时期的强烈求知欲与成长中的困惑与烦恼，需依靠传统思想道德教育在其中发挥不可代替的、指路明灯的重要作用。所以，要借鉴董仲舒教化思想，从中汲取营养，并在传统文化与现代文化的相互激荡中获得发展的动力，提升青少年思想道德教育的有效性。

对董仲舒教化思想进行研究，首先需要明确的是，我们要用马克思主义理论的科学态度对儒家教化开展辩证的审视与探讨，而不能对董仲舒教化采取全盘肯定或全盘否定的绝对主义态度，既不能认为董仲舒教化思想绝对的好而照搬照抄到现代社会，也不能认为它完全无益于现代社会而全盘否定。

我们应该遵循古为今用的原则，去粗取精，去伪存真，辩证地分析与理解董仲舒教化思想。董仲舒教化思想经由汉代统治者积极倡导，由先秦一家之言成为中国传统社会主导意识形态，通过一系列制度建设，各级统治者与经师率先垂范，国家与社会机构共同努力实践，使儒家思想广泛渗透到中国传统社会的政治、经济、思想、文化和社会生活等各个方面，形成了社会共有的价值观和共同的社会心理特征，成为中国传统社会政治稳定、社会和谐的巨大凝聚力量，构建起中国传统社会共有的精神家园，直到今天仍然对国人的思维方式、行为习惯产生潜移默化的影响，体现出儒家教化的有效性。重视青少年思想道德教育，是中国共产党的优良传统和社会主义国家的政治优势。批判地吸收和借鉴传统文化中有益的思想和方法，以加强当代青少年思想道德教育，是开展董仲舒教化研究的现实意义所在。通过对董仲舒教化进行研究，反观今天我们的青少年思想道德教育现状，我们从中可以思考一些相关联与相区别的问题，以期为更好地加强和改进当代中国的思想道德教育提供借鉴。马克思主义思想道德教育在根本性质上不同于以往社会形态的思想道德教育。当代中国的思想道德教育与董仲舒教化相比，主要有以下几个方面的不同。

第一，存在的社会基础不同。从存在的社会基础来看，董仲舒教化是在中央集权专制主义的金字塔结构下进行的，社会各个阶层分为明确的上下尊卑等级，皇帝高高在上，知识文化没有得到广泛普及，民众在相互隔绝的社会中，只能从统治阶级或权威人物（如官员、家长等）那里获得统治者想要传播的思想理念。董仲舒教化作为统治阶级的"治国之道"，其出发点与宗旨都是维护统治阶级的利益。当代中国实行的是中国共产党领导的中国特色社会主义制度，它消灭了阶级剥削和压迫，实现了人民当家做主。社会主义民主与法制得到普及；平等与自由成为人们崇尚的理念；互联网使整个世界进入信息平面化时代；市场文化所激发的权利意识和主体意识等因素，使得国家和政府不能像传统封建社会那样对民众进行强有力的思想控制。今天的思想道德教育以中国特色社会主义的基本国情为基础，在建设中国特色社会主义的历史进程中，积极用马克思列宁主义、毛泽东思想和中国特色社会主义理论体系教育广大人民群众，培育和造就有理想、有道德、有文化、有纪律的社会主义新人。在当前的社会现实中让民众普遍接受主导意识形态的难度与古代教化的传播不可同日而语。

第二，二者的基本功能不同。董仲舒教化的功能主要表现在通过传播天地君亲师、仁义礼智信等儒家伦理道德观念，实现修身、齐家、治国、平天下的政治理想，维护天下一统的封建统治秩序。当今的思想道德教育则是利用各种舆论平台，通过宣传、灌输等方式促进教育个体的生存和发展，广泛开展社会主义思想道德教育，在实现中国特色社会主义的目标上形成共识，从而促进全社会政治、经济、文化等各方面健康发展。

第三，二者的追求目标存在根本不同。董仲舒教化目标是培养为统治阶级服务的、听从封建统治的民众，在此基础上维护封建专制统治。新时期中国共产党的思想道德教育目标是用中国特色社会主义理论体系培养社会主义事业的建设者和接班人，为建设中国特色社会主义现代化强国服务。

党的思想道德教育与董仲舒教化虽然存在着根本的不同，在社会条件、社会功能以及培养目标等方面存在差异。但它们都属于意识形态的教育，都有明显的阶级性和政治性。现实是历史的延续，以史为鉴可以知得失。抛开阶级的局限，董仲舒教化中对人的品德修养有益的思想理念，董仲舒教化的实施过程和某些工作机制，如适合中国人思维方式和行为传统的伦理思想、教化模式、教化方法等方面，仍然可以为今天青少年思想道德教育提供有效的借鉴。今天青少年思想道德教育所面临的形势与汉初有一些相似之处，那就是在思潮多元化的时代背景下如何有效树立主导意识形态。今天的中国尚处在社会主义的初级阶段，所有制结构的变化引起社会结构的重组与变迁。在世情、国情、党情发生深刻变化的新形势下，如何发挥思想道德教育在树立主导意识形态过程中的积极作用，规范青少年的价值追求，发挥社会主义制度应有的优势和合法性已成为当务之急。"我们的思想政治工作在继承和发扬优良传统的基础上，必须在内容、形式、方式、方法、手段、机制等方面努力进行创新和改进，特别要在增强时代感和加强针对性、实效性、主动性上下功夫。"① 因此，抛开阶级的局限，从董仲舒教化的积极因素中主动寻求可以为今天的青少年思想道德教育所借鉴的思想内容与实践形式，对开展当代青少年思想道德教育具有积极的启示意义，是一项非常有意义的理论探索。

（1）作为主导意识形态的理论体系要具有科学性和时代性，要体现与时俱进的特征。

马克思主义唯物史观告诉我们，社会存在决定社会意识，有什么样的社会存在就应有什么样的社会意识。同时，社会意识具有相对独立性。董仲舒教化思想成为官方意识形态是历史的产物，从一家之说到定于一尊，儒学的地位发生了根本变化，它的理论建设、传播方式、制度模式等也伴随时代进步而不断改进。虽然传承两千多年的儒学一直是中国传统社会的主导意识形态，但儒学具有不断发展的理论特征。汉代经学不同于先秦儒学，隋唐儒学又与汉代经学不同，宋明理学则是在前代儒学基础上结合新的社会实际需要创造的新儒家理论体系。这些不断变化的新儒学，体现了儒家教化理论与时俱进，不断创新的特征，因此它能适应社会变革与发展的需要，能够以新的内容和方式，更好地为巩固统治阶级的政治地位服务。今天，我们正在建

---

① 《江泽民文选》（第3卷），人民出版社2006年版，第86页。

设的中国特色社会主义是马克思主义中国化的产物。马克思主义作为中国共产党的思想意志和指导思想，不仅要结合社会主义革命和建设的具体实践，用中国化的马克思主义基本原理去解决中国社会发展进程中出现的新情况、新问题，而且要大胆进行理论创新，结合时代发展的需要提出新原理、新方法，进一步丰富和发展马克思主义理论。革命时期中国共产党的理论强调阶级性和斗争性，思想道德教育在这一时期发挥的作用主要是动员和团结一切可以团结的力量夺取革命的胜利。因此，毛泽东把思想道德教育称为"生命线"是恰如其分的表述。在社会主义建设和改革开放时期，阶级已经基本消灭，党的主要任务是带领广大人民群众发展生产力，实现共同富裕。这一时期的指导思想是中国特色社会主义理论体系，它是根据变化了的时代和社会环境而相应发展了的马克思主义，它与当前的中国社会实际相结合，具有新的内涵与时代特征，适应时代发展与社会的需要。这种与时俱进的理论具有旺盛的生命力，为新时期的社会改革与发展提供切实的理论指导。对于中国共产党来讲，革命时期的指导思想强调的是在阶级对立与冲突的状态下如何领导人民夺取政权，取得革命的胜利。在经济建设与和平发展时期，各国之间交流频繁，各种社会思潮活跃，互相影响，互联网使世界逐渐趋向平面化，信息在第一时间能够传遍全球，在这种经济飞速发展、信息爆炸的全球化时代，马克思主义思想道德教育理论与实践要想适应日新月异的时代变化，不仅需要有快速的调整适应能力，还要具有前瞻性、预判能力和吸引力，突出理论的包容性、协调性与整合性，这样才能有效发挥思想的引领作用。因此加强和深化理论研究是增强理论说服力的重要环节。我们应结合社会实际，不断发展具有时代特色和中国特色的理论体系。党的十八大提出要积极培育和践行社会主义核心价值观，充分体现了中国共产党高度的理论自觉。最新的理论成果要能够有力回答理论与现实问题，能够科学指导社会实践，这样才能树立理论自信，增强人们践行中国特色社会主义理论体系的自觉性。

另外，思想理论建设必须植根于现实社会环境才会具有旺盛的生命力。董仲舒教化思想在中国传统社会能够成功渗透到不同社会阶层，其中一个重要原因是儒学与小农经济占主导地位的家国一体的社会结构相适应，董仲舒教化思想中的"德"、"礼"等核心内涵与伦理道德理念与广大民众的思想认识水平相适应，并能够对民众日常生活中的言行举止做出解释和规范，教化内容与方式能够为广大民众所接受，从而实现了个人、家庭、国家、社会的有效联动。董仲舒教化思想能够根据时代的发展变化而进行相应的理论与实践创新。现代社会与古代相比，社会结构、家庭结构、生活方式等存在着根本性差异。传统的自给自足的封闭社会形态被新媒体环境下的全球化社会所取代。当前，我国的青少年思想道德教育存在一些问题，原因很多，其中最主要的还是理论与实际结合不够紧密，不够有效。有些思想理论不能有效指导青少年的思想实践，存在大而空的现象。因此，在新的历史时期，要科学分析和全面把握当前的中国国情，把马克思主义基本理论和具体实践相结合，既能对中国社会进行宏观的前瞻性指导，又能与青少年的社会生活息息相关，既有理论高度，又有广泛的群众基础，这是马克思主义理论中国化的特点之一，需要更高层次的理论探索与实践创新。同时中国特色社会主义理论的研究与传播需要改变传统的方式方法，主动适应时代变化发展的需要，积极寻求新的媒介、新的表达方式以及新的传播载体，不断创新、与时俱进，在多元思潮相互影响的复杂环境中牢固树立中国特色社会主义理论体系的主导地位，使中国特色社会主义理论深入人心。

（2）青少年思想道德教育是一项系统工程，需要各个方面形成合力。

从今天的视角审视两千多年前董仲舒教化思想有效性的原因，我们认为，董仲舒教化思想在成为中国传统社会主导意识形态的过程中，除了理论具有一定的合理性外，另一个重要的因素是董仲舒教化思想体现为一个社会的系统工程，各个方面、各个环节能够形成合力。就个体而言，董仲舒教化思想的重要观念是"内圣外王"，即个人通过修身、齐家、治国、平天下的路径实现个人价值与社会价值的统一，并且把个人价值与社会价值统一于儒家思想所提倡的伦理道德规范中，个人在实现自身价值的同时也实现了社会价值。就国家和社会而言，统治阶级以制度建设作保障，使理论、观念、文化、社会生活等统一于儒家思想，通过强有力的制度保障体系，最大限度地调动广大民众践行儒家教化的积极性和主动性，有效保障儒家思想作为中国传统社会主导意识形态的核心地位，在全社会形成很强的凝聚力和向心力。"如果在一个社会发展过程中，主流意识形态的凝聚力减弱或者丧失，那么社会的向心力和稳定性也将减弱，由此必然引起人们对政治权力合法性的怀疑，产生信仰危机。因此，在任何一个社会形态及社会发展的各个阶段，意识形态凝聚力都至关重要，它对保证政治权力的合法性，保持社会稳定，缓解社会矛盾和冲突，引导大众的政治意识政治行为发挥着不可低估的作用。"① 就教化传播方式而言，中国传统社会的统治者多以柔性的手段实现其目标。统治者通过把"君子"作为理想人格，在全社会树立具有儒家道德规范的榜样，这一榜样来源于生活又高于生活，是民众通过努力可以实现的理想目标。

与此同时，通过人才选拔制度将儒者尤其是其中的饱学之士选拔到官僚队伍中，成为董仲舒教化思想的实践者、传播者和社会的道德表率，为广大民众树立鲜活生动的道德典型，他们是中国传统儒家思想重要的宣传力量，其道德感化作用明显强于刑罚的惩戒效果。以思想道德教育的说服代替强制和惩罚，使占统治地位的意识形态发挥凝聚作用，社会就会向统一的目标和方向迈进。与此相应，传统社会中无论是学校教育、家庭教育，还是社会教育都以儒学思想为教化内容，形成董仲舒教化的传播合力，也使整个社会形成良性互动的局面，从而使儒学最大限度地发挥出其教化功能。当代中国的青少年思想道德工作也有注重形成合力的优良传统。毛泽东同志认为思想道德教育工作不仅是全党的大事，也是全社会的大事。他在《关于正确处理人民内部矛盾的问题》一文中指出："思想政治工作，各个部门都要负责任。共产党应该管，青年团应该管，政府主管部门应该管，学校的校长教师更应该管。"由此可见，毛泽东认为中国共产党的思想政治工作必须在党的领导下由各个部门、各条战线齐抓共管，形成合力，才会具有实效性。社会主义的历史实践证明，毛泽东的这一理论

---

① 江德兴等：《马克思社会化理论与政治权力的演变》，社会科学文献出版社2005年版，第185—186页。

是科学的、有效的。在新的历史时期,当代青少年思想道德教育的主要任务与建设中国特色社会主义的政治任务相适应,就是宣传主导意识形态,为促进社会有序和谐发展和稳定服务。与董仲舒教化实践相比,当前的青少年思想道德教育还没有在全社会形成较为完善的合力系统,学校、家庭、社会的教育合力有待进一步加强,中央、地方和学校更要紧密配合,进一步完善制度体系,改进教育方式方法,否则很难使广大民众主动认同社会主义核心价值体系。这就需要把中国特色社会主义理论体系贯穿于经济、政治、文化、社会和法治等各项制度建设中,形成有利于培育和践行中国特色社会主义理论体系的体制机制,利用制度的力量保障中国特色社会主义理论的有效传播。主流意识形态的确立不能只依靠强制性手段,还应该将青少年的内在自觉与外在约束结合起来,通过丰富多彩的实践形式充分调动个体内在的积极性和主动性,实现思想道德教育目标,那才能称之为思想道德教育的有效与成功。

(3) 青少年思想道德教育要在解决社会实际问题中体现其价值,在指导社会实践过程中体现其实效性。

在中国传统社会中,董仲舒教化思想能够与广大民众的日常生活紧密联系,在指导生活实践的过程中渗透儒家理念,民众可以通过儒家提倡的社会生活规范进行价值判断。"所谓教化,全是就实际的生活,为之规范。譬如乡饮酒礼,是所以教悌的;乡射礼,是所以教让的;都是因人民本有合食会射的习惯,因而为之节文,并非和生活无关的事,硬定出礼节来,叫人民照做;更非君与臣若干人,在庙堂之上,像做戏般表演,而人民不闻不见。"① 董仲舒教化思想在社会中能够切实规范与指导民众的生活实践,并对个人的世界观、人生观、价值观产生潜移默化而决定性的影响,因此能体现出它的有效性。中国共产党的青少年思想道德教育是我国社会主义精神文明建设的重要内容,也是解决社会矛盾的一个重要途径。但是当前青少年思想道德教育在一定程度上存在着内容空洞、方法陈旧、机制不健全等问题,因此不能很好地解决个体思想实际和社会现实问题,没有把解决青少

---

① 吕思勉:《吕思勉讲思想史》,凤凰出版社 2008 年版,第 28 页。

年的思想问题与解决实际问题有效结合起来。而提高青少年思想道德工作实效性是构建社会主义和谐社会的迫切需求,思想道德教育解决实际问题要体现在满足个体社会适应与发展的需要,满足社会动员和精神建构的需要,满足个人与社会协调发展的需要等各个方面。因此一定要在解决实际问题过程中解决思想问题,把青少年的社会生活实践与社会主义核心价值观教育有效结合起来,在解决实际问题的过程中体现思想道德教育本身的理论与实践价值,这也是民心向背的重要体现。民心向背是中国传统政治的根本,得民心在于政教,而善政不如善教,好的道德教化胜于严苛的政策法令。通过暖心、惠民的政策措施,帮助青少年解决实际困难,让青少年在日常生活中能够体会到社会主义制度的优越性与先进性。因此,青少年思想道德教育既要能够切实解决广大青少年关心的实际问题,同时也可以在解决实际问题过程中树立思想道德教育的有效性和权威性。

(4)充分发挥思想道德教育者的主观能动性,切实提高青少年思想道德教育实效性。

在中国传统社会中,从皇帝到各级官吏是推行儒家教化的主体,他们既是儒家教化的理论家、信奉者,也是儒家教化理念的解释者、传播者,在全社会发挥着道德示范和表率作用,成为传播和践行儒学的主要力量。我国践行思想道德教育的主体应是共产党员尤其是党的各级领导干部,他们应该成为研究和传播中国特色社会主义理论体系的核心力量。但是,在社会现实中,部分领导干部和理论工作者言行不一,理论上是巨人,行动上是矮子,部分思想道德教育者的恶劣表现严重影响了中国共产党在人民群众心目中的形象,使思想道德教育的说服力和有效性大打折扣。当前,我国处于改革的深水区和各种矛盾的集中区,空前的社会变革给我国带来巨大发展进步的同时,也带来各种各样的矛盾和问题。面对一系列现实的问题和挑战,要切实回答和解决国家、社会和人民群众关心的重大理论与现实问题,关键在人。风成于上,俗化于下。社会主义现代化建设需要一大批品德高尚、能力出众的坚定马克思主义者,党员领导干部要牢记立党为公、执政为民的理念,成为社会发展与进步的中流砥柱,化解社会矛盾,用言行影响民众、引导社会风气好转,有效摒弃官僚主义、形式主义、享乐主义和奢靡之风的影响,用实际行动彰显共产党人的人格魅力,进一步凝聚党心、民心,传播社会正能量。广大人民群众在党员干部的带动下,才会有择善而行的举动。百姓主动地拥护中国共产党的领导,自觉践行社会主义核心价值体系,构建社会主义和谐社会的宏伟目标才能够真正实现。因此,遵循思想道德教育的历史经验与基本规律,科学地开展思想政治工作,是党员干部和思想道德教育工作者义不容辞的神圣使命。

综上所述,董仲舒教化思想是以"德教"、"礼教"为思想核心,以社会制度为保障,由统治阶级倡导和践行,为广大民众所认可并自觉践行的理论与实践体系。这是一项宏大的社会系统工程,其目的是有效实现统治阶级的政治目标,使社会各阶层在统一规范中各司其职,各安其分,确保社会秩序和谐有序。虽然董仲舒教化已无法适应发展变化了的现代社会实际,但儒家教化两千多年的实践已经雄辩地证明:在中国传统社会中,董仲舒教化思想与中国传统社会生产力发展水平相适应;与家国同构的天下一统封建社会形式相一致;与广大民众的思想认识水平相符合,因此董仲舒教化思想在中国历史上曾具有合理性、时代性和大众化的理论特征,对中国传统社会的发展起到了积极的促进作用。董仲舒教化思想是全民、全社会行为,具有深厚的理论基础和群众基础,能够把抽象的理论逻辑巧妙地转化为广大民众形象的生活逻辑,从而实现理论对实践的有效指导。当代中国的青少年思想道德教育如果要想取得像董仲舒教化思想一样的社会效应,就需要深入研究当今中国的社会发展现状,深入了解青少年的思想状况与诉求,走群众路线和社会化道路,把学校教育、家庭教育、社会教育有机统一起来,探寻全球化背景下青少年思想道德教育的新内容、新途径、新方法,这样才会使当代中国的青少年思想道德教育永得生机和活力。

儒家教化是中国优秀传统文化的重要内容之一。它包含着丰富的思想道德教育资源,无论是教化内容、教化模式还是教化方法都有为当代中国的青少年思想道德教育可资借鉴的方面。党的十八届三中全会通过的《中共中央关于全面深化改革若干重大问题的决定》中明确提出要"完善中华优秀传统文化教育",凝聚民族力量。儒家教化中蕴藏着丰富的优秀传统文化资源和思想道德教育资源，我们应该批判性继承和弘扬儒家教化中有价值的理论内涵与实践方法，在社会主义核心价值体系建设中发挥重要的教化作用。比如《周易》中的"天行健，君子以自强不息"的刚健有为精神；《论语》中所提倡的舍生取义、见利思义、"三军可夺帅，匹夫不可夺志"的高尚品质和"士不可以不弘毅，任重而道远"的历史使命感；《孟子》中提出的"富贵不能淫，贫贱不能移，威武不能屈"的独立人格以及"乐以天下，忧以天下"的忧患意识；《荀子》中注重环境、习俗对思想道德教育的影响等等，都很容易转化为新时代的教育资源。

我们应该逐步把优秀的中华传统文化与时代精神相结合，使传统文化在新的时代具有旺盛的生命力与凝聚力，让董仲舒教化思想在新时代依旧能够发挥"化民成俗"的作用。当然，对于董仲舒教化思想，我们应以科学辩证的态度，从党和国家在新时期的中心任务以及客观实际出发，去其糟粕，取其精华，古为今用，为有效解决当前青少年思想道德教育的实际问题提供借鉴，让董仲舒教化思想为今天的中国特色社会主义现代化建设服务，这是研究董仲舒教化思想的真正价值和意义所在。

第五章　董仲舒教化思想对青少年思想道德教育的启示

董仲舒教化思想形成于西汉封建社会，目的在于培养具有封建道德的人才，维护社会秩序的稳定以及巩固宗法等级制度，其自身不可避免地带有时代的局限性和阶级的狭隘性，但其中仍不乏具有重要价值的思想珠贝。当代青少年思想道德教育应当在客观认识历史的基础上，探寻古代教化思想的发展规律，从而谋求自身在现代社会的新发展。

一　对青少年思想道德教育理论层面的启示

董仲舒教化思想作为一种关于生活智慧的理论和关涉到从个体修身到家庭伦理秩序和整个社会秩序的思想和学说，其思想旨趣、内容、框架、展开形式和思想核心，都有其独特的特点，甚至在很多层面上都有其独具的优势。在某种意义上，单看中华民族是唯一的存活下来并不断获得新生的文明古国，就可以看出董仲舒教化思想理论所具有的强大生命力和它的外化所赋予中华民族心理的坚韧性和连贯性。我们今天研究和发掘董仲舒的思想道德教育理论，首先应当在整理其思想理路和内容的基础上，在思想和理论层面上提取和还原出其有借鉴价值的思想要素。总体而言，我们可以用如下框架来整理董仲舒教化思想理论在思想层面上可资借鉴的因素：董仲舒教化思想理论的旨趣和关怀（即其核心价值取向）、其教育实施的丰富内容以及其学说的核心。这个框架能够突出董仲舒思想道德教育理论的独特特点，并能筛选出其重要的理论内容。

（一）董仲舒教化思想的核心价值取向

安伦尽分的大同之世，是董仲舒教化思想理论的价值旨趣和最终落脚点。从根本上看，大同之世的社会理想，实际上是董仲舒教化思想的核心价值取向。作为一种完整的思想道德教育学说，董仲舒思想给我们的最重要的启示，就是思想道德教育必须有公共的、客观领域的指向。从当今的视野看，思想道德教育所承担的责任，就是使得社会成员在作为一个单位的社会的层面上，取得某些共同的和符合时代要求的价值取向和志趣。在这个层面上社会成员的主要取向，就是核心价值取向。

1. 青少年思想道德教育必须有坚定明晰的核心价值取向

理解核心价值取向这个概念，可以借用马克思主义哲学的思想框架。马克思指出："价值这个普遍的概念是从人们对待满足他们需要的外界物的关系中产生的。"①那么，"人们在认识和改造世界、创造和实现价值的过程中，必然要形成一定的价值观念。一个国家、一个民族、一个社会在长期共同的认识和实践活动中，必然要形成一定的价值观念体系，在这个体系中居核心地位、起主导和统领作用的就是其核心价值体系。任何社会都有自己的核心价值体系，这是一定的社会系统得以运转、一定的社会秩序得以维持的基本精神依托。"②人们依据价值观念体系而进行的价值追求和价值实现活动，就构成人们的核心价值取向。董仲舒思想被积极推崇，可以说是当时混乱无序的社会现实的直接反应，它至少表征了当时人们共同的精神渴望和价值追求，那就是使社会重新回到正常的运转秩序当中，以保证人们正常的生产和生活活动。因此，董仲舒大同社会的理想，既是董仲舒学者的精神追求，也表征了当时人们的核心价值取向。从根本上说，董仲舒最终提出的是大同社会的理想形态还是其他的社会形态，可能并不是最重要的；最重要的是，思想道德教育理论必定要包含坚定明晰的核心价值取向，否则它就无法完成其社会使命。这种核心价值取向的

---

① 《马克思恩格斯全集》（第19卷），人民出版社1978年版，第406页。
② 李嘉美：《论当代大学生核心价值取向重构》，《理论界》2008年第1期。

具体内容可以随着不同的思想学派、思想学说乃至随着不同的时代而变，但它本身却是思想道德教育中不可或缺的指向性因素。

董仲舒教化思想的特色，即在于它以心性论及其实现为基础，提出了体验和发明本心、由内圣而外王的逐渐扩展，再到落实到大同社会这个公共性的理想这样一套有顺序的教育和成长主张。这个最后的落实和落脚点，即是其核心价值取向。确立核心价值取向，实现价值引领作用，是思想道德教育不言而喻的使命。思想道德教育，顾名思义，就是社会和社会群体用一定的思想观念、政治观点和道德规范，对社会成员施加有目的、有组织的影响，从而在社会层面内达到某种统一的精神气质和理想的活动。它毫无疑问担负着价值引领的任务，因此，思想道德教育有坚定明晰的核心价值观，乃是这个学科本身的题内应有之义。改革开放以来，我国的经济基础和物质财富得到了极大的增长，人民生活已经得到显著改善，为社会主义精神文明建设提供了充分的物质前提。在当前多元文化背景下，确立符合我国国情的核心价值取向，是凝聚人心、安定社会秩序、促进我国经济社会进一步发展的重要举措。党的十八大报告提出："倡导富强、民主、文明、和谐，倡导自由、平等、公正、法治，倡导爱国、敬业、诚信、友善，积极培育和践行社会主义核心价值观。"这一核心价值取向同时也是当今我国青少年思想道德教育工作的导向所在。反思和借鉴董仲舒关于思想道德教育实践路径的论述，为我国社会主义核心价值观探寻更为合适的实现道路，是当今思想道德教育工作者的任务。

2. 核心价值取向与时代、青少年个人发展同步

思想道德教育的核心价值取向，要受到诸如社会生产力、社会的生产方式、时代风气等诸多方面的影响，因而它只是在某个时代内具有相对稳定的内容，而不是绝对地一成不变的。从根本上说，一个社会的生产方式、生产力水平是核心价值取向的物质基础，随着生产力水平和生产方式的变化和发展，核心价值取向必定会获得新的时代性内容，这一点是不依个人的意志而转移的。就董仲舒教化思想哲学渊源来说，其产生的背景正是周朝的分封制和宗法制度等经济政治制度的逐渐失效和崩毁，而其核心价值取向，正是提出某种关于秩序的设想来应对当时天下的失序。这就是说，董仲舒思想的产生本身就是响应时代需求的结果。

事实上，尽管天下大同的社会理想总体而言是儒家思想共同的价值旨趣，但其具体内容却是随着时代而变的。先秦、秦汉、隋唐、宋明的儒者，都有口头的或成文的政论，其具体内容均有鲜明的时代特色。例如宋明儒者，已不像先秦早期儒者那样，汲汲于恢复周礼，而是根据当时具体的社会现实状况，提出时代性的关于社会秩序和政治制度的设想，尽管这些设想还可以笼统地归入大同之世这个范畴中。

董仲舒教化思想不仅具有鲜明的时代特征，而且非常注重个人的发展，这是它能够为当今所借鉴的另一个方面。思想道德教育要实现其最终目的，即在社会层面上达到某种影响和效果，归根结底还是看它对诸多社会成员影响力如何，在何种程度上塑造和改变了社会成员原有的价值观念。整个社会价值取向的转变和确立，归根到底还是看它的成员如何培育和接受这种价值取向。董仲舒教化思想的最鲜明的特色，恰恰在于以修身为本、由体验和发展自己天性中固有的善的潜能和潜力出发，逐步达到整个社会范围内的价值追求。而这些，恰恰是只有通过个体性的努力才可以达到的，因为对修身、不欺己心、慎独这些修养和功夫来说，外缘只能起到一些引导和启发作用，根本来说，它只能首先是个人的内在努力。

董仲舒教化思想理论的产生和发展过程提示我们，根据生产力水平和社会状况来反思和发展既有的价值观念、取向，并顺应时代的呼唤更新核心价值取向，是自觉发展思想道德教育理论的重要内容。另外，我们必须自觉到，思想道德教育要真正发挥它应有的作用，就必须重视和细化针对个人的教育策略，注重个人的发展，因为每个人价值观念的确立和素质的提高，是在整个社会范围内实现价值引导作用的前提。

今天，在多元思潮涌入尤其是消费社会正在成为现实的背景下，个人成长的影响因素日益繁杂。西方社会资本逻辑，尤其是金融资本逻辑所衍生的自由主义思想倾向日趋浸入人的意识，剥夺人自我反省、自我成长的能力。任其发展，结果必定是社会组织的涣散和凝聚力的丧失。在这方面，当下我国青少年思想道德教育实践充分借鉴董仲舒的心性论和心性成长论的思路，积极发现和利用每个受教育者身上的能动性因素，并予以针对性的教育，是提高教育质量的必由之路。

3. 核心价值现实性和超越性的统一

自先秦开始，儒家学说就不断辩论和反思人与动物的区别，例如孟子就说过："人之所以异于禽兽者，几希。"① 总体而言，儒家学说认为，人与动物的最大不同，不仅在于人的心性中天赋的善的本性，而且在于人能够自觉地追求精神生活。如果人失去了精神生活维度的追求，而只追求感官刺激和物质享受，那么人就与动物没有什么区别了。衣食住行当然重要，它是生活不可或缺的最基本条件，但儒家认为，生活的本质及其本真的快乐并不来源于此。与所谓"逐于物"的生活取向不同，董仲舒主张在生活中寻求超越生活本身的要素，主张向内寻求生命的成长和生活的快乐。可以说，在生活本身中寻求超越物质生活的精神境界，是董仲舒精神的最重要取向。冯友兰先生在总结中国哲学之精神时说："中国哲学所求的最高境界，是超越人伦日用而又即在人伦日用之中。它是'不离日用常行内，直到先天未画前'。这两句诗的前一句，是表示它是世间的。后一句表示它是出世间的。这两句就表示即世间而出世间。即世间而出世间，就是所谓超世间。因其是世间的，所以说是'道中庸'；因其又是出世间的，所以说是'极高明'。即世间而又出世间，就是所谓'极高明而道中庸'。有这种境界的人的生活，是最理想主义的，同时又是最现实主义的。它是最实用的，但并不肤浅。它亦是积极的，但不是如走错了路而快跑的人的积极。"② 在这里，冯友兰借用《中庸》中的"极高明而道中庸"来阐释和概括中国哲学的精神，认为其最高境界是所谓即世间而出世间的，即所谓超世间的。这实际上就是说中国哲学是力求在最为平常的生活之中，即所谓日用常行内，寻求超越日用常行的精神追求，这当然也是董仲舒教化思想的精神追求和突出特点。就董仲舒教化思想而言，作为入世之学，自然是现实的，但另一方面，董仲舒教化思想又有成圣贤的人格修养目标和大同之世的社会理想，因而它是一种动态的追求性的学问，是一门有精神导向的学问。

---

① 《孟子·离娄下》。
② 冯友兰：《新原道——中国哲学之精神（绪论）》，生活·读书·新知三联书店2007年版，第3页。

近些年来，随着市场经济体制的建立和发展，社会财富的创造和增加，以及西方国家有意渗透的资本主义不良思潮不断涌入我国，"道德无用论"开始喧嚣尘上，物欲横流、生活奢靡、为追逐利益不择手段等不良的社会风气日益沉渣泛起，并有愈演愈烈之势。这种社会风气的败坏，从总体上说，是自传统农业社会的痕迹日益退居次要地位以来，随着生产方式的剧烈变化，各种与传统封建社会截然不同而与西方发达资本主义社会相类同的生活方式不断涌现的必然结果。这些新的生活方式不同于日出而作、日落而息、衣食足荣辱知的传统农业社会生活方式，支撑这些新的生活方式往往需要越来越多的经济条件，从而导致在社会大多数成员那里，只顾埋头追逐利益成为普遍的心理倾向。在当今的一个阶段内，这种逐利而罔顾其他的倾向，可能已经成为普遍的社会风气和倾向。如果说人们的生活至少包含现实性的物质追求和超越当下现实的精神追求，那么对这种状况的最合适的描述，就是当下人们太过汲汲于现实追求，而遮蔽了生活中本来存在着的超越性的追求、精神性的追求。董仲舒教化思想作为某种意义上的思想道德教育学说，融合了精神的追求性和现实性，或者说，是立足于现实而又超出现实本身，去追求精神层面上的发展。董仲舒教化思想核心价值导向的这些特点，它启示我们今天的青少年思想道德教育，要想达到移风易俗、扶正人心的理想目标，就必须提出符合当今青少年心理结构而又符合青少年现实的精神性追求。

（二）董仲舒教化思想的丰富内容启示

前面我们讨论董仲舒教化思想理论的核心价值取向对今天的借鉴意义，主要是就其精神实质而言的，这是决定思想道德教育方向和灵魂的东西。实际上，就董仲舒教化思想的人性预设、展开理路而言，它能够为今天的青少年思想道德教育提供丰富的内容上的借鉴。前文已经讨论，董仲舒教化思想的最突出的特色，在于它立足于人性论由内而外地扩展，从而达到本体论与功夫论、人的内在本性与外在行为、个人层面的修身与社会层面的秩序的改变等诸多方面的融通为一，将之视为一个动态发展的过程。就思想道德教育本身看，尽管其最终落脚点是在社会秩序的层面上，但其前提是对作为个体的社会成员施加了什么样的影响、取得了什么样的效果，因为社会秩序如何还是取决于大多数成员的自身素质如何。因此，青少年思想道德教育必须从青少年个体开始，尤其是从辨认和发扬其个人身上的能动性开始。以此为起点，将个人的能动性向社会理想的追求上引导，是思想道德教育的必由之路。因此借鉴董仲舒教化思想的思想路向、概念框架、施教方式、逻辑推演，是符合思想道德教育这个学科本身的逻辑的。

1. 思想道德教育概念框架的借鉴与创新

一个国家、一个民族最初的文化思想对人性的发掘，往往既是对人性诸种活动性潜能的觉醒，又是对这种活动性的强化和培植。在这个意义上，这种传统思想其实就是民族性格的发展和培育，也是国家和民族生生不息、持续发展的源泉和动力。不管我们是否意识到，董仲舒教化的心性论都既是对我们人性的发现，又是我们人性已经沉淀下来的实质内容，它在我们的言行处世中带有挥抹不去的痕迹。《中共中央国务院关于进一步加强和改进大学生思想道德教育的意见》强调，新时代我国大学生思想道德教育必须注重"继承优良传统与改进创新相结合"，认为我国教育系统必须以传承和发展民族文化精神为己任。在这种视域下，重新思考我国传统思想的优良传统，耐心扎实地回到传统思想家的文本中去发掘可资借鉴的理论资源，并结合我们真切的人生体验予以利用和创新，是当前迫切需要迈出的步伐。其中，董仲舒教化的心性论，尤其是其对心性成长可能性与空间的论述和生活示范，是尤其值得关注的，它具有重要的启示意义，确确实实应当在我们当今的教育工作中焕发新的活力。如何理解人、怎样理解主体，事实上最关紧要的是以什么样的概念框架或思想来理解和观察人的能动性或活动性的来源。无须讳言，我国当前教育界所使用的概念框架大多来自西方教育思想的简单生硬移植。回溯西方思想史，尤其是西方哲学史，近代以来思想家们提出的各种关于人的界定，不论是天赋观念说（如笛卡尔）还是概念能动说（如康德、黑格尔），都无法提出具体地理解人在情境性活动中的能动性的概念框架。因为在当今资本主义社会，如果人的概念方式被资本机器所浸染控制，那么人的碎片化、人的能动性的消逝，就是合逻辑的结论。可以说，这是西方思想界和教育界所面临的主体概念困境的哲学根源。在西方后现代主义思潮的反省和批判下，西方教育思想对人的活动性的描述和预设的缺点已经暴露无遗。这事实上也是当今思想道德教育界所面临的重大困境。

在这样的时代背景下，结合董仲舒心性观对人的理解，做出教育通用术语和概念的创新和变革，应当说具有首当其冲的重要性。我们必须结合传统的心性观念，找到恰当的思想概念来描述和界定人的能动性、主动性。只有重新界定了人的能动性，思想道德教育才有了施力目标，才能避免做无用功。我们认为，人的能动性的发现，实际上是每个个体对自己心性进行切身体验并予以理论总结的结果，经验心理学的样本统计模式是不适合发现人心的能动性的。正是有鉴于此，董仲舒心性观等学说才有着重要的借鉴意义和价值。

在概念框架创新的基础上，当今青少年思想道德教育要达到对青少年"成己"、"成物"的培育和教导，首先要引导青少年的"自成"。从根源上说，教育的功能在于唤醒受教育者对自身能动性、活动性的自我意识和觉解，外在的灌输终究无法代替主体自身的领会和证成。在这里，以新的概念体系阐发董仲舒关于"三省吾身"和"内省"、扩充良知良能的说法，并以此来熏陶和培养青少年，才能使得我们当前的思想道德教育工作完成其既定的目标。

2. 内容渗透到教育、生活和社会各个方面

考察今天思想道德教育课程的现状可以发现，其整个内容设置和教学实践安排，基本上是借鉴和承袭了自然科学。众所周知，自然科学的主要模式是，通过对作为对象的外部世界的经验观察和试验操作，取得外部对象所遵循的客观规律并予以总结，从而形成的客观知识。对这些知识，只要达到某种程度的知性理解和记忆背诵，并辅以某些实践操作，就可以掌握和精通，为我所用。因此，自然科学的教学，就偏重于知识的理解和诵记，它对人的精神生活和社会生活的影响，也就仅限于人们遭遇到对应于某些知识的特殊环境。然而，从学科的根本性质上说，思想道德教育与自然科学是根本不同的，因为前者直接关涉受教育者日常生活的方方面面，要求在这些方面中都体现出其影响，只有这样，它才能达到其规范社会秩序的功能。在此意义

上，突破当前思想道德教育的自然科学范式、采取符合其本身的要求的新范式，是迫在眉睫的任务。朴素地说，思想道德教育所要达到的效果，是达到个人言行的教化、熏陶和社会层面风气的逐渐转化，那么，思想道德教育的施行，一定要将其内容渗透到教育、生活和社会各个方面。很明显，言行习惯的陶冶和改变，只能通过言行的具体情景。当今的青少年思想道德教育应当逐步走向教育过程的情境化，使得其内容作为背景，渗透到教育、生活和社会情境中。反观我们多年以来的青少年思想道德教育，往往只注重教材的宣读与记诵，而没有渗透到具体的生活情境当中，这其实不利于青少年对道理的亲身领悟。事实上，董仲舒的心性成长观，其实现和落实往往就取材于实际生活情境中师生的交流和探讨。我们常说教育要"摆事实，讲道理"，其实说的就是教育的情境化。从学理上说，心性的觉解和成长，必须以对自己言行的砥砺琢磨达成，而这其实正是在生活情境中予以落实的。

3. 内容体系合理、结构明确、逻辑清晰

按照前文的分析，参考董仲舒教化思想理论，应该说，由人的能动性到思想道德教育的最终目标的实现，必须是一个合逻辑的、一贯的、能够现实地实现的发展过程。不能把这个过程描述出来并整合进整个理论体系内，那么这种思想道德教育理论就是不成功的。在董仲舒设想的政治教育思想中，由个人的心性的发明，到家庭的血缘伦理，到国、天下等政治单位的秩序，前阶段为后阶段的基础，是一个层层递进、理论上能够渐次实现的过程。

毋庸讳言，我们今天的青少年思想道德教育理论由于缺乏对人的能动性的概念层次上的恰切描述，导致从人的能动性到思想道德教育的最终目标之间的衔接上，存在理论和实践层次上的连贯和一贯性问题，从而一定程度上导致其现实地实现层面上的缺失。这些逻辑和实践环节上的贯通，需要概念层次上的重新发现和组合。在这个意义上，借鉴董仲舒思想由个人心性到各个层次的伦理单位的逐渐扩展，正是对症下药的举措。我们今天的社会伦理单位无疑与传统社会有种种不同，但在衔接的具体思路上，董仲舒思想无疑是可以提供一个借鉴模板，以实现具体内容上的创新的。

总体上看，董仲舒教化思想理论是一个有起点、有实现展开、有最终目标的理论体系。在这个体系中，三个部分之间是一步步奠基、一步步完成的结构安排。尽管中国古代学术，多以格言警句性的形式写就，而较少逻辑铺展和论证，但就董仲舒教化思想而言，其三部分内容之间的逻辑关系是非常清晰的。总而言之，内容体系合理、结构明确、逻辑清晰，是董仲舒教化思想理论对当今青少年思想道德教育体系建设的有益启示。

（三）董仲舒教化思想的合理内核启示

本部分将讨论董仲舒教化思想理论的合理内核，也就是透过理论本身，去挖掘其背后的精神实质，讨论这种合理内核和精神实质对当今思想政治理论建设的借鉴价值。

1. 思想道德教育理论要符合时代发展要求和人的需求

上文已经提到过，儒家教化思想理论的产生，本身就是对时代发展要求的反应。从今天反观之，儒家教化思想理论渊源只可能产生于孔子生活的那个时代。孔子对夏商周的礼仪制度等有深入研究，他认为，周朝的典章制度经过对夏商两朝的借鉴，已经非常系统、完善和繁盛，所谓"周监于二代，郁郁乎文哉，吾从周"[①]。在孔子之前，社会不论如何都处于一种礼乐秩序的规范之下，况且这种礼乐是光彩繁盛的，它对人的规范与约束作用应该也已渗透到了生活的方方面面。有礼可依，当时的生活可能是平安和乐的。但到了孔子时，周礼对人的约束能力削弱，诸侯豪强争霸，战乱不断，天下失序，民不聊生。只有在这种社会风气急剧转折的时代条件下，才可能产生儒家教化思想这样一种着眼于天下政治之学的理论学说。换言之，儒家教化思想理论的产生不仅是时代需要的结果，而且是当时处于失序和战乱的恐慌之下人本身的需要。正是人的这种最基本的安全感的需要，促使孔子提出安伦尽分、天下大同的社会理想。事实上，自儒家作为学派产生之后，儒家教化思想的具体内容也是不断随着时代发展而变化的，例如孔子对恢复周礼念念不忘，对诸侯间的不法征战深恶痛绝；

---

① 《论语·八佾》。

到了孟子之时，这种情结可能已经大大减弱，孟子已经积极向梁惠王这样的诸侯游说国策了，并且这种游说必言王道，显然已经某种意义上承认了其可能的扩张和征战行为的合法性，只要它是真正仁民的。荀子作为儒家学者，已经某种意义上开始研究帝王术，而这正是当时诸侯纷战，周政不振，时代强烈呼唤有统一天下的强力诸侯国和雄主的必然需求和结果。另一方面，也是当时人心思定的结果。到了汉董仲舒、诸宋明儒者的时代，儒家教化发展与时代发展要求和人的需求的关系就更为明显了。

总而言之，敏锐自觉地捕捉和把握时代发展的要求，聆听和捕捉一定时期内人的需求，并相应地调整和确立思想道德教育理论的内容和精神，是儒家思想道德教育给我们的重要启示。

2. 注重历史传承和民族的特质

毫无疑问，中华文明是历史上延续时间最长、延续最稳定的文明。这个现象当然有地理、历史、民族性格、民族心理等诸多方面的原因，但最为重要的原因，莫过于中国传统学术非常注重历史传承，具有符合本民族心理习惯和精神特质的特点。中国传统学术，往往根据学术旨趣、致思方式、说话对象等的不同，而分为不同的学派，如道家、儒家、法家、纵横家等。尽管总体看来，是一种"道术将为天下裂（《庄子·天下》）"的局面，但每家内部，是非常注重历史传承的。一般而言，只有一个学派内受到认可的继承人，才有资格继承前任衣钵，继续传道授业解惑。就儒家学说来说，孔子之后的历代大儒不仅旗帜鲜明地阐发和标举孔子的学说，而且他们进行教育活动使用的教育材料，也都具有明显的传承性和稳定性。比如，历代儒者都注重研究六经之说；再比如，自宋儒开始重视《大学》、《中庸》之后，明代诸多学者也都将《大学》和《中庸》视为阐发自己学术观点的中介和佐证。

至于儒家教化思想理论的民族特质，自不必说，它是只有在中国这样的地理位置、气候特征、地势特点乃至河流分布等条件之下，才可能产生的学说形态。不仅如此，儒家思想还参与塑造和形成了中国人的民族心理。因此，儒家传统教化始终带有鲜明的中国群体心理特色，以至于我们看到一个人，就能根据他的言行习惯大致判断他是否属于"儒学文化圈"。

综上所述,我们在今天创新和发展思想道德教育理论,一方面要注重继承和发展中华民族优秀的历史文化积淀,尤其是董仲舒这样的本身就有思想道德教育学说的学派,另一方面,还必须要积极捕捉和体验中华民族自身的精神特质和特殊的民族心理。否则,我们费尽心力提出的新的思想道德教育理论,就有可能只是无本之木,只是不适用于当今中国人的幻想。

3. 注重更新和修正

思想道德教育理论的创新和发展,必须注重时代发展的要求和人的需求。这就是说,没有一成不变、永不过时、适用千秋万代的思想道德教育理论。过去,我们曾经经历过混乱和荒谬的年代,背语录、党八股、本本主义曾风行一时,已被固化和教条化的理论不仅没有促进社会的发展和人本身的提高,没有带来稳固的秩序,反而严重地禁锢了人们的头脑,造成了人们的疯狂和混乱。因此,评判思想道德教育理论的优劣、对错,尽管有多种标准,但最重要的莫过于它是否表达了时代的呼声、适应了时代的要求。自先秦以降,后世儒家不仅仅继承孔子的思想,而且还结合重要的时代要素,对孔子的思想做出时代性的阐释和发展,就鲜明体现了思想道德教育理论的时代性这个特点。因此,除了思想道德教育理论本身学理上的贯通、逻辑上的清晰、体系上的严密之外,这套理论本身是否适应时代的要求、恰好切中了人们时代性的心理特点、治对了时代性的心理问题,是审视当前青少年思想道德教育理论是否需要更新和修正的最关键因素。捕捉新时代青少年心理的倾向和特点,找出某些可作为基础的因素,依此作为起点来进行修正和更新,就是思想道德教育理论对时代的应答。从这个起点出发,与思想道德教育的目标进行合逻辑和一贯的衔接,就一定能对既有理论作出恰切的修正和更新,实现思想道德教育理论的与时俱进。

二 对青少年思想道德教育实践层面的启示

除理论和思想层面之外,董仲舒教化思想作为一种经历过几千年历史考验的思想道德教育理论，还能在实践层面上给予今天以有益的借鉴，其中包括国家在思想道德教育中的作用、教育过程的情境化或生活化、教育方法等几个方面的内容。

（一）坚持国家主导的基本方向

儒家教化思想的最初形式可归入私学的范畴，孔孟主要都是以私人身份招收学生的，尽管其学术眼界、其所表达的政治追求等都是社会国家范围内的。随着社会的进一步发展，儒家教化的形态也在不断改变。汉初主要以清静无为的黄老思想为主要的统治思想，实行休养生息的政治政策，同时宽松的政治环境也为各家学术自秦以来的复兴提供了基础。到了汉武帝时期，统治者认为，当时社会的不稳定原因在于政治思想的不统一。其直接结果就是朝廷政策、法令、制度缺乏统一的和稳定的指导思想，因而经常出现矛盾和自相冲突，以至于朝令夕改，经常变动，让民众无所适从。

为改变这种状况，董仲舒提出"罢黜百家，独尊儒术"之策，正如班固所说，"推明孔氏，抑黜百家，立学校之官，州郡举茂才、孝廉，皆自仲舒发之。"① 董仲舒认为，按照当时的政治社会发展背景，应当用董仲舒教化思想来统一人们的思想，这样一来，国家就有了统一和稳定的指导思想，政令和方针清晰、明确、稳定，从而有利于当时国家集中精力办大事的目标（如与域外蛮族之战）。到这里，董仲舒教化思想渗入国家统治，董仲舒教化青少年的思想道德教育理论渗入国家意志，从而某种意义上成为整个社会的教育和组织原则。在后世，儒家青少年思想道德教育理论亦经常成为国家的统一政策思想依据，儒家青少年思想道德标准国家选拔人才的考试标准。例如，朱子的《四书章句集注》就很明显带有这种色彩。

在传统封建社会，董仲舒教化思想和现实实际政治操作的合流，肯定是有思想学术被用作当时封建统治阶级的统治工具的弊端。但是我们知道，思想道德教育所负担的使命、朝向整个社会的覆盖面，决定了它必定是一元的，而不可能像春秋战国时那样百家争鸣，否则肯

---

① 《汉书·董仲舒传》。

定会让人无所适从。思想道德教育的最终目标不是简单的个人性的，也不是少数的群体性的效果，而是社会性的观念和风气的变革。况且，在当今人民当家做主的时代背景下，封建社会思想道德教育思想为私人和某种社会集团所利用的情况不复存在。这样一来，思想道德教育必须坚持国家主导，才能形成统一的声音，从而才可能变成一种社会性和民族性的事业。

按照现时代的标准，教育发达程度、教育投入水平是衡量一个国家、一个民族素质、文明程度的主要标准。改革教育投资体制，合理分布教育经费，加大对教育的投资，这些是只有在国家层面予以操作和协调才有可能完成的大事。从"教育是一个民族最根本的事业"，到"百年大计，教育为本"，再到"教育是民族振兴的基石"，可以看出，坚持教育优先发展，是党中央一以贯之、与时俱进的战略思路。因为优先发展教育，建设人力资源强国，是全面建设小康社会、实现国家现代化的长期战略选择。全面贯彻党的教育方针，实施素质教育，提高教育现代化水平，是新的发展阶段教育工作始终坚持的主题；切实促进教育公平，办好人民满意的教育，是着力保障和改善民生、构建社会主义和谐社会的带有全局性的任务。就青少年思想道德教育而言，就更是这样。

总而言之，青少年思想道德教育作为一种具有最广泛面向的教育样式，作为一项民族性的重大事业，只有在坚持国家主导的情况下，才能获得真正的发展，也才能真正完成其应有的任务。

（二）"道不远人"的生活化教育方式

儒家关于"学"，即我们今天所理解的教育过程的见解，是一套非常完整和符合事情发展本身的学说。它不仅包含对人的善的行为的根源，即心性理论上的本体论证和阐述，而且也有系统的对所谓"修养论"、"功夫论"的详细描述和刻画。儒家关于"学"的过程和步骤、阶段的分梳和探究，是我们中国的传统文化所不同于西学的特色和优长之处。阅读古代的典籍，尤其是读史，我们经常发现关于古人"君子之风"、"浩然之气"、"丰采朗然"的描述，应该说，这正是儒家的"学"的落实和在人身上的表现，是传统中国人丰沛的内在修养自然而然的向外涌现。毋庸讳言，随着时代的变迁和风气的变化，这种宝贵的心性修养传统正在一步步走向衰微，我们的生活和教育缺少了一个重要的维度。从我们当前的青少年思想道德教育具体实践上说，我们理解的"学"尚局限于对教本所列的行为规范的被动摄取和接受，即是说，我们今天已经太过习惯于将学仅仅理解为学知识。

在这样的时代背景下，《中共中央国务院关于进一步加强和改进大学生思想政治教育的意见》强调，新时代我国大学生青少年思想道德教育必须注重"继承优良传统与改进创新相结合"，指出我国青少年思想道德教育的研究者和施行者应注重吸收和借鉴我国的优良教育传统并进行符合时代要求的创新，是时代呼声的回应。我们认为，儒家关于"学"的动态过程的总结、其丰富内涵、价值指向和对为学次序的论述，对我们的教育思想和实践有着特殊重要的启示意义。

首先，我们必须重新对教育过程进行符合"事情本身"的理解和界定。当下我国教育界尤其是青少年思想道德教育界，往往过多地注重介绍、引进和习惯性接受已经进入微观化操作的心理学和教育学的研究成果，然而必须注意到的是，这些研究所使用的概念系统已经太过偏离乃至遮蔽了我们对教育过程本身的理解。由此带来的后果，我们的教育研究多偏于细枝末节的论争，而从教育实践上也往往以偏概全地以某几种微观研究流派的观点为指导展开。反思整个教和学的过程，我们必须意识到，教育过程是在生活情景中展开的，我们即便接受心理学上的某些成果，但更为重要的步骤是实现概念和术语的生活化。在这方面，儒家对学的理解是扣准了教育过程的描述和总结。在今天，"心"、"性"、"成己"、"成物"、"明明德"等术语显然已经过时了，但借鉴儒家对学的动态把握，回到作为整体的教育本身，并在此基础上实现概念和术语系统的创新，实现教育概念与生活情景的无缝对接，显然是最为迫切的任务。

其次，实际的教育过程应适当借鉴儒家"血脉上感移"的熏陶模式，这可以看作上述第一点的实现。陆九渊尝言，"吾与人言，多就血脉上感移他。"① 众多大儒对教育或学的亲身实践，往往是首先对

---

① 《陆九渊集》。

受教育者的心理变化和可能存在的问题准确地感知和把握，然后才有针对性地提出某些言论和治对措施，而不是抽象地提出某些原则强制受教育者进行记诵和接受。毋庸讳言，今天的思想道德教育工作者大多忽略了对学生思想情绪的时代性把握，自然无法做到从"血脉上感移"，从而我们多数的教育原则都变为死记硬背的教条，学生的厌学情绪也就是自然而然的了。回到传统儒家诸如孔、孟、荀、陆九渊、王阳明在生活中随时点拨的教育情景，感受和总结学生群体当下的时代情绪并施加教育，是实现"血脉上感移"的教育鲜活化的切近路径。

最后，在教育步骤和次序的把握上。青少年思想道德教育的最终目的当然是培养符合我国社会主义精神文明和社会主义现代化建设需要的人才。但这是就外在的结果而言的，相当于儒家之学的"成物"的方面。这些得以达成和实现的前提是从学生内在的能动性出发，首先引导学生"自成"和"成己"。传统儒家多注重"成己"的道德内涵，这当然是我们应以继承的。但随着当今世界波谲云诡的变化，引导学生对国内外世事进行敏锐的洞察、做出自己的思考，也是人的内在能动性的成长和实现，这也才是真正引导学生全方位的"自成"。把当今表面上看起来与个人生活相关甚少的国际国内重大时事变化，与青少年自身的生活境遇结合起来，即点明重大国际国内事件在经济、政治环境和机遇挑战方面对青少年个人生活的影响，从而引导青少年自然而然地对大事时事做出自己的思考和反应。这样一来，就能把青少年思想道德教育的最终目标与受教育者个人的实时生活结合起来，使其在鲜活的现实中自我思考、自我教育、自我成长，从而实现教育的生活化。只有做到这一点，我们才能培养出真正德才兼备的人才。

（三）有针对性且多元化的教育方法

思想道德教育的复杂性与重要性在于它的对象是具体的人，而人的思想又是最难把握和改变的，除了教育内容的科学合理，教育方法的有效性也是不容忽视的。思想道德教育的方法是思想道德教育者对受教育者实施教育影响的基本手段，对于达成思想道德教育目的，完成思想道德教育任务具有重要意义。在思想道德教育方法的创设方面，必须坚持一些反映思想道德教育内在规律的基本原则。董仲舒教化思想中包含着某些超越时空而具有普遍意义的内容，这对于当代青少年思想道德教育在方法方面有所启示。

1. 在思想道德教育方法创设方面的启示

董仲舒教化思想是中华民族文化积淀的结晶，也是中华民族创造力的重要表现之一，它集中地体现了中华民族对人的和社会本质关系以及思想道德教育规律的深刻把握，是对实现人自身的不断完善与进步进行教育性实践的睿智总结，体现着民族智慧与创造的勇气，它是中华民族数千年来的智慧积累。对董仲舒教化思想进行研究，目的是积极挖掘出其中的积极成分，为今天所用。作为中国古代社会重要的思想道德教育方法，董仲舒教化方法的一些具体模式、机制是非常值得我们借鉴和挖掘的，它对今天的青少年思想道德教育有积极的启示。

（1）尊重规律以实现主体主观与客体主观的统一

董仲舒教化思想是以人性论为理论基石的，董仲舒教化方法也是人们依据和按照关于人性本质和人性形成机制的理论来设计和创制的，因此，在思想道德教化方法的创设、发展和完善的过程中，它是比较严格地以人性的形成与发展规律作为依据的，强调根据人性的生成规律来施行思想道德教化的，用我们现代的习惯术语来说，也就是要基于思想道德教育对象的思想观念发展变化的规律来确定和设计思想道德教化方法的具体操作机制和手段的，以便尽可能地实现教化主体与教化对象的主客观有效地统一。东汉的袁宏就曾指出过："古之帝王所以笃化美俗，率民为善，因其自然而不夺其情，民佑所不及者，而况毁礼止哀，灭其天性乎！"① 在这里，袁宏虽然没有明确地提出思想道德教育或思想道德教化规律的问题，但是在其意识之中以及其对思想道德教化的实际运作过程的认识之中都确定无疑地表明古人已经认识到各种不以主观意志为转移的客观事实的存在，这就是所谓思想道德教育或教化的规律。

由此可见，思想道德教化方法不是社会道德教育的组织者可以任意设计和安排的，而是必须要以客观事实、即教育对象的思想观念发

---

① 《资治通鉴》，中华书局1956年版，第1619页。

展变化的规律为依据的。反观今天的现实，与董仲舒教化方法具体机制手段的创设以及实际运作不同的是，现代思想道德教育在相当长的时间里忽视了思想道德教育过程中的客观规律性的存在，在方法的创设方面很少践行马克思主义实事求是的规范，往往是以自己的感觉、主观意愿作为思想道德教育方法创设的准则和依据，而无视教育对象的思想状态和人的思想形成与发展的规律，这既有左的思想的影响，也在于作为一门独立科学的现代思想道德教育研究尚处于起步阶段、很多问题尚未进入我们的研究视野，但随着思想道德教育学以及教育实践活动的发展，以及现实社会生活对思想道德教育要求的提高，在现代思想道德教育方法论研究中不断地强化和提升对人的思想规律的研究的要求将迫在眉睫。而这无疑有助于思想道德教育方法创新和方法实效性、科学性的提升。

总之，董仲舒教化方法在具体机制的设置等方面强调重视人的思想规律的、坚持以之为准绳的做法，无疑告诉我们，现代思想道德教育方法在具体机制创设的过程中是绝对不可能在违背思想道德教育规律的情况下实现预期效果的，我们在青少年思想道德教育的方法创设上，也必须要尊重思想道德教育或道德教育中的客观规律的存在，以之为依据。

（2）坚持思想道德教育方法的素质化取向

董仲舒教化方法之所以能够具有相当高的实效性，关键在于它坚持以实现教化内容的对象个体内在素质化为取向，通过一系列具体机制实现代表统治阶级利益与意志的思想、道德观念以及文化成为足以影响教育对象实际行为和真实态度的内在素质，它强调的是社会统治阶级所倡导的代表其利益与意志的思想道德观念的素质化，以此来发挥社会教化的统治功能与作用，在这种思想道德教育的实施取向的指导和规范下，其教化方法在自身发展过程中也在不断地强化自身的素质化取向，比较积极和主动地更新自身的各种机制，吸纳那些有效的教育机制和成果，如教化方法的化的方法形式就是重在要使社会一定的思想道德观念成为支配人的内在素质。而思想道德教育长期以来正是忽视素质化的问题，过分强调了政治的接受，而在无形之中忽视了道德接受，致使政治接受缺少道德的内在支撑。思想道德教育的根本目的在于不断地提升社会大众思想政治道德素质，塑造健康的社会主义人格，实现社会秩序的和谐与稳定，促进人的全面与自由的发展，这就决定了思想道德教育必须要使自身所传达的思想政治观念深入人心，使之成为教育对象作为一个社会之人所需要的内在的要素，但是这种素质不可能是单一的，而是综合的，只强化政治信仰和政治人格的培养不但是片面地、无效的，甚至也是有害的，因为没有必要的基本的道德素质的支撑和保障，任何政治思想素质和观念都将是空洞的，畸形的；更为重要的事，没有思想道德的素质化铺陈，政治信仰和价值观的接受也是很难内化的，因为这些价值观念形态之间是彼此联系和相互支撑的，这要求我们必须要在方法选择上要重视那些利于实现思想政治道德观念素质化的机制、手段，提升思想道德教育塑造人格、人性的功能，所以，教化方法强调思想政治观念的素质化取向对思想道德教育方法创设是十分有价值的，在今天也是非常值得我们借鉴的。重视思想道德教育方法的人性化取向任何教育方法都必须要围绕着人来创设、选择和使用。董仲舒教化方法虽然存在一定的不足，但这些不足或局限性并不是方法本身的问题。思想道德教化方法在方法取向上还有一点是非常值得借鉴的，那就是方法的人性化取向。人性化取向就是指在思想道德教育方法的设计、组合以及创制等方面必须要以人、即教育对象作为出发点和落脚点。虽然董仲舒教化方法的人性化取向的出发点是为达到控制人心、强化封建的统治，但这毕竟为我们在今天实施青少年思想道德教育提供了一定的启示，我们的思想道德政治观念的教育是以促进人的全面发展为目标的，但是如果我们的教育方法机制的设计、选择和创制不以教育对象的真实情况为依据，不以教育对象的思想道德素质的发展完善作为最终目的，而是单纯地以自我的感觉、认识作为依据，我们的思想道德政治观念的出发点无论有多么的高尚、多么的纯洁，都可能无法逃避思想强加之嫌，其实际效果也可想而知。坚持思想道德教育方法的人性化取向不单是为了提高某一种思想道德观念的教育效果，更重要的是思想道德教育本身还是一种重要的塑造人格的方式，坚持人性化取向将有利于健全人格的塑造，这无论是对国家、社会还是对受教育者个人来说都是积极的。

2. 在思想道德教育方法使用方面的启示

（1）重视方法作用的系统性以形成教育合力

教化方法之所以在两千多年以来一直都是我国古代社会思想分配的主要方法模式，主要在于它是一种具有极强实效性的思想道德教育方法，而教化方法的这种实效性的实现并不是单方面的或某一单纯因素所能决定的，而是通过多重社会结构的日常的与非日常的思想分配作用以及文化传统观念对人们的长期渗透达成的。这可以简单地归结为董仲舒教化方法重视思想观念社会化的作用系统性，即重视社会各种结构、文化风俗的教育作用与感召作用的综合效力。如在两汉时期，为了推行社会政令，在乡、村设立三老、五更作为基层的社会化功能的结构体，而在县、郡、州则有地方长官组织和实施社会教化活动；在中央一级的政治结构中，则是围绕着君主的至上的道德超越性构筑起社会文化观念的主导模式，即帝王率民为善。在专门的结构之外，国家还通过整饬社会文化风尚、习惯来保护教化方法所取得的成果。这些方法机制好像没有什么特别的或新奇之处，我们现在也都在做，但在实际上，我们过分强调了党的专门机构以及学校的思想教化功能，恰恰是忽视了利用社会力量来教化大众的思想文化，忽视了在日益复杂的现代社会生活中思想分配这一功能是不可能由单一结构、单一主体所能够独立承担的。

同时，在缺乏有利的群体社会性的保证与维护的情况下，单一模式的效用根本就不可能经受起日益强势的多元文化与价值的冲击，而教化方法重视对社会中良好风气、现象的保护与支持，充分发挥具体事例的社会教导作用，这使得事迹更真实更有说服力。思想道德教育的有效性从根本上讲在于政治社会的主导力量的道德文化的生产力以及自身对之的践行力，但这只是其中一部分因素，要形成持久的健康的社会教化功能，关键还在于是否能够形成思想道德教育的合力。对这一点古人是认识深刻的，张知白上宋真宗疏就说："夫德教之大，莫若孝悌，若舍此而欲使民从化，是犹释舟楫而求济于无疆涯之津也。故宜族劝孝弟，以后风俗。"[①] 这里就涉及一些克让之现象的保

---

① 《续资治通鉴长编》，中华书局1980年版，第1167页。

护。在现代社会里健康的社会信仰缺失，人与人之间都直接地处在个体利益的冲突关系之中，构建和谐的社会就必须要培养其健康、友善与公正的人际关系，这需要有效地引导社会大众的态度和习气，并积极地保护那些能够体现这种精神的社会生活现象，教化在相当程度上是这一方面的典范。东汉侍中贾逢曾对汉和帝说："有司不原乐善之心，而绳以循常之法，惧非长克让之风，成含弘之化也。"[1] 这是针对兄弟之间让爵位的事件而发的见解。哥哥爱护弟弟，觉得弟弟很有才能，可以为国家服务，就把爵位主动地让给弟弟，希望使之有更好的机会，为此就逃走了，而有关官员认为这是违法的，不遵守国家有关爵位继承的法律是应当受惩治的，而贾逢则是站在社会风化的良化的角度上，指出社会克让之风的重要，应该对这种不计个人利益的做法予以保护和鼓励，通过这种机制来强化社会教化，而这种方式本身就是教化方法比较典型的模式，即在教中施化，在化中寓教。总之，董仲舒教化方法重视方法机制作用的系统性，重视社会各种结构、文化风俗的教育作用与感召作用的综合效力，有效地实现了社会思想政治道德教化教中施化、化中寓教综合性效用，是我们今天如何形成青少年思想道德教育的社会合力宝贵的借鉴。

（2）调动对象的主动性以引导接受过程中的选择主体性

教化强调的是对象的主动性，强调对象在思想道德教化过程中的接受主动性，对象这种思想道德观念接受的主动性是教化实效的基础性因素，董仲舒教化的实效性从根本上讲在于其所传达思想道德到政治等方面各种观念的价值性与合理性，其合理性和价值形成度越高，教化的实效性也就越强，但是，如果没有方式手段的实效性即工具的有用，这种观念的价值性与合理性的解释和显现无疑要受到相当程度的削弱，因此，董仲舒教化方法十分重视采用各种机制来调动对象的积极性和主动性，特别是化的方法形式，作为一种隐性的思想道德教育的方法形式，它所使用的机制在相当程度上都能够调动起教化对象的主动性与自觉性，他们大都通过感发人的内心情感来引起人们的共鸣，使人们首先在情感上达到对主流思想的认同，从而促发他们去自

---

[1] 《续资治通鉴长编》，中华书局1980年版，第1549页。

愿、自觉地接受这些思想观念。而现代青少年思想道德教育则过分强调了施教者的主动，忽视了教育对象青少年自身所具有的主体选择性。这导致了我们在实际的思想道德教育过程中所采用的方法往往是从我出发，而非从对象的客观实际出发，这样，方法就只是成了施教者自身工作的一种空洞的形式，无法调动其对象的主动性，致使我们现在的青少年思想道德教育面临着缺失感召力和说服力、进而缺失实效性的困局。在大众看来，我们的思想道德教育是机械的，程序性很强，给我们的教育对象以冷冰冰的感觉。这样，我们的思想道德教育者们就与教育对象之间有了一种不可逾越的鸿沟，这主要在于长期以来的权力压服方法的使用所造成的一种极为错误的习惯和工作心理，我们的思想道德教育者觉得自己就是完全正确的，不需要什么引发调动，教育对象不接受也得接受，这就是为什么社会上很多群众都比较反感和排斥思想道德教育工作的重要原因，我们在方法方式的使用上没有尊重教育对象的主体性，没有积极地去调动和引发教育对象的主动性。

（3）正面灌输理论必不可少

如上文所说，儒家教化理论的一大特色就是重学，一方面是从自家心性出发，自修自悟，另一方面，也必然是在教育者的启发下学以成人。《论语》记载："宰予昼寝。子曰：'朽木不可雕也，粪土之墙不可圬也！于予与何诛？'子曰：'始吾于人也，听其言而信其行；今吾于人也，听其言而观其行，于予与改是。'"[①] 据说，宰予颇善口才，言辞动听，并因此深得孔子喜爱，但却有懒惰的毛病。《论语》这一则记载，就是说有一天孔子讲学，宰予缺席，孔子令人寻找，却发现宰予在白天睡觉。孔子非常气愤，说他"朽木不可雕也，粪土之墙不可圬也"，也就是已经到了不可救药的地步。孔子大动肝火，是因为宰予懒惰放弃了闻道，进而学以成人的机会。这则故事至少表明，即便在主张有教无类的孔子那里，教育也是带有强制性的。在后世，例如汉代的青少年思想道德教育中，教育已经与"养士求贤"，与求取功名联系起来，因此，其一定意义上的强制性和灌输性是不言

---

① 《论语·公冶长》。

而喻的。

青少年思想道德教育理论与其他教育样式不同，它负担着教化和陶冶青少年思想和政治素养的重任。这决定了其教育内容必定涉及作为青少年个人与整个社会的关系问题，私人与公共领域的关系问题，个人对国家政策导向、纲领方针等的认可问题等。青少年由于年龄、阅历、根器、天赋发展等方面的原因，一方面，不可避免地偏爱某些教育内容而排斥某些教育内容，另一方面，可能尚不足以理解关于整个社会的宏观政策并因而产生出某些排斥情绪和心理。因此，在力求将青少年思想道德教育理论生活化、情境化的同时，还必须坚持正面的灌输，以利于青少年在今后的机缘中领悟某些一开始不易接受的内容。

(4) 注重内省和启发诱导坚持发展

董仲舒教化的起点，即心性论和心性成长论，鲜明地主张教育的起点在于对自己心性的自觉和发展，这也是自先秦儒家以来就非常注重的内省方法。孔子说："见贤思齐焉，见不贤而内自省也。"[①] 这里所谓内自省，即是说以看到所谓不贤之人的缺点，而向内反省自己是否有同样的缺点，有则改之。在这样的前提下，"内省不疚，夫何忧何惧？"[②] 这就是说，在经过内省之后若无愧于心，那么言行就没有忧惧、理直气壮了。曾子说："吾日三省吾身：为人谋而不忠乎？与朋友交而不信乎？传不习乎？"[③] 在这里，即是依照外在的生活情境作为助缘，来反省自己的行为习惯和行为模式，看它尚存哪些缺陷，以利于在以后的生活中改进。青少年思想道德教育目标的最终实现，还是依赖于它在何种意义上影响和规范了受教育者的行为模式。因此，不论如何，如果缺少了受教育者自觉的反省自身言行，并通过自身的努力予以改变这个环节，青少年思想道德教育是无法达到其目标的。这样也就无从谈及人的发展。另外，董仲舒教化理论体系以及众多儒者的教学实践启发我们，青少年思想道德教育不能仅仅采取正面

---

① 《论语·里仁》。
② 《论语·颜渊》。
③ 《论语·学而》。

灌输的方法，更重要的是要根据某些情境性的机缘和青少年本身的困惑，予以启发诱导，以使其迅速反省自身的行为模式与青少年思想道德教育内容的要求之间的差距，从而达到见善则迁的效果。因此，在日常的青少年思想道德教育工作中，一方面要教导学生内省的方法，另一方面，也要利用各种外在机缘，启发诱导学生反省自身的言行习惯，以让教育理论的内容真正渗透到青少年的言行中，从而发挥实实在在的作用。

总之，思想道德教化方法强调的是对象的主动性，强调对象在接受中的主体性，而思想道德教育在方法设计和选择使用上则过分地强调了施教者的主动，忽视了教育对象的主体选择性，从根本上讲这是没有从思想道德教育的目的本身入手，即思想道德教育的目的是什么，是思想道德教育及其过程本身，还是实现思想道德和政治观念的对象内化。教化方法在实际运作中强调调动教化对象主动性的做法无疑有力地说明了思想道德教育的真正目的是什么，这对我们今天的青少年思想道德教育的转型与创新有着重要启发意义。

3. 在思想道德教育方法实施细节方面的启示

（1）学校教育是思想道德教育的主战场

教化通过将伦理道德的理念及规范转化为人们的研习对象，由一定的人员，在一定的场所传授给民众，学校是向人们传授知识、培养技能并形成道德观、价值观以适应社会需要的主要场所，所以学校教育是最主要的教化途径。学校的作用首先在于为社会培养人才，但更重要的作用在于教化，所谓"建国君民，教学为先"①。董仲舒的教化主要就是通过各类学校开展实施的，这也使儒家道德教化活动获得了事半功倍的效果，从相关史实来看，汉代的学校包括中央官学、地方官学和民间私学三个层次，通过各类学校教育的开展，汉代的教化活动基本涵盖了整个社会。对于学校教化作用的认识，在中国是有悠久历史的。早在春秋战国时期，先秦诸子就热衷于办学传道，其中尤以儒家为盛，孔子的私学招收弟子三千人，成就了先秦时期规模最大的私学教育。在秦始皇"焚书坑儒"之后，儒家思想虽遭受重创，

---

① 《礼记·学记》。

但经过汉初儒生的努力，终于又在汉武帝时取得了独尊的学术地位，学术与政治的结合使得上至太学，下至民间私学，大都以传播儒家思想为主要内容。

董仲舒在向汉武帝所进的策论中，言明学校在培养人才和推广教化方面的重要性，由此奠定了中国社会兴学与教化紧密联系的传统。学校从汉代开始，成为集中进行教化的专门机构，官学教育培养出来的人才虽然有限，但广施教化所带来的良好道德风尚，其作用则是社会性的，影响也是深远的，其价值要远大于培养若干人才。既然客观上需要将教化施及于尽可能多的民众和尽可能广的地域，努力做到"无不教民也"，那么在思想和制度上也必须为此创造条件，太学作为汉代的最高学府，就是在这一要求下产生的。董仲舒不仅直接促成了太学的设立，也使得这一重要的中央学府从一开始就具有养士与教化的双重功能，董仲舒倡导建立的汉代官学，是国家权力的象征与官方文化的守护者，其所宣扬的是国家正统的意识形态，承担着社会教化的任务，在教化之中渗透着意识形态的内容。"研究教育知识就是研究意识形态，研究在特定的历史时期、特殊的机构中、特定的社会群体和阶级把什么知识看作是合法性知识。"① 意识形态在社会中的渗透，是通过学校教育中具体的教学内容来完成的，这也就是教化的过程。

太学在汉武帝时设立，其对士人的吸引力从两汉时期学生数量的不断增多也可见一斑，学校教育的兴盛一方面体现了儒学在汉代社会的巨大号召力与吸引力，另一方面也起到了传播儒家思想的教化效果。汉代社会对太学的认识，也多是强调其在教化方面的意义，在当时的办学目标中，推广教化要高于培养人才，这也是古代官学得到充分重视和发展原因所在。汉代学校的教化功能，还体现在以儒学理论培养担负教化任务的官吏。儒家思想在意识形态领域的确立，需要广泛而深入的传播，而要传播儒家思想，又必须有一大批具备儒学素养的学者。汉代太学中的五经博士通过解经、传经，培养了大批用儒家

---

① [美] 迈克尔·W. 阿普尔：《意识形态与课程》，黄忠敬译，华东师范大学出版社2000年版，第53页。

思想武装的知识分子，这些太学生在为官一方时普遍能够以儒学为宗旨而开展教化，从而将儒学推广到全国各地，这也实现了太学作为教化之本源的功能。

在阶级社会中，教化是为统治阶级的利益而服务的，带有鲜明的阶级性，学校的性质也是由教化的这种阶级性所决定的，学校的政治方向是教化阶级性的集中体现，所以说"学校是一种国家机器"①。社会主义学校同样要重视思想道德教育活动，并把学校作为开展思想道德教育工作的主战场，提升青少年思想道德教育的时效性。

（2）重视榜样示范的教育方法

董仲舒教化思想超越前人的一个突出特点在于其实践性，这种由思想到实践的转变是通过一系列的有效方法完成的，这些方法使得董仲舒教化思想具有一种系统论的特点，在核心思想指导下的一系列方法紧密相连、相互协调，形成一种复杂的操作机制，在运行中表现出一种结构性，例如除学校系统外，董仲舒提倡的儒家教化还存在一系列较为隐秘的非学校教育，这些非学校的教育形式也都承载并无孔不入地传播着儒家精神。董仲舒有意识的运用多种方法来提高教化的效果，其中又尤为重视封建统治阶级的榜样示范作用，事实证明这一方法是极为有效的。榜样示范法的运用与人们心理活动的特点和规律密切相关，"观察者能通过观察他人的行为习得认知技能和新的行为模式。"② 所以在青少年思想道德教育的过程中，要重视用模范行为去影响受教育者，以带动其思想品德的不断提升，这是董仲舒教化思想中值得重视的一种重要教育方法。

从某种意义上讲，思想道德教育的过程，也是思想道德教育者用自己的模范行为对教育对象进行启迪和示范的过程。"榜样表现出观察者原本不具备的新的思想模式和行为模式，通过观察，观察者也能形成同样形式的思维和行为。"③ 思想道德教育要彻底说服人，一是

---

① ［美］戴维·布莱克莱吉：《当代教育社会学流派—对教育的社会学解释》，王波等译，春秋出版社1989年版，第178页。
② ［美］班杜拉：《思想和行为的社会基础—社会认知论》（上册），林颖等译，华东师范大学出版社2001年版，第49页。
③ 同上。

靠真理的力量，二是靠人格的力量。所谓真理的力量，就是宣传者、教育者讲的东西必须合乎实际，符合社会发展的客观规律和社会进步的趋势；所谓人格的力量，就是思想道德观念和规范的倡导者、宣传者、教育者必须言行一致、以身作则、率先垂范，努力实践自己提倡的道德标准和价值观念。这就要求教育者既要努力宣传符合社会发展要求的先进思想和价值观念，更要真诚地去实践这些思想和观念，力求将身教和言教结合起来，教育者要以自身的模范行为影响教育对象，以实现思想道德教育的目的。在教育过程中，教育者的以身作则是使思想道德教育产生强大道义力量的重要因素，这要求思想道德教育者首先要加强理论学习和人格修养，努力提高自身的思想道德水平。思想道德教育者的影响力主要是通过品德、才能、知识情感等因素赋予的，其中品德因素居于核心地位，教育者良好的品德对受教育者会产生无形而持久的影响，会增加教育者所传导的思想观念、政治观念以及道德规范的力量，因此思想道德教育者一定要首先注意自身的品德修养。思想道德教育者还要身体力行，带头实践自己所提倡的价值观念和道德规范，教育者的以身示范是一种无言的教育力量，对受教育者的思想和行为有着言教不可替代的作用，能够使思想道德教育具有更大的影响力和吸引力，从而提高思想道德教育的实效性。

（3）要尊重思想道德教育的规律

思想道德教育具有内在的规律性，方法的创设应当以尊重这种规律为前提，董仲舒教化思想是以人性论为现实依据的，这在教化方法方面，体现为以人性的发展规律为依据实施教化活动。在当代思想道德教育的语境下，就是要根据思想道德教育对象精神世界的发展变化，来设定思想道德教育的具体方法和操作机制。当代的思想道德教育工作，往往忽视教育对象的精神世界及其发展规律，表现为思想道德教育在方法的创设方面，缺乏科学性的指导。董仲舒的教化理论以人的思想发展规律为基本依据，设计具体的教化方法和制度，体现出教化活动的某些规律性，这些规律性的内容对于当代思想道德教育方法的改进和创新有所启示。

首先，在教化模式方面，注重硬性教化与柔性教化的结合。所谓硬性教化，是指教化者通过自身的权威地位或某种利益诱导，迫使受教化者接受其道德观念及思想意识等内容。这种教化模式凭借的是外在的权力、地位和利益等因素，而非基于受教者对教化内容的自觉认同，因此教化内容难以内化为受教者的内心信念，也就难以转化为人们日常的行为规范。一旦硬性教化所凭借的权力、地位和利益等相对性优势资源消失，教化的效果也会很快消失，所以在硬性教化的前提下，往往需要刑罚作为辅助手段以实现教化的效果。所谓柔性教化，强调的是教化者通过情理说服来改变人们的思想观念，通过受教者对教化内容的逐步认可，来实现教化的效果。柔性教化以受教者思想态度的真正转变为宗旨，通过思想观念的内化，重塑人们的价值观念和思维模式，因此柔性教化的效果往往持久而稳定，从长远来看，教化的效果也更为有效。两相比较，硬性教化的方式能够在短时间内达到教化的效果，但这种效果存有隐患且不够稳定；柔性教化则通过人们的自觉接受，使教化效果持久而稳定，但这种效果的显现往往需要较长的时间。董仲舒教化思想强调两种方法相结合，既有通过自上而下的硬性压服教育，灌输统治阶级意识形态，也有通过道德性的人文关怀在社会中形成教化环境的柔性教育，在两者相结合的过程中，获得实际的教化效果，其中又特别重视以理服人和以德服人的柔性教化，这也使得董仲舒所倡导的儒家学说作为古代社会中的主流思想观念，一旦为人们所接受就难以改变，并随着人们接受度的增加，逐渐演化为中华文明的主干。这种教化效果的持久性和稳定性应当得到重视，在当代思想道德教育的过程中，不能单纯凭借优势教育地位推行主流价值观念，在思想文化领域日趋多元和开放的趋势下，只有通过适当的教育方法，使马克思主义的价值观念内化为受教者的内心信念，才能取得稳定的思想道德教育效果。

其次，在教化机制方面，注重从行到知与从知到行的结合。思想道德教育虽然强调对受教者思想方面的教育，但实际效果往往表现在受教者的行为方面，所以无法用于指导实际行为的单纯思想观念是没有意义的。思想道德教育正是通过树立正确的价值观念，使人们的行为活动符合社会规范价值体系，从而实现社会生活的规范有序，也就是说思想道德教育的根本，在于实现人的行为的合乎规范性。从这个意义上说，思想道德教育的目标不是简单的知识传授或思想灌输，而是使受教者的实际行为体现教育内容的要求，从而协调人际关系，最终实现社会秩序的稳定。因此"知"和"行"的脱节，往往是影响思想道德教育实效性的一个关键问题，董仲舒教化思想重视"知"和"行"的统一，通过各种教化方法，保证教化内容与受教主体实际行为之间的一致性：一方面通过自上而下的榜样示范，体现儒家思想学说的价值和权威性，使全社会感受到价值观念的可践行性，从而深化对教化内容的认识，达到从行到知；另一方面通过各种教化方法，鼓励受教者在实际行为中践行教化所传达的各种思想观念，从而达到从知到行，其中全社会自觉地从知到行，使得实现从行到知在新的高度上成为可能，而从行到知的不断深化，又为从知到行提供了前提和保证。这就从思想和行为关系的角度，把握了思想道德教育的规律性，"知"和"行"相互促进形成的这种循环互动关系，保证了思想道德教育效果的不断扩大，注重从行到知与从知到行两种教化机制的结合，有助于提高思想道德教育活动的实效性。

最后，在教化规律方面，注重调动受教者的主动性。不论是柔性教化的教化模式，还是从知到行的教化机制，强调的都是受教者在教化过程中的主动性，这种对教化内容自觉认可的主动性，是教化效果实现的关键因素。董仲舒教化思想注重采取多种方法调动受教者的主动性，使伦理道德等内容得到受教者内心情感上的认可和共鸣，从而主动接受这些思想观念，并转化为受教者的自觉行动，教化内容本身的合理性固然重要，但通过各种教化方法调动受教者的主动性，同样有助于教化的推广。反观当代思想道德教育，在调动受教者积极性方面，并未予以足够的重视，反而是过分强调了施教者的主动地位，体现在思想道德教育的实施过程中，往往是从施教者的角度设计方法和机制，过于空洞枯燥的形式，不利于调动受教者的主动性，施教者和受教者之间的鸿沟使思想道德教育工作长期缺乏说服力和感召力，这从根本上造成了思想道德教育工作的困局。思想道德教育在方法上应当强调受教者的主动性和选择性，过分强调施教者的主动性，从根本上说是没有认识到思想道德教育的规律，没有认识到思想道德教育效果的达成，最终是通过思想政治观念的对象内化来实现的。董仲舒教化思想中注重调动受教者积极性和主动性的做法，证明了只有通过思想政治观念的对象内化，才能实现思想道德教育的效果，达到思想道德教育的目的，这对于当代思想道德教育的转型与方法创新具有重要的启示意义。

总之，董仲舒教化思想与当代青少年思想道德教育建设之间是兼容的，其中的合理成分对当代青少年思想道德教育的创新与发展具有若干方面的启示。全面分析并认真总结董仲舒教化思想，其中的许多经验做法和具体机制早已被吸纳到当代的青少年思想道德教育体系之中，它们在一定程度上提高了青少年思想道德教育工作的实效性，并必然会为当代的思想道德教育工作提供更多的有益启示。

三 对青少年思想道德教育功能的启示

思想道德教育的功能分为个体性功能和社会性功能，社会性功能又分为政治功能、经济功能及文化功能。其中政治功能在思想道德教育的诸种社会性功能中居于首要地位，起着主导作用，它是指思想道德教育通过培养具备特定思想政治素质的受教育者以推动政治发展的功能，其内容涵盖传播政治意识、引导政治行为、造就政治人才、和谐政治关系等方面，一句话，思想道德教育起着维护社会政治稳定、促进社会政治发展的作用。考察董仲舒教化思想对于我们重新审视青少年思想道德教育的价值和功能具有重要启示。

（一）思想道德教育是调控和稳定社会秩序的重要机制

社会调控，又称社会控制，是指"一定社会、阶级或群体，通过各种社会力量，使人们遵从社会规范和行为模式，以建立和维护社会秩序，促进社会发展的活动和过程。"① 毫无疑问，社会调控是为政的基本内容，社会调控一般有两种路径，一是硬性控制，主要依靠严明的法度规约，比如先秦法家；二是柔性控制，既通过思想控制、善化人心来实现，董仲舒选择的正是这一路线。

---

① 唐凯麟：《伦理学》，高等教育出版社2001年版，第193页。

重视教化是儒家思想的特点,也是我国历史上自殷商以来的一大传统。儒家这种教化理想的产生,是由于中国的政治社会建立在以血缘关系为基础的家庭之上,较之于西方社会从"个人"和"团体"这两个极端中引申出政治结构和社会秩序不同,"中国人却从中间就家庭关系推广发挥,而以伦理组织社会消融了个体与团体这两端。"① 这一见解准确地把握了中国社会的特点,也正是看到了这一点,所以儒家教化理想虽然以政治为现实归宿,但却是以家庭伦理为本位的,"不但整个政治构造纳于伦理关系中,抑且其政治上之理想与途术,亦无不出于伦理归于伦理者。福利与进步,为西洋政治上要求所在,中国无此观念。中国的理想是'天下太平'。天下太平之内容,就是人人在伦理关系上都各自做到好处,大家相安相保,养生送死而无憾。"② 所以儒家视野中首先强调的是家庭伦理,通过孝悌人伦保证家庭秩序的稳定,所谓"孝悌者也,其为仁之本也。"③ 在家庭伦理的基础上移"孝"为"忠",进而完成治国平天下的政治理想。儒家的这种政治理想天然地与道德教化联系在一起,正如学者所言,"坚信道德和政治密不可分、统治者的修身和对人民的统治密切相关,使人们很难将政治理解为独立于个人伦理之外的控制机制……政治上的领袖资格在本质上表现为道德上的说服力,王朝的改革力量主要建立在帝王官吏的伦理品质上。"④ 作为儒家学说中教化的主体,"圣人"的出现为教化的施行提供了现实的可能性,虽然要达到儒家全知全能的"圣人"境界非常困难,但在对儒家"内圣外王"理想境界的追寻中,还是实现了化民成俗的教化效果,引导着人们价值观念以及思想境界的提升。随着儒家教化思想的推广,"圣人"受到社会民众的顶礼膜拜,"在王权当道的时代,圣人的身影笼罩了全社会,在圣化文化机制的作用下,控制是绝对的,调节是相对的;或许有主宰者得一时恩惠,但绝没有被宰制者得些许自由。一句话,在圣化的时代,

---

① 梁漱溟:《梁漱溟全集》(第3卷),山东人民出版社1990年版,第79页。
② 同上书,第85页。
③ 《论语·学而》。
④ 杜维民:《道·学·政——论儒家知识分子》,钱文忠、盛勤译,上海人民出版社2000年版,第6页。

有臣民而无个人,是那个时代的特有风貌。"① 这一认识道出了儒家"圣人"教化对社会调控所具有的重要意义。儒学作为一门入世学问,其最终的政治理想在于由"天下为家"的小康社会,进入到"天下为公"的大同社会,而这一政治理想的现实路径,正是通过调控和稳定社会关系来实现的。

董仲舒认为政治的根本在于得民心,而得民心关键就在于教化。董仲舒看重教化与政治之间的紧密联系,重视教化在政治层面的作用,以统治者如何治国安民为追求,极其重视教化的政治效用,把教化视为治国的首要任务。在董仲舒的教化理论中,一个国家的统治能否巩固,主要在于统治者能否进行广泛的教化,而扭转社会风气又始终是教化的重点,董仲舒针对当时世风日下的状况,要求统治者做到"为政以德",反对"为政以刑",通过上行下效的教化措施,使整个社会遵守一定的行为规范,具备相应的道德品质,形成整个社会遵守道德的风气,从而稳定社会秩序。董仲舒基于教化作为国家精神统治工具的意义,特别强调教化对于维护封建秩序和巩固汉王朝"长久安宁数百岁"的巨大作用,认为以"三纲五常"为教化原则可以统摄人们的思想,即"得民心"。另外,基层社会的稳定对整个社会的稳定意义重大,但封建社会"王权止于县"的政治权力结构,又使得政治体系往往难以渗透到基层社会,这也为教化功能的发挥提供了广阔的施展空间,通过基层社会中教化活动的开展,可以影响民众的思想观念和行为习惯,以实现稳定基层社会关系的目的。在汉代,乡里民间的"三老"通过礼乐教化等日常活动,将统治阶级倡导的伦理道德观念加以普及,发挥着教化在稳定基层社会关系方面的作用。

当今社会,人们的精神世界由于受到经济浪潮的冲击,容易引发思想和价值观的混乱,这影响着社会的和谐与基本秩序的稳定。随着社会主义市场经济的逐渐发展,通过经济规律的自发调节,虽然可以极大地改善人们的物质生活,但却无法实现自由而健康的公共生活,人们对公共事务逐渐失去热情。国家的稳定繁荣,需要公共生活领域

---

① 刘泽华:《中国传统政治哲学与社会整合》,中国社会科学出版社2000年版,第245页。

的健康发展和不断完善，思想道德教育在培育公民个人道德品质，进而建构健康的社会公共领域方面，应当发挥应有的作用。当代思想道德教育工作通过树立正确价值观，培养良好道德品质等途径，鼓励青少年积极理性地参与社会公共生活，公共生活的健康发展有助于人们追求更加健康高尚的生活，从而使整个社会关系更加和谐稳定。即使在今天看来，董仲舒以教化为主要内容的社会控制思想，仍然有着特别重要的现实意义，这也突显了思想道德教育在调控和稳定社会秩序方面的重要功能。

（二）思想道德教育在人才培养方面具有重要作用

董仲舒教化思想注重对圣贤理想人格的塑造与追求，为社会培养"君子"也是董仲舒教化思想的目标之一。诚然，董仲舒站在封建社会统治阶级的立场，所提出的教化目标和内容，也有其阶级性和历史局限性，但他这种通过教化来培养和选拔人才的思想，却颇具启示意义。人才对于社会的进步，甚至人类历史的演进都具有重要作用，当前的青少年思想道德教育工作，必须在继承传统的基础之上赋予时代特征，大力弘扬社会主义道德，坚持把培养德才兼备的人才作为教育的目标，为社会主义现代化建设提供智力保障。二十一世纪注定是一个开拓创新的世纪，国家要想在国际竞争中占据有利位置，就必须夯实人才队伍，提高人才素质，更加注重创新型人才的培养。就教育对象而言，必须设计一定的制度和行为准则，以规范人们的道德行为，用制度的合理性来完善人才的培养和选拔过程，使思想道德教育在人才培养工作中发挥更加重要的作用。在今天看来，董仲舒的人才培养和选拔思想，对于加快我国社会主义现代化建设以及培养高素质的人才队伍，仍然具有重要的借鉴价值。

董仲舒建议"行贡举以选士"与"设太学以养士"相并而行、互相补充，这有利于人才的建设与开发。通过学校培养人才，虽能系统培养合格的高素质人才，但需时较久且规模有限，加之养士的数额不多，所以不能及时尽快地提供人才；而贡举选士虽不像太学那样有计划地培养人才，但可即时即地的择优选拔现成人才以供急需，或充实官吏队伍。由此，养士与选士并举，可以遍得天下贤才，这种

"养"与"举"相结合的办法,是一种培养人才的有效措施,对于当今社会的教育改革和人才选拔而言,是可以参酌的。在人才培养的标准方面,董仲舒认为"仁"与"智"对于人格的生成是最重要的两个方面;通过对儒家传统道德原则的理性反思,董仲舒提出"仁"与"义"的对立,在论述二者关系中,探寻道德修养之道;在人才所应具备的才能方面,董仲舒重视做事的预见性与良好的口头表达能力;在德才关系方面,董仲舒讲求德才兼备,以德为先。在两千多年前的汉代,对人才的看法能够如此的全面与科学,实在是难能可贵,董仲舒的这种人才培养标准对于当代思想道德教育同样具有启示意义。在任何历史时期,品德与才能都是人才必备的两种素质,在董仲舒看来,虽然拥有很强的才能,但若缺乏道德束缚,同样会产生不好的后果,即所谓"不仁而有勇力材能,则狂而操利兵也。"[①] 思想道德教育恰恰可以在人才的品德形成过程中发挥作用,所以思想道德教育要加强对人才,特别是青少年人才在人生观、价值观和道德观方面的培养,重视"德"与"才"的协调发展。

总之,董仲舒认识到了教化在为国家发展提供人才支持方面的重要功能,在推广教化的同时,逐步发展出包括"教"、"养"、"取"、"任"四个环节在内的人才开发结构,既要重视在人才培养方面的"教"与"养",更要注重使人才发挥作用的"取"与"任",人才适得其所,又可以反过来促进人才的不断涌现。不论是古代社会还是现代社会,人才问题始终是社会发展的核心和关键,从宏观层面来看,人才是由一定体制下的一系列配套制度产生的,从微观层面来看,人才问题就是教育问题,所以思想道德教育工作在青少年培养方面的重要功能应当得到充分重视。通过在微观层面不断完善思想道德教育的内容与工作方法,配合宏观层面的人才供给机制,必将使有助于推动社会主义现代化事业向前发展的各类人才脱颖而出。

(三) 思想道德教育是马克思主义大众化的重要渠道

"思想道德教育是指社会或社会集团用一定的思想观念、政治观

[①] 《春秋繁露·必仁且智》。

点、道德规范对其成员施加有目的、有计划、有组织的影响,使他们形成符合一定社会或一定阶级所需的思想品德的社会实践活动。"① 在董仲舒的努力之下,西汉社会通过将取得官方意识形态地位的儒学与国家政治制度相结合的方式,使儒家思想在全社会得到普遍的认可与接受,儒家精神逐渐成为中华民族传统文化的核心组成部分。总体而言,一方面儒学通过教化世代相传,绵延不绝并影响整个社会;另一方面,整个知识分子队伍逐步儒学化,并在政府机构中形成强大的儒家士大夫官僚集团,他们能够在相当大的程度上左右国家政策,甚至连皇室成员也大多自幼接受儒家思想的熏陶。在这种情况下,儒学已成为统治阶级思想行为的支配力量,并与封建政治融为一体,应当说儒学之所以长期占据思想领域的领导地位,是与它占领了正统思想的宝座分不开的。统治阶级如果不能抓住为实现自身意志而服务的思想学说就会失败,而思想学说如果不能抓住借以传播自身主张的政权就无法发展,通过研究董仲舒教化思想在汉代的发展,自然会得出这一结论。

董仲舒通过教化促进儒学在汉代发展的历史经验值得重视,这有助于把握当代青少年思想道德教育在马克思主义大众化过程中的主渠道作用。在中国革命与社会主义现代化建设的过程中,中国共产党始终重视思想道德教育这条"生命线",使思想道德教育在传播马克思主义思想理论方面发挥了重要作用。早在民主革命时期,马克思主义的基本理论就是通过思想道德教育工作的广泛开展而得以为社会各阶层所逐步了解并接受的,中国共产党也在这一过程中团结了各种社会力量,密切了与广大人民群众的联系,从而为革命的最终胜利奠定了坚实的群众基础。新中国成立以后,思想道德教育通过继续发挥宣传马列主义的重要作用,巩固了新生的社会主义政权,坚持了正确的舆论方向,特别是改革开放以来,中国特色社会主义理论体系与社会主义核心价值体系等马克思主义中国化的最新成果,正逐步通过思想道德教育工作的有效开展实现大众化,社会中出现了一大批集中体现新时代精神面貌的先进人物。历史证明,思想道德教育通过发挥其马克

---

① 陈万柏、张耀灿:《思想政治教育学原理》,高等教育出版社2007年版,第69页。

思主义大众化的主渠道作用，在建设社会主义现代化国家的过程中凝结了各族人民的力量，从而为社会的改革、发展与稳定提供了思想与政治上的支撑。没有思想道德教育，马克思主义的先进文化成果就失去了推进和展开的主要渠道，社会主义现代化建设事业也必然会受到影响。两千多年来，儒学的基本精神始终伴随着社会的发展而不曾离开我们的视野，董仲舒通过教化普及儒家学说的做法，特别是其中系统完善的教化网络、通俗易懂的教化内容以及灵活多样的教化方式等具体经验，对于推动思想道德教育工作在新时期中国马克思主义大众化过程中继续发挥重要作用，具有积极的启示意义。

第六章　借鉴董仲舒教化思想，加强青少年思想道德教育对策

在道德意义上，"化"是指"人的内心状态得到某种变化，即人的理智、情感、意志都以'善'的价值为目标，从而被塑造成型了一种深厚的有着超出本能的个别性状态的精神品德。"[①] 现代教化论者认为，"通过向全体社会成员普及哲学和道德伦理知识，弘扬人文精神，塑造完善人格，以增强社会成员的道德意识、道德观念和道德自觉性，改善他们的道德行为能力，提高其道德水平和道德境界，达到净化道德环境，推动社会主义精神文明建设，从而提高整个社会文明程度的目的"[②]。诚然，我们不能把改进当代青少年思想道德教育"实效性不高、效果不甚理想"的希望都简单地寄托于道德教化的施行，但是，以"教化"的视角审视思想道德教育的转型，或许能为青少年思想道德教育走出如此困局提供一些新的认识和启发。今天我们重新审视董仲舒教化思想的理性价值，对于推进青少年思想道德教育实践、促进青少年思想道德品质的提升具有深刻的启发。

一　加强青少年思想道德教育应树立的教育观念

董仲舒教化思想的致思取向、学问理路、教学方法、最终旨趣等

---

① 詹世友：《道德教化与经济技术时代》，江西人民出版社2002年版，第5页。
② 赵民：《"道德教化论"的实质及其它》，《兰州大学学报（社会科学版）》2002年第2期。

方面的内容，我们已经在前文中予以梳理总结。但儒家思想毕竟是传统封建社会的产物，它只是呼应了当时时代的需求，因而不可避免地带有等级尊卑等传统社会的立场和观念上的糟粕。在改革开放已经如火如荼进行了几十年、人民的生活环境已经得到极大改善、社会状况已经发生翻天覆地变化的今天，要使董仲舒教化思想理论为我所用、为今所用，必须去粗取精、去伪存真，剔除其受到时代制约的某些不合理内容，完成其现代性转化。经过几十年艰苦卓绝的努力，我国教育界已经取得了适合当今时代和社会发展的新的研究范式，青少年思想道德教育的内容、观念、方法、手段，以及体制等方面，都已经迅速获得更新。在这些新的方法观念的视野下审视董仲舒教化思想理论，将其合理正面的因素融入新的框架中，可以使董仲舒教化思想理论获得现代化的理解，从而创造出符合当今时代需求的新的青少年思想道德教育理论形态。

（一）开放的观念

董仲舒教化思想的内容要注入开放的观念。在现代化社会，青少年思想道德教育肯定不能像传统儒家思想那样将教学的内容封闭在等级和特权的立场上，而是必须立足当今社会的发展，在教育内容、手段等方面注入开放的观念。当今世界，国际形势波谲云诡，各个民族的世界定位和利益范围都处在不断变化之中。思想道德教育的内容理应在考察这些变化的基础上，稳中求变，做出相应的调整。因此，尤其是在青少年思想道德教育领域，我们不能幻想能够创造出一成不变的封闭体系，而应在框架和具体内容上保持开放的格局，以迎接不断变换的国际国内形势的挑战。另一方面，教育资源的开放也是一个世界范围内的趋势。正如某些国外学者所说，"2006 年，由休利特基金会资助的欧洲开放教育资源三大计划掀起了开放教育资源运动的新浪潮。互联网上免费提供专为自主学习设计的优质学习材料，而非大学教师的传统教学材料，体现了开放教育资源的额外附加值。"[①] 面对

---

① 弗莱德·穆德：《利用开放教育资源推进终身学习》，《开放教育研究》2007 年第 8 期。

第六章　借鉴董仲舒教化思想,加强青少年思想道德教育对策　/　273

教育教学内容和资源的不断更新,青少年思想道德教育工作在坚持精选教育内容的同时,保持开放的观念和心态是当今社会发展的要求。

(二) 发展的观念

高烈明总结了现代教育的主要特征:"现代教育随着西方工业革命的兴起而产生,在其发展过程中,形成了它有别于农业社会传统工匠教育的两大特征:其一,注重人的全面发展,让受教育者学会适应现代社会发展多变的生存环境的多种基本知识和技能,让学生的个性得以解放,人格发育健全,有创新意识和创造能力,同时还有健康的竞争意识和合作能力。其二,注重全社会人员整体素质的普遍提高。受教育已经不是一部分人的特权,而是作为一名社会人的基本权力,人人享有机会平等的教育权。"早在1972年,联合国教科文组织国际教育发展委员会的报告《学会生存——教育世界的今天和明天》已经表达出现代教育的精神,该报告指出:"教育已不再是某些杰出人才的特权或某一特定年龄的规定活动,教育正在日益向着包括整个社会和个人终身的方向发展","未来的教育必须成为一个协调的整体,在这个整体内,社会的一切部门都从结构上统一起来。这种教育将是普遍的和继续的。"[①] 董仲舒教化思想除了注重个人心性的发展和德性的完善而外,主要是考虑恢复某种先前社会的理想秩序。但与社会发展尤其是生产发展的需求相适应,当今的教育理念显然更强调人的多方面素质的全面发展。上文所引述的联合国教科文组织提倡的教育理念,出色地诠释了发展这个概念在教育中的应有意义。今天,教育不再致力于使人只是循规蹈矩地遵从和适应既有的等级社会的秩序,而压抑个性、人格和其他方面的发展。相反,教育开始尊重和重视人的个性和人格,重视人的多方面的兴趣和潜能,从而实现人的全面发展。人的自我实现的欲求、人的体能的发展、审美能力、创新能力的培育等,都是教育本身的应有之义。只有这样,才谈得上让学生的个性得以解放,人格发育健全。另外,当今生产力发展、团体协作的生产模式和人才观念的更新,也使人们更注重受教育者的创造能力、竞

---

① 高烈明:《儒家教育理念的现代价值探析》,《楚雄师范学院学报》2004年第8期。

争意识和合作能力等。这些不仅仅是外部的社会因素强加给受教育者的压力,当代心理学的发现表明,这些都是人自我实现的需要。

因此,董仲舒教化思想要实现现代化,需要重视人的多方面潜能和自我实现的多种多样的可能方向,促进人的全面发展,而不是将生活的可能性都压缩在伦理道德的单一维度上。这样看来,现代意义上的发展观念的注入,肯定是儒家思想道德教育现代化进程不可或缺的一个因素。

(三) 创造性的观念

总体而言,由于传统董仲舒教化思想理论产生于恢复周礼约束下的天下秩序的需要,因而自其产生起,偏重于构筑社会伦理秩序,引导人在以尊卑上下为原则组织起来的社会中找到自己的位置。这也是传统封建社会的必然产物。这些外部条件在现代化社会已不复存在,当今不仅普通的科学教育需要培养创造性的观念,青少年思想道德教育也不例外。培养青少年的大局观、遵纪守法的意识等固然是青少年思想道德教育的固有内容,然而,当今社会真正需要的是能够为社会做出贡献的栋梁之材。捕捉新的国际国内形势,对该形势的各方面因素进行符合实际情况创造性的排列组合和想象,不仅有助于锻炼学生的思维能力,而且是一个现代人必备的思想政治素养。为传统董仲舒教化思想理论注入创造性的观念,既是一项有挑战性的任务,又是一项一旦成功,受用无穷的事业。

二 提升青少年思想道德教育应坚持的教育原则

习近平同志强调"要努为实现传统文化的创造性转化、创新性发展,使之与现实文化相融相通,共同服务以文化人的时代任务"。[①] 创造性转化和创新性发展是传承中华传统文化实现董仲舒教化思想现

---

① 习近平:《在纪念孔子诞辰2656周年国际学术研讨会暨国际儒学联合会第五届会员大会开幕式上的讲话》,《人民日报》2014年9月25日。

代转换的根本方针。贯彻创造性转化和创新性发展方针，就是要结合现代社会政治、经济、文化和社会发展的需求，从现代发展角度诠释并探寻董仲舒教化思想与之契合的精华，在发展中努力实现董仲舒教化思想的核心内容和精神在现代的转换。同时还需结合社会发展和董仲舒教化思想传承的要求，不断创新，在传承过程中赋予董仲舒教化思想现代精神，使其实现现代与传统的完美结合。虽然董仲舒的教化教育思想中包含着许多有价值的东西，但我们所处的社会与董仲舒所处的时代相去甚远，探寻董仲舒教化思想与今天青少年思想道德教育建设的契合点是实现其现代转换的关键，具体须要遵循以下原则：

（一）批判继承，勇于创新原则

批判继承的观点是马克思主义的基本观点。马克思和恩格斯认为，社会意识是具有相对独立性的，在发展的过程中会有其自身系统的特殊性，也就是说，我们在继承传统的时候要结合当下的经济、政治、文化条件，切不能照搬过去或者随心所欲。习近平指出，"对存在合理内核、又具有旧时代要素的内容，要取其精华、去其糟粕"①，"一分为二，批判继承"是我们对待中国传统文化的理性的、科学的态度之一。"批判"是指剔除传统文化中不符合时代发展的糟粕内容，"继承"则是要传承能够推动国家和社会发展的优秀精华。在这个过程中需要明确的是，之所以批判传统文化中的糟粕，最终目的是为了更好继承，因此不可"只讲批判，不讲继承"，否则会导致对传统文化全盘否定的结果，同时，继承必须在批判的基础上进行，若"只讲继承，不讲批判"，则会偏向对传统文化的全盘肯定，导致当代思想的封建化、过儒家化。

将传统的董仲舒教化思想融入青少年思想道德教育中去，就必须对传统的东西有一个正确的认识。那种全盘接受或是全盘否定的态度都是不对的。作为传统文化核心的董仲舒教化思想，有着鲜明的两面性。其精华部分，表现出积极进步又勇于革新的一面，而其糟粕部

---

① 习近平：《认真贯彻党的十八届三中全会精神汇聚起全面深化改革的强大正能量》，《人民日报》2013年11月29日。

分，则表现出消极保守又落后的一面。正确对待传统思想的态度，应该是坚持马克思主义的立场和观点，既不全盘肯定照搬，也不全盘否定抛弃。通过分析鉴别，剔除那些带有明显阶级性和时代局限性的东西，继承和弘扬那些反映普遍性和共同性的道德要求，以及对我们今天的道德实践仍有积极意义的内容。我们要坚持批判继承的原则，做好取舍。在青少年思想道德教育中借鉴董仲舒教化思想，光靠单纯的批判继承是不够的，还需要对所继承的内容加以整合，创造性地实现其现代价值的转换。习近平指出，继承传统文化，"要加强对中华优秀传统文化的挖掘和阐发，努力实现中华传统美德的创造性转化、创新性发文展，把跨越时空、超越国度、富有永恒魅力、具有当代价值的文化精神弘扬起来"①，"要使中华民族最基本的文化基因与当代文化相适应、相协调"②。实现董仲舒思想现代转换过程中，须做到适应时代需求，要按照现代社会的道德标准，以是否有利于社会发展，是否有利于广大人民的根本利益为准则，借鉴合理内核，赋予新的内容和表达方式，实现其现代价值转换。这是一个综合创新的过程，我们要把握时局，立足当代，不断发掘提炼董仲舒教化思想中有积极意义的东西，力求能够创造性地赋予董仲舒教化思想符合时代要求的新含义，使它有可能和现代青少年思想道德教育衔接起来。

总之，实现董仲舒教化思想现代转换过程中，坚持创造性转化和创新性发展的方针，要求我们以马克思主义的立场和方法为指导，从时代发展特征和需求出发，站在时代高度，发掘提炼董仲舒教化思想的精华，并赋予其与时代要求和现代发展相适应的新内涵、新形式，使之能够与现实文化相通融。

（二）知行结合，强化道德实践原则

青少年思想道德教育不是形成一种知识体系，而是要形成一种道德的信念以及与此相应的行为方式、生活方式。孔子特别注重躬行，

---

① 习近平：《不断提高运用中国特色社会主义制度有效治理国家的能力》，《习近平谈治国理政》，外文出版社 2014 年版，第 106 页。

② 习近平：《培育和弘扬社会主义核心价值观》，《习近平谈治国理政》，外文出版社 2014 年版，第 164 页。

主张"听其言而观其行",荀子认为"学至于行而止矣",朱熹也主张从小练习"洒扫、应对、进退之节"。可见儒家对行的重视。道德品质的形成从知开始,以行结束。道德所体现的是一种实践精神,实践性是道德的根本属性。只有通过道德实践,才能把道德观念转化为行动。道德实践是道德认识的目的,是否树立正确的道德认识、道德观念,要靠道德实践来检验,道德实践可以深化道德认识,只有对道德躬行实践,才能对它有深刻的理解,使道德观念更加牢靠。德在于行,道德实践是社会和他人对自己进行道德评价的标准。道德实践不仅可以锻炼道德意志,形成行为习惯,而且有助于形成信念,在实践中加深认识,在实践中培养情感,在实践中坚定信念。当然强化道德实践要与提高道德认识相结合,将道德认识、判断和分析解决问题的策略运用于道德实践活动,引导受教育者体会活动中蕴藏着的道德意义。做到知行统一,能够提高受教育者对参加道德实践活动的认识,使其产生自觉锻炼的要求。总之,道德行为是人们道德品质形成的重要标志,所以青少年思想道德教育应该克服知而不行,言行脱节的恶习,要注重知行的结合,不断强化道德实践。

(三)潜移默化,不断渗透原则

董仲舒教化思想本身蕴含着大量的青少年思想道德教育信息,这是一种潜在的巨大的教育力量,有些时候它不一定有明显的具体要求,却能够以深刻持久的渗透功能,影响着人们的内心世界,使人们形成崇高的思想品质和积极向上的人格精神。随着时代的进步,社会的发展,人们的精神文化状态较之以往有着很大的变化,人们的独立意识更强,思维方式也更加活跃。想要在青少年思想道德教育中融入传统的董仲舒教化思想,光靠强制的灌输教育显然是不行的。一味的强制灌输,不但起不到教育作用,而且还会引起人们的反感,造成人们对传统的抵触,这无疑会有碍于传统文化的传承,也导致现代青少年思想道德教育失去了其宝贵的文化资源,难以达到其预期的教育目标。所以董仲舒教化思想要在新的时代中继续发挥作用,就必须以一种潜移默化、不断渗透的方式进行。要综合运用多种方法,在学校教育、家庭教育、社会教育中渗透优秀的儒家思想道德教育思想,这样既增加了青少年思想道德教育的吸引力和渗透力，又使得青少年思想道德教育的作用得到了广泛的实现。

（四）勇于借鉴，兼容并蓄原则

董仲舒教化思想不仅是中华民族的文化瑰宝，也是世界的瑰宝。世界上有些国家十分重视董仲舒教化思想的青少年思想道德教育价值，比如韩国、日本、新加坡等国家，这些国家成功利用董仲舒教化思想的经验无疑对我们有重要的启示作用。特别值得一提的是新加坡的儒家伦理教育，新加坡专门设立了儒家教育与东方哲学研究所，研究儒家教育问题，成立了儒家伦理委员会来编制儒家伦理课程纲要，倡导忠孝纲常。儒家伦理课程在内容上采用抽象的儒家伦理与形象的事例结合，严肃的道德哲理与生动活泼的语言表述相结合。同时为了适应了新加坡社会现实的需要，还对董仲舒教化思想中一些不合时宜的观念进行了改造。儒家伦理课程的设置对新加坡的国家繁荣稳定，对抵御西方文化消极的影响起到了积极的作用。

新加坡成功借鉴董仲舒等儒家教化思想的经验值得我们去学习，将这些成功的经验加以借鉴，有利于我们更好地将董仲舒教化思想运用到青少年思想道德教育中去。当代青少年思想道德教育要借鉴董仲舒教化思想，就应该放眼世界，勇于吸收借鉴别国运用董仲舒教化思想的经验，为我所用。我们提倡在青少年思想道德教育中借鉴董仲舒教化思想中的优秀思想道德教育内容，并不是排斥和否认西方国家的道德成果，中国的优秀传统文化与国外的优秀文化应该是相互学习相互借鉴的，民族传统道德和世界的优秀道德成果不是互相排斥的，而是互相促进的，它们都是属于全人类的精神财富。现代青少年思想道德教育在汲取传统董仲舒教化思想中的思想道德教育精华的同时，还要注意汲取全人类一切优秀的道德成果，将这些优秀的道德成果充实在青少年思想道德教育的内容中，使我们的青少年思想道德教育既有强烈的中国意识和鲜明的中华民族特色，又有面向世界的气魄和包容全球的胸怀。勇于接受世界上进步的观念，这更能体现出中华文化的博大精深，兼容并蓄，也必将会推动青少年思想道德教育向着更高的方向发展。

三 董仲舒教化思想现代转换的路径

近年来,中华大地兴起传统文化热潮,这对继承中华民族优秀传统文化无疑是一大幸事,但在热潮中,出现一些不和谐的音符,坚持创造性转化和创新性发展方针,要求顺应时代发展,创新转化载体,探求理性、健康转化路径。

(一)正视传统文化现代转换过程中的错误倾向

在传统文化现代转换过程中,由于各种原因出现盲从传统、转化乱象等问题,比较突出的是虚无主义、复古主义甚至功利主义等倾向。虚无主义倾向完全割裂传统与现代的联系,认为传统文化已随时代的变化成为过时的文化形态,与现代社会发展不相适应,没有存在的价值和意义,完全否认传统文化的传承性和当代价值。有人甚至认为传统文化对今天的中国特色先进文化建设起阻碍作用,传承传统文化成为中国先进文化建设的障碍,因此必须彻底否认或全盘摒弃。这种错误倾向在20世纪比较突出。20世纪初的打倒孔家店和"文化大革命"时期的"破四旧"是最典型的代表。习近平指出,"中国共产党人不是历史虚无主义者,也不是文化虚无主义者","在带领中国人民进行革命、建设、改革的长期历史实践中,中国共产党人始终是中国优秀传统文化的忠实继承者和弘扬者,从孔夫子到孙中山,我们都注法意汲取其中积极的养分"[①]。深受儒家传统文化影响的新加坡和韩国在传承儒家文化过程中成功地走向了现代化,可以给我们很好的启示。

复古主义倾向与虚无主义的主张恰恰相反,他们认为中华民族的传统文化尤其是儒家文化全部是精华,在今天应无选择地全盘继承,一切按照传统的方式、礼仪行事。具体表现:读经诵经、穿汉时服装、照搬汉时礼仪礼节、全面推行儒教,甚至有人提出"儒化中

---

① 习近平:《在纪念孔子诞辰2565年国际学术研讨会暨国际儒学联合会第五届会员大会开幕式上的讲话》,《人民日报》2014年9月25日。

国"。这种观点认识到以儒家为代表的传统文化的精华,但忽视社会历史条件和时代的差异。任何思想和文化都是一定时代的产物,有其产生、发展的时代背景和服务的社会对象,复古主义倾向没有认识到传统文化形成发展过程中可能存在的糟粕,如人们的认识水平、社会历史条件、社会制度等对传统文化的制约和影响而形成的陈旧过时的东西。时代在发展,社会在进步,在走向现代化的今天,人们的思想认识水平、社会实践、社会历史条件等都发生了巨大变化,一味无选择地照搬传统显然是不现实的,我们须做到有鉴别地对待和有扬弃的继承,结合时代需求,发扬光大。

功利主义倾向主要表现为以赚钱为目的,打着继承和弘扬传统文化的旗号,大搞各种敛财活动。如有些人利用人们对国学的热情,大办各级各类培训班,幼儿蒙学班、国学少年班、国学总裁班等比比皆是,收费高昂,办学质量良莠不齐。有些人印刷出版一些粗制滥造、错漏百出的国学读物或通俗读本。有些地方借助名人典故争夺名人故里,大搞开放建设,美其名曰宣传传统文化,实则借名人效应大发旅游之财等。这些宣传不仅不能弘扬优秀传统文化,反而导致人们对传统文化的误读误解,扰乱文化秩序,败坏社会风气,是我们在继承传统文化过程中应坚决杜绝的。

(二)创新转化载体,探求健康、理性的转化路径

实现优秀传统文化的创造性转化和创新性发展,须坚持辩证唯物主义和历史唯物主义立场,结合时代发展需求,探求理性、健康转化路径。习近平同志要求"让收藏在禁宫里的文物、陈列在广阔大地上的遗产、书写在古籍里的文字都活起来……提高对外文化交流水平,完善人文交流机制,创新人文交流方式,综合运用大众传媒、群体传媒、人际传播等多种方式展示中华文化魅力"[①]。

第一,正确引导和规范,形成良好氛围。目前在我国出现传统文化热或国学热,为实现董仲舒教化思想现代转换提供了良好的社会环

---

① 习近平:《提高国家文化软实力》,《习近平谈治国理政》,外文出版社2014年版,第161—162页。

境，但我们必须清醒地看到，某些民间组织或学术机构在宣传传统文化过程中，出现良莠不齐、鱼目混珠、乱象无序状态，甚至出现低俗、荒唐现象。因此，有关部门须高度重视，通过各种途径和方式，进行正确引导和规范，组织专家学者探讨传播优秀传统文化的途径和方法，制定科学的规划和机制，为优秀传统文化的现代转换创造良好的氛围。

第二，创新转化载体，找准传统与时代对接点。习近平同志强调，"要使中华民族最基本的文化基因与当代文化相适应、与现代社会相协调，以人们喜闻乐见、具有广泛参与性的方式推广开来，把跨越时空、超越国度、富有永恒魅力、具有当代价值的文化精神弘扬起来，把继承传统优秀文化又弘扬时代精神、立足本国又面向世界的当代中国文化创新成果传播出去"[①]。在实现董仲舒教化思想现代转换过程中，须创新转化载体，探求多种传播方式和手段，实现创造性转化。在处于知识经济时代的今天，人们获取信息的渠道日益多样化，精神文化生活丰富多彩。实现董仲舒思想现代转换应与时俱进，通过各种群众能够接受的方式，创新转化载体，让人们认可并接受董仲舒教化思想的核心精神，并内化为自己的行为。近年来，传统文化的传播采用多种群众喜闻乐见的方式，并取得良好的效果，非常值得借鉴。如从中央到地方电视台纷纷推出百家讲坛、国学系列讲座等一系列节目，传播优秀传统文化。随着节目的播出，涌现出一大批明星型学者或学者明星，如于丹、易中天等，他们纷纷走出书斋，以通俗易懂的方式传播自己的学术思想。一些学校、企业、机关事业单位邀请学者专家举办传统文化和传统礼仪讲座，一些地方开展传统礼仪普及、经典阅读竞赛等活动，吸引群众学习传统，传承经典。在董仲舒教化思想现代转换过程中，我们应借鉴这些好的方法和方式，创新转化载体，找准与时代的对接点，加强文化熏陶和舆论宣传，引起人们共鸣，让董仲舒教化思想的精华在潜移默化中得以传承。

第三，学术化与大众化相结合，探求健康转化路径。实现董仲舒

---

① 习近平：《在第十二届全国人民代表大会第一次会议上的讲话》，《习近平谈治国理政》，外文出版社 2014 年版，第 39 页。

德育思想现代转换，要坚持学术化和大众化相结合的道路。学者专家进行深入学理研究、理论探讨，深层挖掘董仲舒教化思想的精华，形成一定的理论成果，为其大众化传播奠定理论基础。台湾学者龚鹏程指出，"在浮嚣的社会风气中，知识人首先要静得下来，深思熟虑，做点理论的突破或文献的掌握。根深自然叶茂，深入才能浅出，要做社会推广，先得努力钻钻象牙塔"[①]。同时，我们还须看到，仅仅学者专家进行理论探讨是不够的，因为学者专家们的理论成果或以论文或以专著的形式出现，理论性太强，学究气浓厚，老百姓很难也不愿接触，即使接触到也因太专业而难以接受，容易造成群众与传统文化的隔膜，使优秀传统文化难以发挥应有的作用。因此，在现代转化过程中，学术化必须与大众化相结合，注重学者专家研究成果通俗化，通过老百姓喜闻乐见的各种方式加以宣传。专业化和大众化是董仲舒教化思想现代转换中相互支撑的两条路，通过二者的结合支撑，找到适合董仲舒教化思想现代转换的健康路径。习近平同志指出，我们"要继承和弘扬我国人民在长期实践中培育和形成的传统美德，坚持马克思主义道德观、坚持社会主义道德观，在去粗取精、去伪存真的基础上，坚持古为今用、推陈出新，努力实现中华传统美德的创造性转化、创新性发展，引导人们向往和追求讲道德、尊道德、守道德的生活，让13亿人的每一分子都成为传播中华美德、中华文化的主体"[②]。

四 加强青少年思想道德教育对策及建议

董仲舒教化思想与实践所寻求和解决的就是汉代政权的合法性问题，而我们今天依然面临着合法性问题，在社会主义中国，我们必须引导和带领全国各族人民坚持中国共产党的领导，坚持人民民主专政，坚持中国特色社会主义道路。为了实现合法性论证，董仲舒所采

---

① 龚鹏程：《儒学复兴时代的隐忧》，《中华读书报》2008年7月9日。
② 习近平：《提高国家文化软实力》，《习近平谈治国理政》，外文出版社2014年版，第160页。

用的是"教化",而当代中国则必须倚重于思想道德教育。因此,从合法性角度来看,董仲舒教化思想对青少年思想道德教育的价值和启示,至少应该包括三个方面的内容,即"(政治)合法性"、"合理性"和"正当性",既有合法有效的论证,也有正统的、正确的、理所当然的论证。

(一) 加强青少年思想道德教育的"合法性"教育

青少年思想道德教育必须积极开展合法性论证。董仲舒教化思想的理论建构是为应对"大一统"之政治局面,为王权及其统治提供合法性论证,董仲舒教化思想的制度化努力是思想与王权合谋而共赢的过程。从这个意义上讲,从理论到实践,从开始到完成,董仲舒教化思想都是与政治合法性论证紧密相连的,其于当代青少年思想道德教育之价值及启示意义亦是非凡。董仲舒教化思想告诉我们,当代青少年思想道德教育是离不开(但不限于)权威认同、意识形态整合、核心价值观贯彻、"教育"与政治的合理互动的。

1. 强化思想道德教育的"合法性"

董仲舒教化思想对思想道德教育第一个启示是思想道德教育要展开合法性阐释。董仲舒合法性论证依靠教化而成立。教化内容主要是儒家思想,"董仲舒立足于现实,在他以前西汉时期政治家、思想家思索的基础上,从统治者的角度出发,把先秦儒学改造成了带有威权政治色彩的新儒学"[①],儒学从先秦单纯"德治"转为汉代的"德"、"法"并用,进而成为历代统治者治国之圭臬。这种威权政治,实质上也是思想与王权的合谋共赢,王权及其统治得以论证和强化,思想得以发展并占据主流地位。

董仲舒合法性论证之结果是:"大一统"逐渐深入人心,民众的国家认同日趋强化,民族认同逐步成型。这也是我们在评价董仲舒时强调其历史功勋的重要原因,他以"大一统"理念开创了中国历史的"超稳定结构",以民族认同最终奠定了汉民族的形成与发展,以

---

① 杨朝明、胡培培:《从德性政治到威权政治》(下),《衡水学院学报》2010年第6期。

国家认同支撑起强大的汉帝国。中华文明（包括汉族文明）之政治格局、思想品性及文化心理大都奠基于汉代，其中董仲舒功勋卓著。因而，当代青少年思想道德教育对董仲舒教化思想之承继，必然须关注合法性问题。当然，这种承继亦包含着创新发展的要求。具体而言，至少应包括以下之内容：

其一，青少年思想道德教育要促进党的领导和中国特色社会主义理想信念的认同。我们党带领中国人民实现了民族独立和民族解放，带领中国走上了中国特色社会主义道路。历史和实践证明，只有中国共产党，只有中国特色社会主义道路，才能救中国，才能发展中国。因而，在思想道德教育实践中，为广大人民群众的平等要求而辩护，为人类千百年来的公平和正义辩护，为中国人民经过浴血奋战已经获得、并将继续获得的根本利益辩护，是思想道德教育的应有之义，理当理直气壮，我们的党委政府获得广大人民群众的广泛社会认同、获得合法性也是理所当然。

其二，青少年思想道德教育要促进国家认同和民族认同。就是要通过思想道德教育，促进"民族认同"和"国家认同"的一体化[①]，使得青少年对国家的政治权力和统治权威予以认可、接纳、服务和忠诚，使得中华民族的每个成员对中华民族的起源、历史、文化、宗教、习俗予以接纳、认可、赞成和支持。这种"教育"的过程实际上也是一个权威认同的过程。加强民族认同，必须从传统出发，从传统文化出发，"否决民族意识，抛弃民族文化，不仅是一个民族身心健康的问题，而且是一种政治病症，因为它实质上是一种反文明的行为"[②]。因而，我们今天必须回归传统，思想道德教育也必须从传统教化（包括董仲舒教化）思想汲取养分。

其三，青少年思想道德教育要确证全新的、符合社会主义发展要求的伦理道德，并推动社会对其的认同。董仲舒之儒家伦理道德有符合当今时代之内容，我们要在扬弃中继承其有益于社会发展、个体道

---

① 陈茂荣：《论"民族认同"与"国家认同"》，《学术界》2011年第4期。
② ［英］休·希顿—沃森：《民族与国家：对民族起源与民族主义政治的探讨》，吴洪英、黄群译，中央民族大学出版社2009年版，第630页。

德完善之内容；同时，也要剔除传统伦理道德的糟粕性内容，在时代发展中不断创新和丰富当代伦理道德之内涵，逐步重构中国当代伦理道德体系。当然，传统伦理道德源远流长，很多已经深入中华民族文化之血脉，深入广大人民群众之内心，对其改造或更新是任重道远之系统工程，当立足于社会发展之实际，以马克思主义为指导，按照伦理道德之发展规律开展活动。决不能盲目，决不能过激，否则可能伤害人民群众之情感，破坏中华民族之文化心理。推动伦理道德与权威认同的合理互动，是当代青少年思想道德教育的重要工作内容。

其四，青少年思想道德教育要致力于建立心理敬畏的当代方式。传统的权威认同，"以天佑价值作为合理性保障，并不足于形成现实威慑或感召"①，加上儒家以伦理信念替代宗教信仰，故而伦理道德的实践更多地是依赖于人的自觉和主动，但并非是人人都有这种自觉，也非是人人都具备这种道德境界。所以说，失去了规范自身行为的外在约束，又不具备内在约束的能力，人就失去了道德境界追求，也就逐渐异化，思想道德教育之"成人"也就难以实现。在此情况下，亟须建立符合当今时代、符合民众心理、符合思想道德教育要求的心理敬畏，以此为人之行为的"外在约束"，促进人的道德完善，并能理性的、独立的对社会和政治生活做出价值评判与抉择。总的说来，就是思想道德教育要着重致力于合法性问题。这是总结历史所得之经验，亦是适应时代发展之要求。董仲舒合法性论证之理念和方法，对青少年思想道德教育具有借鉴意义，青少年思想道德教育的合法性论证须在传承中创新，实践中发展。

2. 加强意识形态的整合与凝聚

董仲舒教化思想对青少年思想道德教育第二个启示就是思想道德教育要发挥意识形态功能。意识形态整合与凝聚与合法性论证实际上是联系在一起的，任何一个政权要实现其统治的合法性认同，都要先使其主流意识形态获得广泛的认同。"一个人只有通过教化与一种意

---

① 任剑涛：《伦理政治研究：从早期儒学视角的理论透视》，吉林出版集团有限责任公司2007年版，第186—187页。

识形态认同,才可能与以这种意识形态为主导思想的社会认同"①。作为生活在社会中的个体,人总是浸渍于一定的意识形态之中,与社会主流意识形态的契合将使其拥有更高层次的生活。对此,虽然董仲舒没有明确表述,思路已非常清晰。董仲舒对意识形态问题的重视,源于"过秦"之思考。面对秦亡之教训,董仲舒对意识形态整合、凝聚是煞费苦心的。徐复观先生比较董仲舒之"推明孔氏,抑黜百家"和李斯之"焚书",认为:"两者都是要统一思想,都是要禁绝异端邪说,都是要'上有所持'而'下有所守'。所不同者,董仲舒要用儒家来代替法家的正统,用'春秋大一统'来代替黄老的'一道'和法家的'一教'而已"②。其实,两家的观点并不相同。李斯是"势不两立"以暴力的手段禁绝之;而董仲舒是以对立为主,以统一为辅。"皆绝其道,勿使并进",不是禁止百家思想的流通和研究,而是朝廷不为其立博士,不确立其正统地位③。可以说,董仲舒采取了更为隐蔽、更为温和的方式推动意识形态整合,从而为"大一统"奠定思想基础。

思想道德教育也关注意识形态问题。在当代中国,主流意识形态是以马克思主义为指导的社会主义意识形态,"马克思主义理论的社会性、革命性、实践性和开放性与儒学的基本精神是相通的。儒家讲的'行'、'躬行'与马克思主义的实践学说之间,传统文化讲的'天下兴亡,匹夫有责'与马克思主义强调的改造世界之间,中国哲学讲的相反相成、物极必反与马克思主义的辩证法之间,传统文化中的'大同社会'与马克思主义的社会理想——共产主义之间,都有某些契合和相通之处"④。当代青少年思想道德教育欲使得民众广泛接受认同马克思主义,自觉接受认同社会主义主流意识形态,可以从董仲舒及其德教思想与实践获取经验教训。为了实现这种意识形态整

---

① 俞吾金:《意识形态论》,上海人民出版社1993年版,第31页。
② 余英时:《反智论与中国政治传统》,《中国思想传统及其现代变迁》,广西师范大学出版社2004年版,第305页。
③ 刘国民:《董仲舒的经学诠释及天的哲学》,中国社会科学出版社2007年版,第324页。
④ 郭建宁:《马克思主义与儒学》,《精神文明导刊》2010年第9期,第26—27页。

合,从而实现合法性认同,通过对董仲舒教化理论及其实践的分析研究,我们认为青少年思想道德教育有以下(但不限于)几项工作要做:第一,更新主流意识形态。"历史经验告诉我们,儒学所能打动民众情感的,并不是它的宗教性,而是它那浓浓的人文情怀,是它的世俗性"①。而当前我们的主流意识形态在很多时候恰恰"缺乏现实的人文关怀,不能及时地和有效地回应当代民众的利益诉求,对一些社会问题缺乏令人信服的解释力"②,无法引起民众的情感共鸣,导致了意识形态的认同危机。在思想道德教育中,一定要强调人文关怀,始终坚持以人为本,关注现实,关注社会,追求人的解放、自由和全面发展。第二,变革主流意识形态传播方式。"目前我们有些主旋律的思想宣传报道、理论文章、文艺作品之所以受欢迎的程度不高,主要是因为不同程度地存在着公式化、概念化、粗糙化、说教式的弊病。主流意识形态宣传的形象,依然存在着简单化的倾向"③,必须加快传播方式的变革。第三,推动意识形态理论创新。儒学自春秋时期诞生,经董仲舒之改造,既能迎合统治者"经世致用"需要,又能满足个体"成人"需要。儒学自身的创新发展使之获得统治者之认同,以制度化形式上升为意识形态,这也启发着当代马克思主义的创新发展。历史已经充分证明,马克思主义是关于人类社会发展一般规律的正确认识,我们既不能抛弃马克思主义,也不能死守马克思主义,而是应该充分领悟马克思主义思想精髓的前提下,根据中国具体实际,创新发展马克思主义理论体系,"我们要以一种开放的态度对待马克思主义,在坚持马克思主义指导地位的同时,加紧对马克思主义理论体系本身的研究,处理好作为指导思想的马克思主义和作为研究对象的马克思主义的关系"④,在文化的交流、激荡中推动马克思主义、社会主义意识形态理论的创新发展。第四,营造良好的社会环境。董仲舒大力推动学校教育,发挥其对民众的示范、激励意义,

---

① 蒋国保:《儒学普世化的基本路向》,《中国哲学史》2003 年第 3 期,第 11 页。
② 孔德永:《当代我国主流意识形态认同建构的有效途径》,《马克思主义研究》2012 年第 6 期,第 94 页。
③ 童世骏:《意识形态新论》,上海人民出版社 2006 年版,第 98—99 页。
④ 李辽宁:《当代中国思想道德教育意识形态功能研究》,华中师范大学,2006 年。

引领社会潮流风向，移风易俗，创造儒学发展的良好环境。这点对思想道德教育也是有启示意义的。当代的意识形态工作，不可能在孤立的国内环境中实现，也不可能摆脱全球化和信息化的国际环境，必须综合考虑和协调处理好国内国际多种因素与诸多问题，积极营造意识形态工作的良好环境。但是，这种吸纳和借鉴不是无原则的，不是随意的。对待包括董仲舒教化思想在内的儒学思想、传统文化，我们应该坚持以下三点基本原则：其一，坚持马克思主义在意识形态领域的指导地位。董仲舒之所以"推明孔氏，抑黜百家"，在于他清楚地认识到，从学术角度看，百家争鸣有利于把问题研究的透彻清晰；但从政治角度看，无休止的争鸣不利于思想统一，容易导致思想混乱信仰迷失。因而，在当今思想文化百家争鸣、百花齐放之时，要有一坚定之立场，即是坚持马克思主义在意识形态领域的指导地位。因此，我们所强调推动意识形态理论创新，绝不是背离，绝不是反对，而是坚持，在创新发展中坚持，在创新发展中更好地坚持，这是一个原则性问题，思想道德教育在实际的意识形态教育中必须予以重视。其二，坚持意识形态理论创新发展的正确方向。前面我们谈到，董仲舒的教化思想的传播，有一个儒学制度化和政治儒学化的过程。在社会主义意识形态的创新发展中，我们要从包括董仲舒思想在内的传统文化和世界上一切文明成果中汲取营养，博采众长，丰富和发展理论。但是，这种汲取，是方法论意义上的，是以马克思主义思想精髓为主导的，没有肢解马克思主义，没有改变我国意识形态的社会主义性质，不是"马克思主义的儒学化"，也不搞"儒学马克思主义化"。其三，坚持和完善中国共产党的领导。在董仲舒教化实践的过程中，特别强调王权统治者自身的"德"和"才"，德才兼备才能更好地推动教化实践，才能更好地实现王权统治，这对思想道德教育亦有启示意义。董仲舒之论断转变为现代语言就是，统治阶级（或执政党）越先进，就越能有效地向广大社会成员灌输一定的意识形态，使社会成员形成统治阶级（或执政党）所规制（亦是所期望）的伦理道德价值体系，并以此指导和规范自身之行为，从而引领社会发展，实现国家的长治久安。在这种情况下，坚持中国共产党的领导，加强党的建设，完善党的领导，是有利于思想道德教育意识形态功能最大化的。总的说来，就是要发挥思想道德教育的意识形态整合功能，在全社会形成广泛的共识，同心协力，共谋发展，协调推进中国特色社会主义建设。董仲舒教化思想的意义就在于提供了理念和方法论上的支持，在此要厘清儒学教化和思想道德教育、儒学意识形态与社会主义意识形态的辩证关系，不能庸俗化，更不能等同化。

3. 加强社会主义核心价值观的确立与认同

董仲舒教化思想对思想道德教育的第三个价值与启示就是要加强核心价值观的教育，推动社会主义核心价值体系建设。董仲舒特别重视核心价值观问题，以儒学伦理道德为核心价值观，强调"三纲"、"五常"，对政治生活伦理与秩序进行了设计，同时对社会生活伦理与秩序也进行了构架。这种设计和构架，蕴含着合法性论证和意识形态强化的双重意义，对汉代社会和政治生活的稳定起到了重大作用，同时也构成了中华民族的伦理道德心理，深刻影响着中国传统乃至当代社会。董仲舒的核心价值观可以归结为纲常，即儒学伦理道德。关于纲常之价值意义，学术界多有争论。陈寅恪先生以为："吾中国文化之定义，具于白虎通三纲六纪之说，其意义为抽象理想最高之境"①；而熊十力先生则坚决反对，"夫标名教而使人矫拂天性以奔赴之，历久则非人之所堪也"②。从今日之现实看，国民之间、父子之间、夫妇之间仍然是不可回避之社会关系，民"忠"于国、子"孝"于父、夫妻和顺依然是社会和谐的基本要求。

当今时代，文化思想观念多元化，青少年在社会互动中进行价值规范选择时感到困惑，"不知如何是好"，趋向于个人主义的选择标准：唯我愿意、唯我自由、唯我快乐，个人价值观摇摆不定。因此，多元化的网络时代，社会共同的价值观的确立和弘扬越是必要和重要。社会整合的心理基础和文化保证，那就是共同的价值观，共同的文化信仰。法国思想家托克维尔说，"一个社会要是没有这样的信仰，就不会欣欣向荣；甚至可以说，一个没有共同信仰的社会，就根本无

---

① 陈寅恪：《陈寅恪集·诗集》，生活·读书·新知三联书店2001年版，第12页。
② 熊十力：《尊闻录》，萧萐父：《熊十力全集》（第一卷），湖北教育出版社2001年版，第618页。

法存在。"① 青少年是实现国家强大和民族复兴的希望，形成主导性的意识形态是网络时代的必然要求。社会主义核心价值体系构成了主导网路时代青少年多样化文化思想的根基，是青少年思想行动的指南。坚持以社会主义核心价值体系主导青少年的思想和行为，就是在青少年成长和发展的全过程，坚持马克思主义指导地位，强化中国特色社会主义理想信念教育，发扬爱国主义精神，落实社会主义荣辱观，保持意识形态的主导性和多样性的协调。根据青少年的身心特点，遵循其身心发展规律，把握其思想实际和行为状况，坚持把社会主义核心价值体系融入青少年教育的全过程，有针对性地教育引导青少年规范自己的道德行为，特别是引导他们从日常学习、生活实际入手，从点滴小事做起，自觉地践履社会主义核心价值体系，切实提高自身思想道德素质。进而帮助青少年逐步树立坚定正确的人生方向，走出理想信仰迷茫的误区，追求更高的精神追求，实现人生的价值。

4. 批判继承纲常伦理思想

对董仲舒教化思想所倡导之纲常伦理思想，思想道德教育所应采取之态度是：全面审视、客观评判、适度传承、创新发展。这种态度，借用贺麟先生早在1940年发表的一篇论文的观点来说，"我们要从检讨这旧的传统观念里，去发现最新的近代精神。从旧的里面去发现新的，这就做推陈出新。必定要旧中之新，有历史有渊源的新，才是真正的新。那种表面上五花八门，欺世骇俗，竞奇斗异的新，只是一时的时髦，并不是真正的新"②。我们无法割裂历史与传统，也不能割裂历史与传统，当代青少年思想道德教育不可能在文化荒芜中重建社会主义文化，我们要正确认知中国文化的基本价值，找到中华民族伟大复兴的正确道路。也正如贺麟先生所规制的那样，对董仲舒"德性"教化的重视，不是强调思想道德教育对其全盘接受和完全奉行，而是要"推陈出新"，从"旧"中发现"新"的精神。董仲舒思想中道德条目很多，要充分把握其思想精髓，发展完善以符合时代之潮流；要摒弃其思想糟粕，以为思想道德教育过程所必须规避之陷

---

① 龚海泉等：《当代公民道德教育》，中央文献出版社2000年版，第7页。
② 贺麟：《五伦关系的新检讨》，《文化与人生》，商务印书馆1988年版，第51页。

阱。针对当前存在的问题,"化解这些冲突的方式、理解现代社会制度伦理的方式、以及重建中国现代化社会制度伦理与秩序的方式,却是开放的、独立的。在这一问题上,同样不能简单化约,盲目移植,或直接替代"①,不能将董仲舒德教直接用于当代青少年思想道德教育理论与实践。按照贺麟先生"推陈出新"的要求,我们就要在把握董仲舒核心价值观之精髓的基础上,对董仲舒之核心价值观进行新的解读和发挥,以期对当代社会主义核心价值观起到借鉴或推动意义,从而在新的历史条件下实现核心价值的确立与认同。这种解读和发挥应该有这么几点内容:

第一,"忠"的当代爱国主义精神体现。在中国封建社会中,"家国天下",忠君即是爱国爱天下。对此,我们要把握其爱国爱天下之思想精髓,在当代核心价值观的构建中,坚决弘扬爱国主义传统,积极开展爱国主义教育,大力倡导爱国主义精神,将董仲舒"忠"君爱国思想转化为当代中国的爱党、爱国、爱社会主义,以三者的有效结合推动社会主义核心价值体系建设,推动中国特色社会主义建设。

第二,"孝"、"顺"的当代家庭伦理解读。董仲舒之"孝"、"顺"是对封建父权(族权)、夫权的强化,其实也是包含对家庭伦理道德的构建。当前,家庭仍然是社会的基本单位,家庭伦理依然是社会核心价值观构建必须关注的要点。在当代社会中,我们要在社会主义核心价值观的主导下,强调父慈子孝、夫妻和顺,这是社会主义和谐社会建设的必要内容,是社会主义核心价值观的必然要求。在青少年思想道德教育中要加强政府参与度。孝伦理是中华民族的传统美德,长期以来,对中国的家庭和政治产生了深刻的影响。随着社会的变迁和文明的进步,有些孝伦理道德要求已经不能适用现代化生活的要求,而变得迂腐、落后,甚至愚昧,这就需要政府在制定国家政策时不仅要看到孝伦理在维护家庭和谐与社会稳定中的积极作用,又要看到孝伦理中无违即孝、厚葬久丧、繁文缛节等消极方面,对传统孝

---

① 万俊人:《儒家伦理传统的现代转化向度》,《社会科学家》1999 年第 4 期,第 39 页。

文化要批判地继承，不仅要及时剔除传统孝文化中的糟粕思想观念，还应根据时代的需要赋予孝文化以新的内涵。还有，要加强青少年孝道教育。在当前的社会，许多青少年漠视父母对自己的辛苦付出，心安理得地享受父母无微不至的关怀，甚至认为是理所当然的，这是多么令人寒心的现象。他们事事以自我为中心，其根源就在于没有孝心。以自我为中心实质上就是自私，它不仅可以摧毁一个人的道德系统，甚至还会给家庭和社会带来灾难。要解决这一难题，就需要培养起孩子们有一颗孝敬父母的心。几千年来，儒家孝道思想陶冶了不少杰出人物，像子路背米孝双亲、江革背母逃难、薛包孝敬继母等故事，至今还家喻户晓。在建构使用这一教育时，我们没有采用"孝顺父母"，而选用"孝敬父母"一词。"顺"与"敬"虽然只有一字之差，却准确地体现了孔子的"父慈子孝"原本意思。当然，在现代文明不断进步的今天，在教育青少年时，我们要剔除封建专制社会中愚忠愚孝的思想，在尊重、民主、平等的前提下进行。当子女有了孝敬父母的观念，就能在言行上尊重父母，就会懂得如何去关心体贴父母；当子女有了孝敬之心，就会主动帮助父母做事，在劳动中体验父母曾经付出的辛劳，从而对父母产生知恩、感恩的心情。感恩，是一个人的基本品德，是人生存发展的需要得到满足以后产生的主动寻求回报的一种心理体验，是人性高贵之所在。对父母有了感恩之心，由此推广到对社会其他成员的关爱。对青少年儿童进行感恩教育，让受教育者主动感受别人对自己的爱，自觉体验和理解别人对自己的付出，并把报答别人作为自己的一种人生的信念。感恩是发自人内心的自觉回报，是做人的最起码的支撑。羊有跪乳之情，鸦有反哺之义，孝敬父母反映了为人处世最一般的要求，是任何时代、任何社会都要遵守的做人的一般准则。从孝敬父母开始，教育青少年学会识恩、知恩、感恩，培养起青少年感恩的心，就要教会他们善于观察、感受真情、换位思考，使他们不但要知恩于心更要感恩于行，从生活中的小事做起。这样我们就会欣然地看到他们孝敬尊爱父母，关心帮助他人，热爱并奉献社会，亲近与保护自然，使自己的人性因为有一颗感恩的心而更加光辉。

第三，"五常"观念的当代社会适用。仁、义、礼、智、信之

"五常"对现代中国社会依然存在着规制意义,故须关注其全新诠释下的当代适用。对此,郭齐勇先生在中国传统"五常"观念的基础上总结出适宜于当代之"新六伦":父子有仁亲、夫妻有爱敬、兄弟有情义、朋友有诚信、同事有礼智、群己有忠恕①。这种"新六伦"是符合中国特色社会主义、社会主义核心价值观之要求的。从这些分析中,我们还可以看到,董仲舒所倡导的以纲常为核心的儒学价值观,与当代社会主义核心价值观"富强、民主、文明、和谐,自由、平等、公正、法治,爱国、敬业、诚信、友善"之内容存在着诸多的契合和交叉,可以视为当代核心价值观对传统思想文化的继承和发展。从这种意义上说,董仲舒以儒学伦理道德为核心的价值观,是中国当代社会主义核心价值观的重要思想来源,是当代社会主义核心价值体系建设必须考量的重要内容,是思想道德教育必须重视的重要课题。

(二)加强青少年思想道德教育的"合理性"教育

董仲舒沿着人之自然性出发,强调要以"调均"之经济手段,满足人民之物质需求,以为教化之保障,这点与马克思主义人性论也是不谋而合。马克思和恩格斯认为,"任何人类历史的第一个前提无疑是有生命的个人的存在。因此第一个需要确定的具体事实就是这些个人的肉体组织,以及受肉体组织制约的他们与自然界的关系"②,物质追求是"人"生存与发展之必要。二者所不同者,马克思主义人性论强调经济基础的决定性作用,在思想道德教育过程中强调以经济发展为基础;而董仲舒则囿于时代,仅以经济制度为教化之辅助,对经济之决定性作用缺乏清晰之认识。但是,从现实之角度观察,"人"之"教化"(或"思想道德教育"),无论是隐性的还是显性的,无论是积极的还是消极的,都间接或直接地与经济生活紧密联系,这亦是董仲舒思想启示之一。

---

① 郭齐勇:《新时代"六伦"的新建构》,《孔学堂》2014年第1期,第46—50页。
② 马克思、恩格斯:《马克思恩格斯选集》(第1卷),人民出版社1995年版,第24页。

董仲舒人性论立足于中国文化之土壤，符合中国人之文化心理，文化发展惯性和文化心理的共同作用使其更具适用性。这是当代青少年思想道德教育必须关注的，就是要在借鉴中发展，选择符合中国文化及其民众心理结构的教育内容、方式，提升当代青少年思想道德教育的有效性。由此，董仲舒教化思想之人性论阐述对青少年思想道德教育富有启示意义。这种价值意义的实现，大致有如下几点要求：

第一，青少年思想道德教育要立足于"人"，以人为本。在董仲舒看来，民性未善待教而善，即是教化有存在的可能和必要，这与现代教育理念是基本一致的。"教育"的可能性来源于人的开放性，人通过开放与外在物构成互交、互渗、互化、互变之联系，意味着人有接受"教育"的可能；同时，人也是需要"教育"，"自然把尚未完成的人放到世界之中，它没有给人作出最后的限定，在一定程度上给他留下了未确定性"[①]，"教育"就是要指向这种"未确定性"。因而，思想道德教育作为"教育"之一种，在教育过程中就必须以"人"为起点，符合并满足人的需要，促进（或实现）人的全面发展和个体完善，其"最本原的目的是促进人类更好地生存和发展；其终极价值追求是人的自由全面发展，是使人从动物性存在提升到人性存在"[②]。

第二，青少年思想道德教育要立足"人性"，守护人性。董仲舒教化理论和实践将人性视为自然属性和社会属性的统一，这也是今天青少年思想道德教育所必须秉承之观念。马克思主义强调，人是具有主体性的存在[③]，是人"永远不满足于既在的生存境遇而去不断创造新的生命价值，以获得一个更新的精神自我的行为和意识的特征"[④]，包括人的主体价值判断及其在此基础上的行为决策，具有自然和社会的双重意义。青少年思想道德教育必须关注这种主体性，理论与实践必须以人的主体性为基础，必须在青少年思想道德教育对象性活动中

---

① ［德］兰德曼：《哲学人类学》，上海译文出版社1988年版，第228页。
② 张耀灿、曹清燕：《思想道德教育研究的人学取向探析》，《思想理论教育导刊》2006年第12期，第39页。
③ 《马克思恩格斯全集》（第1卷），人民出版社2000年版，第194页。
④ 王坤庆：《精神与教育》，上海教育出版社2002年版，第195页。

弘扬人的主体性，增强人的主体性品质和能力，实现人性的"真实"守护。

第三，青少年思想道德教育要立足于"成人"，以成人为己任。考察董仲舒教化思想，一方面要看到其在学术与王权共谋中满足汉帝国统治者需求之功能，同时亦须注意到人的完善之功能。在当代青少年思想道德教育实践过程中，也必须清醒地看到"思想道德教育满足了统治阶级维护统治"的需要，"而且更要清醒地意识到思想道德教育是人的教育"[①]，这与董仲舒教化有着惊人的相似。因而，当代青少年思想道德教育可从董仲舒教化思想中汲取养分，在教育实践中自觉实现人的目的，从而使主体自身得到全面、自由的发展。而且就思想道德教育而言，更为重要的是"人的教育"。从这个角度上，以人为本，彰显人的主体性，思想道德教育则必然以"成人"为任。当然，在考察董仲舒教化思想的当代青少年思想道德教育的思想价值及其实现之时，亦可以发现两者之间存在沟壑分明之差异：董仲舒教化之"以人为本"是手段，其根本在于"王者以教化为大务"，这里的"人"更多是考虑"人君"，思想道德教育则是考虑现实、个体的人，二者的教育起点是不一致的；董仲舒之教化指向"中民之性"，亦包括"圣人之性"，"斗筲之性"则不在其中，思想道德教育所依据之人性论则更具普遍性，思想道德教育的覆盖范围也更为宽广，二者教育的重心也就有所不同；董仲舒教化之"成人"终极目标是为了统治阶级的统治，而思想道德教育"成人"的终极目标是实现人的全面自由发展，二者的主旨归宿是相异的。因而，我们必须注意董仲舒教化思想对当代青少年思想道德教育的可能冲击及其可能带来的不良影响。徐复观先生强调："人性论不仅是作为一种思想，而居于中国哲学思想史中的主干地位，并且也是中华民族精神形成的原理、动力。要通过历史文化以了解中华民族之所以为中华民族，这是一个起点，也是一种终点"[②]。董仲舒所倡导之人性论，深刻影响着中国传统文化和中

[①] 李合亮：《思想道德教育探本——关于其源起及本质的研究》，人民出版社2007年版，第156页。

[②] 徐复观：《中国人性论史·先秦篇·序》，上海三联书店2002年版，第2页。

华民族精神秩序建构和整合的历程与方向,当代青少年思想道德教育在传承创新优秀文化传统、凝聚发展中华民族精神的过程中必须重新审视、评判董仲舒之人性论,汲取其合理成分,以为思想之补充。

(三) 加强青少年思想道德教育的"正当性教育"

要实现思想道德教育的(广义上)合法性论证,在"合法"、"合理"之外,还有重要的一点就是"正当"。如果说"合法"是目的,那么"正当"就是手段。董仲舒所谓之"教化",即是"上"教而"下"化,"教"是手段,"化"是目的,就是通过德教来实现政治秩序、社会秩序的强化和广大民众对这种秩序的遵循与服从。从这种意义上说,"正当性"实际上是"合法性"、"合理性"的实践手段,具有程序合法、过程合法、手段合法等意涵,要实现"合法"、"合理"就必须走"正当"之路径。董仲舒教化思想"正当性"论证对当代青少年思想道德教育的价值和启示,大致可以概括出"成人"教育、"生活教育"、"有效教育"等内容,通过这些内容来实现思想道德教育之"合法",并为思想道德教育合法性论证功能的发挥奠定基础。

1. 全面实现"成人的"教育

董仲舒教化的重要价值和启示是要以"成人"为目标开展思想道德教育,推动"成人"教育的全面实现。我们说,董仲舒的儒学教化系统,遵循"经世致用"的政治逻辑和"成人"的道德文化逻辑。同样,"思想道德教育是一种文化现象,以特定文化成果的传递、传播、践行等为基本载体,以个体由'自然人'、'生物人'向'社会人'、'政治人'、'文化人'的发展为基本取向,是'文化化人'现象的特殊表现形式"[①],要实现人的解放、人的自由和人的全面发展,全面实现"成人"教育,这也正是董仲舒教化思想所强调的。马克思主义认为:人的本质是"一切社会关系的总和"[②]。所以,"人"应该包含着不同的层次和不同的方面,"人之为人"要求得"人"各种

---

① 沈壮海:《关注思想政治教育的文化性》,《思想理论教育》2008 年第 3 期,第 4 页。
② 马克思、恩格斯:《马克思恩格斯选集》(第 1 卷),人民出版社 1995 年版,第 56 页。

属性之完善,思想道德教育强调"成人",就要达到各种要素的完善。人的本质的对象化表现为自然、社会、政治、经济、道德、文化等多种方面,"成人"也就应界定为"自然人"、"社会人"、"政治人"、"经济人"、"道德人"、"文化人"的全面实现。

总的说来,在董仲舒眼中,人本于天,天具自然之属性,故人亦有自然之本质;董仲舒强调乡里控制,要求人的道德完善要在具体的社会实践中,人具有社会之本质;董仲舒的教化实践中思想与王权政治合谋共赢,其所指向的就是人的政治本质;董仲舒主张经济上的"调均",强调民众的经济权益,就是对人的经济本质的回应;从董仲舒对儒家伦理道德的倡导和普及,可窥见董仲舒对人的道德本质的重视;董仲舒教化实践,就是一个以"文"化人,成就"文化人"的过程。正如德国哲学家厄恩斯特·卡西尔(Ernst Cassirer)指出的那样,"人之为人的特性就在于他的本性的丰富性、微妙性、多样性和多面性。……所有这些功能都是相辅相成的。每一种功能都开启了一个新的地平线并且向我们展示了人性的一个方面"①。因而,在人之"为人"、人之"成人"的过程要注意到人之本性的"多方面",只有"人"的"多方面"的全面实现,才是真正的"成人",思想道德教育也必须具备相应的功能以开启"人性"的"地平线",才是真正的"成人"教育。

2. 有效开展"生活教育"

董仲舒教化思想对当代青少年思想道德教育"正当性"论证的价值与启示是思想道德教育要以"日常世界"为对象开展生活教育。我们说,董仲舒所推动的儒学教化之所以能获得巨大成功的原因,除了与王权政治合谋取得强大的政治驱动力之外,还有重要的一点,"就是将教化的思想内容植根于普通百姓的'生活世界'或'日常生活世界'之中,以至于'化民成俗',从而取得了大众化的实际效果"②。董仲舒的儒学教化,将政权合法性论证和"大一统"确证归

---

① [德]卡西尔:《人论》,上海译文出版社1985年版,第87页。
② 杨威:《宋明时期儒家思想普及经验之借鉴》,冯刚:《高校马克思主义大众化研究报告(2009)》,光明日报出版社2009年版,第200页。

结于"天",简单清晰,容易取得认同;将儒家伦理道德简明扼要地概括为"三纲"、"五常",言简意赅,方便记忆,也方便传播。这种传播董仲舒(包括后世儒家学者)采取的是一种渗透的方式,直接作用于民众的日常生活世界,取得"润物细无声"之实际效果。故而,董仲舒的此种思想和实践对当代青少年思想道德教育方式方法之创新发展有重大理论和实践意义。

为此,思想道德教育要借鉴历史(包括董仲舒教化思想及实践)之经验,开展"生活教育"。在借鉴经验、构架"生活教育"思想体系、开展"生活教育"实践的过程中,至少(但不限于)应该关注以下几个问题:什么是生活教育;为何要提出思想道德教育的生活教育;生活教育为何能得以实现;生活教育如何实现。

所谓"生活教育",就是以人的生活为中心的教育,"生活教育是给生活以教育,用生活来教育,为生活向前向上的需要而教育"。从生活与教育的关系来说,是生活决定教育;从效力上说,"教育要通过生活才能发出力量而成为真正的教育"①。这就提示我们,思想道德教育要以"生活"的人为本,以"人"的生活为本,从生活出发,从生活着、实践着的事物出发,开展思想道德教育实践,从而回归到更高层次的生活,体现思想道德教育对生活的改造、对现实生活的超越和对人之"成人"的追求。这种"生活教育"之实际功能就是"成人",强调在思想道德教育过程中重视人的主体地位,理解人,尊重人,以人的自由、全面发展为最终价值取向。此亦符合董仲舒教化之本意,即是教化要以"成人"为目标,要寻求在世俗社会生活中的展现,思想道德教育"生活教育"之实践路径应该至少(但不限于)做到如下几点:

首先,立足社会生活现实,推动思想道德教育的超越性目标与现实的结合。当代青少年思想道德教育必须具备超越性的目标以引领时代发展,但这种超越要从现实出发,贴近人的"生活",贴近"生活"的人,要针对不同的人群提出不同的要求,设置不同的目标,切忌搞"一刀切",这既不符合马克思主义的基本原理,也不符合思想

---

① 陶行知:《陶行知全集》(第5卷),湖南教育出版社1984年版,第477页。

道德教育的发展规律。在董仲舒那里，人被区分为"圣人"、"中民"、"斗筲"，针对不同"人"，董仲舒进行了不同的道德属性解说，做出了不同的道德要求，这使得其教化具有相当的可操作性。当代青少年思想道德教育"生活教育"，也要从现实的"人"、现实的生活出发，设计不同的"成人"路径，使人感知超越（"成人"）的可能，获得前进的动力。

其次，思想道德教育之内容要取材于人的"生活"。实践是检验真理的唯一标准，在现实生活中经过生活实践锤炼的具有真理性、科学性的思想理论或实践经验，是经过实践检验的真理，"生活"中的"取材"，可以保证思想道德教育始终沿着正确的道路前进；现实社会生活领域的不断发展，对思想道德教育提出了全新要求，既是挑战也是机遇，思想道德教育在社会生活之变化发展中进行适度调整，有利于始终保持思想道德教育的旺盛生命力；在生活中，思想道德教育可以捕捉到"人"的心理特征，掌握"人"的兴趣爱好和现实需求，开展有针对性的思想道德教育实践活动，"人"的接受性会大大提升，使思想道德教育实践活动真正落实到"人"。

再次，思想道德教育要强调"人"的生活经验和生活体验，在具体的生活实践中"成人"。"个体的经验是教育、接受教育、学习和理解的基础，没有个体的人生经验，任何教育、任何知识、任何方法都找不到与人的联结点"[①]，没有生活经验，人就没有接受教育的"联结点"，也就没有思想道德教育的可能。在这种情形下，思想道德教育就应该积极主动地有组织、有目的地鼓励或引导"人"参与到具有思想道德教育意义的生活实践（其实本身就具有思想道德教育意义）中去，从而获得对思想道德教育及其相关要求的真实体验，在社会生活实践中"成人"。

最后，要在生活中形成思想道德教育的双向互动。思想道德教育"生活教育"强调以人为本，就是尊重人在生活中的主体地位，人在生活中锻炼进步"成人"。那么，在思想道德教育过程中，要把

[①] 金生鈜：《理解与教育——走向哲学解释学的教育哲学导论》，教育科学出版社1997年版，第72页。

"人"作为一个具有独立人格、生活需要、精神世界的个体，要将教育者和受教育者摆在平等的位置实行思想道德教育的"灌输"，要在交流对话中对受教育者施加"自然的"（隐性的）影响，并接受受教育者的反馈，形成教育者和受教育者的互为影响、相互塑造和共同发展。因而，我们说，生活教育"这里没有向别人施教的人，也没有自己教自己的人，（人们）相互教"①。

当然，这种思想道德教育的"生活教育"其实也面临着沦落于日常平庸化的危险，因而"思想道德教育与日常生活相统一需要某种内在而超越的政治关怀和生存理解"②。在这里，一方面要强调思想道德教育的"政治性"，以政治引导生活现实，政治意识成为人的"生活"的重要（甚至是不可摆脱）内容，从而保证"生活教育"的方向和性质正确；一方面要强调以生活实践去实现思想道德教育，创新思想道德教育的方式方法，保证"生活教育"的灵活性和有效性；同时，全球化、信息化条件下"人"不仅生存于日常的社会生活中，还生存于全球性的生活中，生存于虚拟的社会生活中，因而要将思想道德教育"政治性"和"生活教育"引申到全球化、虚拟化的生活世界中去，在其中获得生存和发展，反作用于现实的、国内的思想道德教育实践。

3. "有效教育"的合力推动

董仲舒教化思想对思想道德教育"正当性"论证的价值与启示还包括思想道德教育要实现"有效教育"，强调思想道德教育的有效性，也就是思想道德教育的效果。总的说来，董仲舒的教化是成功的，儒学不仅进入了殿堂，成为汉代之意识形态，并影响深远，泽被后世；而且进入了乡野，进入了人心，是古代中国的伦理道德和社会规范的重要内容，深刻影响了中华民族之文化心理结构和民族结构。这种成就的获得，是董仲舒及其相关人士不断努力之结果，我们当代要实现思想道德教育的有效性，可以从董仲舒那里获取经验教训，探

---

① 檀传宝：《学校道德教育原理》，教育科学出版社 2000 年版，第 175 页。
② 韩凤鸣：《思想道德教育生活化面向的反思》，《河海大学学报》（哲学社会科学版）2011 年第 9 期。

寻实现"有效教育"之路径。

青少年思想道德教育除了道德修养属于自我教育系统外,家庭教育、学校教育、社会教育都是教育的基本方面,这三者之间构成了一个相互联系,不可或缺的完整的教育系统。董仲舒教化思想十分重视学校、社会、家庭教育的合力育人功能。其后的历朝历代也都比较重视这种三位一体的教育模式。在三者之中,学校教育是关键。至于社会教育,主要体现在社会风尚的影响方面,整体大环境的效应对人的思想道德品行的引导也是不容忽视的。

(1) 国家政权的鼎力支持

董仲舒之教化是思想文化与王权政治的合谋共赢,董仲舒借助于"天",为王权及其统治的合法性做出论证,对"大一统"进行理论构架并为其奠定思想一统之基础,以儒家伦理道德确定符合统治者利益的社会规范和道德准则,因此获得统治者的认同,儒家思想成为国家之意识形态。为了推动这种意识形态的传播和发展,汉代统治者顺应董仲舒之要求,展开了政治儒学化和制度儒学化,形成了儒学化的政治制度设计。比如我们前文所论述的礼法合治理念、经济制度、察举制度、官僚制度、法律制度、乡里控制制度等,都是汉代统治者对董仲舒教化的回应。当代青少年思想道德教育要实现有效性发展,也必须凸显其"政治性"。在董仲舒那里,我们总结的经验是:教化有效开展有赖于"领导权、管理权、话语权的统一"[1]。当代中国,有效增强和实现思想道德教育有效性之关键就在于:"牢牢把握意识形态工作的领导权、管理权和话语权"[2]。思想道德教育必须不断巩固马克思主义在意识形态领域的指导地位,确保党对思想道德教育工作的唯一领导、绝对领导和长期领导[3],确保党对意识形态领域和思想文化层面的相关制度设计能够顺利推行,确保思想道德教育获得相应

---

[1] 彭洲飞:《论思想道德教育有效开展的机理:领导权管理权话语权的统一》,《山东青年政治学院学报》2015年第3期,第83页。

[2] 李德芳、何宏米:《牢牢把握意识形态的领导权、管理权、话语权》,《红旗文稿》2013年第24期,第27页。

[3] 程竹茹:《要从战略上重视实现中共意识形态领导权的几个条件》,《行政管理改革》2013年第12期,第33—34页。

制度的保障，从而奠定思想道德教育"有效教育"的政治基础。

(2) 发挥家庭思想道德教育的基石作用

家庭是每一个人成长的最初环境，也是对青少年健康成长影响最大的环境，青少年性格、品质的形成很大程度上由家庭教育决定，家庭是育人的摇篮，其对青少年良好思想道德的养成有着天然的优势。发挥家庭教育的根基力量，我们倡导以家庭为单位，由家长渗透并身体力行儒家美德，以尊老爱幼、关心他人、奉献社会为内容，让青少年亲身感受到由美德的魅力而产生的温馨。

青少年家庭思想道德教育是一项复杂系统的工程，作为孩子至亲至爱的父母必须紧跟时代步伐，与时俱进，转变教育观念，树立科学的育人观，全面提升自身的思想道德素质，充分发挥青少年的主体性和自主性，走家庭教育的生活化道路，并协同学校、青少年同龄群体及各种教育影响力量，形成强大的教育合力，共同培育、完善青少年健康高尚的思想道德品行，建构他们健康的生活理念，保证他们顺利地实现社会化，充分发挥家庭在培养青少年良好思想道德方面道德基础和先导作用不容忽视。

(3) 强化学校思想道德教育的主导地位

董仲舒为了确保儒学教化的全面实现，大力倡导推行学校教育。在汉代的学校教育中，不管是官学还是私学，大都以儒家典籍及其承载的思想为教育内容，大都是由通晓儒家经典的儒生为教师，也大都是以儒家经义及其伦理道德规范为评价标准。这种学校教育的确立，"一方面，对于别的学派的压制和以太学为代表的官学体系为儒家的传播提供了制度性的保证；另一方面，儒家和权力的结盟使得儒家对于读书人的吸引力大大增强"[①]。汉代察举制度与学校教育制度完美结合在一起，汉武帝元光元年（公元前134）"举孝廉"科的实施是以儒家作为取士标准的开端，后经学校教育而通晓儒学经典、遵循儒家伦理道德就成为取士的标准，儒家成为社会精英阶层，对民众的制约力和吸引力都是极大的，儒学教化有效性得以彰显。当代青少年思

---

① 干春松：《制度化儒家及其解体（修订版）》，中国人民大学出版社2012年版，第22页。

想道德教育要实现有效性，也必须重视学校教育。"教育既然是一种社会过程，学校便是社会生活的一种形式"①。

学校是青少年学习和生活的重要场所，对青少年思想品德的养成负有主要责任。一个人人生观和价值观的成型大抵是在学校学习期间，也就是说学校教育在一个人的成长过程中起到了非常重要的作用。因此，学校教育在学校、社会、家庭协调一致的思想道德教育系统中居于中心地位，其作用也是任何家庭教育和社会力量都不能替代的。

（4）全社会的广泛参与

董仲舒为了实现其儒学教化，积极主动的吸引全社会的参与。在教化对象的选择上，将绝大多数的社会成员纳入其中。在儒学教化和儒家思想传播人员的选择上，接受儒家思想的官吏被纳入其中，在学校接受儒学教化的太学生或其他学员被纳入其中，在地方占据一定经济权和（或）政治权的"士绅"被纳入其中，甚至在乡里社会的"长者"、"耆老"也被纳入其中。甚至可以说，董仲舒动用了一切可以动用的力量，组成了最广泛的儒学教化统一战线，吸引全社会的力量推动儒学教化。当代青少年思想道德教育也要推动全社会的广泛参与。

社会是青少年生活成长的最大的外部环境，对青少年的思想道德的影响深远。社会文化对青少年的影响无处不在，无时不有，青少年在潜移默化中自觉地认同和接受社会教育。社会教育是青少年思想道德体系的组成部分，对他们的发展起着重要作用。陶行知说过："社会即学校，生活即教育。"《公民道德建设实施纲要》也指出："社会是进行公民道德教育的大课堂。"社会环境的优劣、舆论氛围的指向，都对青少年思想道德的塑造起着至关重要的作用。必须强调的是，"社会思想道德教育环境有利于促进未成年人在学校思想道德教育和家庭思想道德教育所形成的思想道德素质的积淀和巩固"。家庭教育和学校教育在青少年思想道德素质的形成过程中起着至关重要的作

---

① ［美］杜威：《民主主义与教育》，王承绪译，人民教育出版社1994年版，第9—10页。

用，但是，有教育学家指出从思想道德形成的规律和发展到完善的过程来看，无论是在家庭受到的品行熏陶，还是在学校受到的思想道德教育，要转化为个人的思想道德素质，无时无刻都离不开社会思想道德教育环境的作用。如果社会大环境与孩子们在家庭和学校所接受的道德理念相冲突，那么从后两者中受到的正面影响就会大大削弱，有时甚至会起到反面作用。所以，改善社会整体道德环境对巩固、积淀青少年思想道德素质有着战略性、全局性的意义。

当今社会，给青少年发展带来无限的机遇，更是带来了前所未有的挑战。只有遵循青少年身心发展的规律，牢牢把握青少年的身心特征，高度重视青少年思想道德教育，转变教育理念、丰富教育内容、创新教育方法、优化教育途径、才能增强青少年思想道德教育的实效性，切实提高青少年的思想道德品质，培养思想道德积极、健康、向上的青少年一代，进而促进他们成为建设强大的社会主义祖国和实现民族伟大复兴事业的栋梁。

提高青少年思想道德教育的效果，家庭、学校、社会必须携手，相互支持，共同教育。针对当前价值观复杂多元化的现状，实现教育力量的协调一致任重道远。目前的青少年思想道德教育，主要由学校负责，社会和家庭忽视或放松了应承担的责任，无法形成思想道德教育工作的凝聚力和向心力，学校思想道德教育的正向作用削弱了。家庭、社会支持的缺失，降低了学校思想道德教育的实效性。同时，思想道德教育资源的优势得不到充分地利用和整合，无法完全实现其育人的价值功能，不能顺应青少年思想道德教育发展要求。构建家庭、学校和社会三位一体的思想道德教育是时代发展的必然。只有真正做到家庭、学校、社会三者有机结合的思想道德教育模式，才能有效地做到在一个人世界观、人生观、价值观形成过程中加强理论指导、思想启迪、行为规范、情感交流，进而树立正确的、科学的信仰。家庭、学校、社会在对教育主体、教育内容和教育方式方法上各有优势。要充分发挥这三方面教育力量的优势，形成教育合力，实现资源共享，产生多渠道、多方位的和谐教育效应，使之相互协调、相互配合、相互补充，才能最终完成教育目标的整体推进。

参考文献

马克思、恩格斯：《马克思恩格斯选集》（第1—4卷），人民出版社2012年版。
苏舆：《春秋繁露义证》，中华书局1992年版。
董仲舒：《春秋繁露》，中华书局1975年版。
曾振宇、傅永聚：《春秋繁露新注》，商务印书馆2010年版。
《春秋繁露》，张世亮、钟肇鹏、周桂钿译注，中华书局2012年版。
班固：《汉书》，中华书局1962年版。
司马迁：《史记》，中华书局1959年版。
范晔：《后汉书》，中华书局1965年版。
司马光：《资治通鉴》，中华书局1956年版。
许慎：《说文解字注》，段玉裁注，上海古籍出版社1981年版。
焦循：《孟子正义》，沈文倬点校，中华书局1987年版。
陈鼓应：《老子注译及评价》，中华书局1984年版。
王先谦：《荀子集解》，沈啸寰、王星贤点校，中华书局1988年版。
程树德：《论语集释》，程俊英、蒋见元点校，中华书局1990年版。
朱彬：《礼记训纂》，饶钦农点校，中华书局1996年版。
陈晓芬：《论语·大学·中庸》，徐儒宗译注，中华书局2011年版。
习近平：《习近平谈治国理政》，外文出版社2014年版。
童世骏：《意识形态新论》，上海人民出版社2006年版。
张耀灿、陈万柏：《思想政治教育学原理》，高等教育出版社2001年版。
沈壮海：《思想政治教育有效性研究》（第二版），武汉大学出版社2012年版。
高德胜：《道德教育的时代遭遇》，教育科学出版社2008年版。

郑永廷:《思想政治教育方法论(修正版)》,高等教育出版社2010年版。

赖雄麟:《马克思主义思想政治教育理论时代化研究》,人民出版社2012年版。

徐复观:《两汉思想史》(第二卷),华东师范大学出版社2001年版。

顾友仁:《中国传统文化与思想政治教育的出现》,安徽大学出版社2011年版。

侯外庐:《中国思想通史》(第二卷),人民出版社1957年版。

余治平:《唯天为大:建基于信念本体的董仲舒哲学研究》,商务印书馆2003年版。

崔涛:《董仲舒的儒家政治哲学》,光明日报出版社2013年版。

黄朴民:《董仲舒与新儒学》,台北:文津出版社1992年版。

王永祥:《董仲舒评传》,南京大学出版社1995年版。

陈苏镇:《〈春秋〉与"汉道":两汉政治与政治文化研究》,中华书局2011年版。

冯友兰:《中国哲学史新编》(第三册),人民出版社1985年版。

李威熊:《董仲舒与西汉学术》,台北:文史哲出版社1978年版。

王子今:《秦汉社会意识研究》,商务印书馆2012年版。

徐复观:《中国思想史论集》,上海书店出版社2004年版。

金春峰:《汉代思想史》,中国社会科学出版社1997年版。

柳诒徵:《中国文化史》,岳麓书社2010年版。

陈来:《古代思想文化的世界》,生活·读书·新知三联书店2009年版。

唐君毅:《文化意识与道德理性》,中国社会科学出版社2012年版。

汪高鑫:《董仲舒与汉代历史思想研究》,商务印书馆2012年版。

韦政通:《中国思想史》,上海书店出版社2003年版。

梁启超:《中国古代学术思想变迁史》,《饮冰室合集》,中华书局1989年版。

李泽厚:《中国古代思想史论》,生活·读书·新知三联书店2008年版。

刘国民:《董仲舒的经学诠释及天的哲学》,中国社会科学出版社

2007年版。

吴龙灿：《天命、正义与伦理——董仲舒政治哲学研究》，人民出版社2013年版。

张鸣岐：《董仲舒教育思想研究》，人民教育出版社2000年版。

［美］诺斯：《制度、制度变迁与经济绩效》，上海三联书店1994年版。

干春松：《制度化儒家及其解体（修订版）》，中国人民大学出版社2012年版。

皮锡瑞：《经学历史》，中华书局2004年版。

［美］格尔兹：《文化的解释》，上海人民出版社1999年版。

［英］崔瑞德、鲁惟一：《剑桥中国秦汉史》，中国社会科学出版社1992年版。

李景林：《教化的哲学》，黑龙江人民出版社2006年版。

周桂钿：《董学探微》，北京师范大学出版社2008年版。

［美］史华慈：《古代中国的思想世界》，程刚译，江苏人民出版社2004年版。

马勇：《帝国设计师董仲舒传》，东方出版社2015年版。

黄朴民：《天人合一董仲舒与汉代儒学思潮》，岳麓书社1999年版。

邓红：《董仲舒思想研究》，文津出版社2008年版。

王永祥：《中国思想家评传丛书董仲舒评传》，南京大学出版社2011年版。

栗玉仕：《儒术与王道董仲舒伦理政治思想研究》，中国社会科学出版社2012年版。

方朝晖：《为"三纲"正名》，华东师范大学出版社2014年版。

张忠华：《承传与超越当代德育理论发展研究》，光明日报出版社2015年版。

［德］马克思·韦伯：《儒教与道教》，洪天富译，江苏人民出版社2010年版。

［美］列文森：《理解中国：儒教中国及其现代命运》，郑大华、任菁译，广西师范大学出版社2009年版。

［美］塞缪尔·亨廷顿：《文明的冲突与世界秩序的重建》，周琪译，

新华出版社1998年版。

［日］沟口雄三、小岛毅:《中国古代的思想世界》,孙歌译,江苏人民出版社2006年版。

［日］渡辺信一郎:《中国古代的王权与天下秩序》,徐冲译,中华书局2008年版。

［美］汤因比:《历史研究》(中册),曹未风等译,上海人民出版社1997年版。

郗杰英:《新视角:对青少年与青少年思想教育的探索》,中国档案出版社2000年版。

佘双好:《青少年思想道德现状及健全措施研究》,中国社会科学出版社2010年版。

陈来:《中华文明的核心价值》,生活·读书·新知三联书店2015年版。

郭建宁:《中国文化发展战略研究》,中华书局2013年版。

靳义亭:《传统文化融入高校思想政治教育研究》,中国社会科学出版社2016年版。

《习近平总书记重要讲话文章选编》,中共中央文献研究室2016年版。

刘建军:《寻找思想政治教育的独特视角》,中国人民大学出版社2017年版。

张文英:《试论董仲舒的天人观》,《长春工业大学学报(社会科学版)》2007年第2期。

曹影:《"性三品":董仲舒社会教化的理论根据》,《社会科学战线》2008年第8期。

周春兰:《性未善:董仲舒教化思想的逻辑起点》,《衡水学院学报》2010年第10期。

曾振宇:《董仲舒人性论再认识》,《史学月刊》2002年第3期。

陆建华:《"中民之性":论董仲舒的人性学说》,《哲学研究》2010年第10期。

袁济喜:《从董仲舒的奏对看汉代士人与帝王之对弈》,《中国文化研究》2009年秋之卷。

李玉洁：《董仲舒的德治思想》，《孔子研究》2002年第3期。

唐国军：《董仲舒与儒家思想政治教育理论的实践化》，《广西社会科学》2008年第3期。

张志建、石磊：《建国以来的"董学"研究模式当议》，《理论导刊》2014年第12期。

任剑涛：《天道、王道与王权》，《中国人民大学学报》2012年第2期。

黄开国、荀奉山：《董仲舒的人性学说并非是"中民之性"》，《衡水学院学报》2013年第6期。

王竹波、田婉琳：《试论两汉太学与儒术独尊的制度性确立》，《理论月刊》2008年第2期。

杨建华：《理性的困境与理性精神的重塑》，《浙江社会科学》2014年第1期。

项久雨：《论思想政治教育的价值理性》，《武汉大学学报（哲学社会科学版）》2014年第6期。

李刚、张志建：《丰富中国梦的民族文化特色》，《长安大学学报（社会科学版）》2014年第4期。

柳礼泉、周文斌：《思想政治教育的政治性与文化性之关系解读》，《思想理论教育导刊》2013年第9期。

傅文龙：《近年来诸子思想研究综述》，《中国史研究动态》2014年第2期。

路德斌：《试论董仲舒哲学的特质及其对儒家道统之意义》，《孔子研究》2013年第2期。

徐勇、黄朴民：《近年来孟子、荀子研究撮述》，《历史教学》2014年第8期。

余治平：《董仲舒与武帝选官制度改革》，《中共宁波市党委校学报》2016年第1期。

李春宏、康喆清：《董仲舒思想中刑罚与思想教化的关系》，《武汉理工大学学报》（社会科学版）2015年第5期。

周炽成：《性朴论与儒家教化政治：以荀子与董仲舒为例》，《广西大学学报》（哲学社会科学版）2015年第1期。

张雪莲：《贾谊与董仲舒行政伦理思想比较》，《衡水学院报》2015 年第 2 期。

纪晓蓉：《依托传统文化加强高校思想政治教育工作的思考》，《教育理论与实践》2015 年第 3 期。

李国娟：《高校加强中华优秀传统文化教育的理论思考与实践逻辑》，《思想理论教育》2015 年第 4 期。

杨青舟、刘畅：《弘扬中华优秀传统文化是夯实高校德育工作的有效途径——以〈弟子规〉普及推广为例》，《理论视野》2015 年第 6 期。

陈永福、陈少平、陈桂香：《大学生中华优秀传统文化教育状况调查研究——以福州大学城 10 所高校为例》，《思想教育研究》2016 年第 1 期。

岳宗德：《在大学生思想政治教育中加强传统文化教育探析》，《思想教育研究》2016 年第 2 期。

吴芮凌：《浅析中国优秀传统文化在大学生思想政治教育中的有效融入》，《学校党建与思想教育》2016 年第 2 期。

李涓：《网络新媒体对青少年意识形态领域的影响》，《电子商务》2017 年第 1 期。

徐继存：《教化的旨趣与境遇》，《西北大学学报》（社会科学版）2016 年第 12 期。

张茂泽：《〈礼记〉的儒教思想》，《广西大学学报》（哲学社会科学版）2017 年第 1 期。

包雅玮：《儒家伦理文化的现代阐释及其对青年价值认同的意义》，《中国青年研究》2017 年第 1 期。

石磊：《论董仲舒天论的逻辑思路》，《昆明学院学报》2016 年第 1 期。

李怡轩、李光辉：《从孔子到董仲舒：传统儒家伦理的制度诉求之路》，《西南政法大学学报》2015 年第 5 期。

吴光：《董仲舒的思想命题及其当代价值辨析》，《衡水学院学报》2013 年第 6 期。

江畅：《儒家道德与中国社会主义精神》，《思想理论教育》2017 年第

2 期。

孙亚丽：《当代青年价值观与儒家价值体系的冲突与融合》，《中国青年社会科学》2015 年第 6 期。

王杰：《习近平传统文化观三个重要方面》，《党政干部参考》2015 年第 2 期。

刘箭：《当下弘扬中华民族传统美德的若干思考》，《武汉纺织大学学报》2015 年第 5 期。

吴默闻：《传统文化中的礼法合治思想及其当代价值》，《观察与思考》2015 年第 5 期。

王振复：《传承与弘扬：时代之需》，《美与时代》2015 年第 1 期。

中共中央办公厅：《关于培育和践行社会主义核心价值观的意见》，新华网，2013 年 12 月 23 日。

［美］安乐哲：《儒学与世界文化秩序变革》，《人民日报》2014 年 11 月 7 日。

习近平：《把培育和弘扬社会主义核心价值观作为凝魂聚气强基固本的基础工程》，《人民日报》2014 年 2 月 26 日。

习近平：《在纪念孔子诞辰 2565 年国际学术研讨会暨国际儒学联合会第五届会员大会开幕式上的讲话》，《光明日报》2014 年 9 月 25 日。

《完善中华优秀传统文化教育指导纲要》，中华人民共和国教育部，2014 年 3 月 26 日。

习近平：《青年要自觉践行社会主义核心价值观——在北京大学师生座谈会上的讲话》，《人民日报》2014 年 5 月 5 日。

习近平：《在出席全国高校思想政治工作会议的讲话》，《人民日报》2016 年 12 月 9 日。

习近平：《在哲学社会科学工作座谈会上的讲话》，《人民日报》2016 年 5 月 19 日。

中共中央办公厅、国务院办公厅：《关于实施中华优秀传统文化传承工程的意见》，《人民日报》2017 年 1 月 26 日。

栗玉仕：《儒术与王道：董仲舒伦理政治思想研究》，硕士学位论文，中国人民大学，1998 年。

张树志：《董仲舒伦理政治思想研究》，硕士学位论文，扬州大学，

2003年。

焦成举:《论我国古代思想道德教化方法及其现代启示》,硕士学位论文,西南大学,2007年。

马国华:《孔子与董仲舒伦理思想比较研究》,硕士学位论文,福建师范大学,2008年。

周春兰:《董仲舒教化哲学思想——儒家教化体系的确立及其在大一统社会的实践开端》,硕士学位论文,上海师范大学,2009年。

崔迎军:《伦理政治化和政治伦理化——董仲舒伦理思想研究》,硕士学位论文,西北师范大学,2009年。

王赛艳:《董仲舒教化思想研究》,硕士学位论文,华南师范大学,2007年。

蒋雪群:《董仲舒政治哲学研究》,硕士学位论文,湖北大学,2012年。

康喆清:《董仲舒教化思想研究》,博士学位论文,南京理工大学,2013年。

刘华荣:《儒家教化思想研究》,硕士学位论文,兰州大学,2014年。

邓艳兰:《董仲舒德育思想研究》,硕士学位论文,广西师范大学,2015年。

蔡丽:《儒家传统道德教育思想在当代家庭教育中的价值研究》,硕士学位论文,广西师范学院,2016年。

贾晓明:《中国传统文化与思想政治工作融合论》,中共中央党校,2016年。

Anthony Cohen, The Symbolic Construction of Community, Routledge, 1992.

Richard Pratte, The Civic Imperative, New York: Teachers College Press, 1988.

JohnBeek, Morality and Citizenship in Education, Cassel, 1987.

Wayne J, Urban, Jennings L. Wagoner, Ir. American Education A History, The McGraw-Hill Companies, Inc, 1996.

Thomas Lickona, Education for Character: How Our School Can Teach Respect and Responsibility, New York, Bantam Books, 1991.